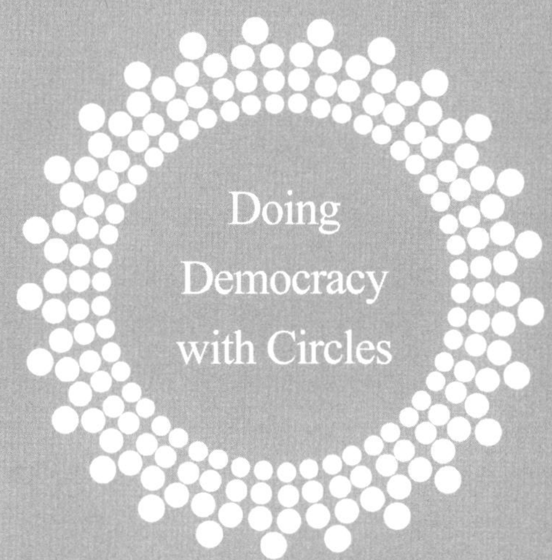

Doing
Democracy
with Circles

공공갈등을 대화로 바꾸는

실전 안내서

이 책에 대한 찬사

"여기 기획자들을 위한 서클에 대한 확실한 가이드가 있습니다. 근원적이면서도 강력한 서클은 모든 좋은 대화의 기반이 됩니다. 이는 공통의 의미 있는 공간을 만드는 집단적인 소통 행위로서 기획을 실천하는 오늘날의 사람들에게 없어서는 안 될 존재입니다

이 책은 오늘날의 세상에서 더 관련성 있고 효과적인 기획자가 되고자 하는 사람들에게 많은 동기를 부여하는 한편, 마음과 영혼의 영역으로 생각을 확장하도록 이끕니다. 서클은 공동체 내에 있는 귀중한 촉매의 정신을 이끌어내는 통로로 간주될 수 있으며, 전문 기획자들이 감히 인정한다면 그들 자신 안에 있는 활력의 정신을 이끌어낼 수도 있습니다.

이것은 기획자들이 의식적으로 그들의 실천praxis을 '원형으로 만들어' 더 풍부하고 공정한 절차를 실현하고, 단순한 정치를 초월하여 보다 정의로운 사회에 기여할 수 있는 참된 민주적 실천을 촉진하라는 시의적절한 요구입니다."

이안 와이트(Ian Wight), 위니펙, 매니토바대학교 건축학부 도시계획학 부교수

"지방 공동체들은 서클에 대한 이 포괄적인 검토가 미래를 계획하는 데 어떻게 도움이 될지 알게 될 것입니다. '반드시 읽어야 할 책'입니다."

게리 데이비슨(Gary Davidson), 캐나다 기획자협회 및 온타리오 전문기획자협회 회장을 역임한 기획자

"서클은 때때로 민주주의가 발현되는 곳입니다. 이 훌륭한 책을 만들어주신 저자와 리빙 저스티스 프레스Living Justice Press의 모든 분들께 감사드립니다! 이 책은 이 나라 수천 개의 이웃에서 매우 필요한 대화를 활성화하는 훌륭한 촉매제가 될 것입니다."

하워드 보겔 (Howard Vogel), 미네소타주 세인트폴, 햄라인대학교 법학 및 분쟁해결연구소 교수

"기획 전문가들은 그들의 공동체를 위한 계획에 대중을 참여시킬 수 있는 더 창의적이고 효과적인 방법이 필요합니다. 『서클로 여는 민주주의』는 새로운 방법뿐만 아니라 공동체를 협력적으로 만드는 새로운 철학을 제공합니다. 저는 포괄적인 계획, 역사 보존 조례 개정안 개발, 민간 개발 제안에 대한 논쟁 해결을 포함한 여러 기획 프로젝트에서 서클을 실험해 보았습니다. 서클의 요소를 사용하기도 하고 더 순수한 형태의 서클을 사용하기도 했습니다. 제가 시도했던 다른 어떤 대중 참여 과정보다 모두 더 잘 작동했습니다."

피비 킬비 (Phoebe Kilby), 버지니아주 우드스톡, 심포에티카 부사장

"검증된 갈등 해결 기법을 기획 과정에 도입한 것에 대해 엄지를 치켜세웁니다!"

비트 보우론 (Beate Bowron), 협상가/중재자 및 전 토론토시 공동체기획 국장

"존중하는 대화와 깊은 이해를 통해 민주주의를 싹 틔우는 대중 참여의 단순한 접근법을 이 책은 제시합니다. 이것이 바로 21세기가 기다려 온 민주주의입니다!"

캐시 위안 (Kathy Wian), 델라웨어대학교 분쟁 해결 프로그램 코디네이터

"시민들에 의한 공동체 참여 및 동의 형성을 위한 실용적인 접근법입니다."

스콧 투사우 (Scott Tousaw), 온타리오, 휴런 카운티 기획 및 개발 부서 국장

"제가 참여했던 서클은 수질 문제에 관한 것이었습니다. 서클 프로세스를 거치면서, 저는 다른 관점을 가진 사람들이 그 문제를 어떻게 바라보고, 그들이 왜 그렇게 반응할 수밖에 없는지에 대한 깊은 통찰을 얻었습니다. 수년간 이어진 논의에서도 저는 결코 이러한 이해에 도달할 수 없었으며, 서클의 혜택을 경험하지 못했다면 아마 평생 깨닫지 못했을 겁니다."

존 길레스피 (John Gillespie), 지역사회 주민

"이 책은 계획에 대한 시민 참여뿐만 아니라 갈등 해결 및 협상에도 가치가 있습니다. 광범위한 적용 범위가 인상적입니다."

토마스 다니엘스 (Thomas Daniels), 펜실베이니아대학교 도시 및 지역계획학과 교수

"이 책은 기획자들에게 서클을 소개하는 더할 나위 없이 훌륭한 안내서입니다. 수록된 이야기들은 실질적인 도움이 되는 예시를 풍성하게 제공합니다. 이 이야기들은 깊은 영감을 선사하며, 서클의 무궁무진한 적용 가능성을 보여줍니다. 또한 다루어야 할 모든 핵심 영역을 망라하며 빈틈없이 충실한 내용을 갖추고 있습니다. 가독성이 뛰어나며 압도적인 영감을 불어넣습니다. 이 시대에 가장 필요했던 바로 그 책입니다.

마침 핼리팩스에서 열린 '메트로폴리스Metropolis' 컨퍼런스에 막 다녀왔는데, 메트로폴리스는 이민과 관련된 문제들을 다루는 연구 및 공동체 네트워크입니다. 이곳은 서클이 기여할 엄청난 잠재력을 가진 거대한 분야입니다.

저는 이 책을 정말 즐겁게 읽었고… 교육을 받고 이 분야에서 더 많은 일을 시작하게 되어 기쁩니다."

하이디 회르니그 (Heidi Hoernig), 맥길대학교 연구기획지원처 부국장

서클로 여는 민주주의

제니퍼 볼, 웨인 콜드웰, 케이 프라니스 공저

존 포레스터 서문

박성용 옮김

비공
도서출판

서클로 여는 민주주의

지은이	제니퍼 볼, 웨인 콜드웰, 케이 프라니스
옮긴이	박성용
초판	2025년 12월 12일
펴낸이	배용하
책임편집	배용하
등록	제364-2008-000013호
펴낸곳	도서출판 비공
	www.daejanggan.org
등록한곳	충남 논산시 매죽헌로 1176번길 8-54
대표전화	전화 041-742-1424 전송 0303-0959-1424
분류	서클	민주주의	공동체	경청
ISBN	979-11-93272-48-0 13330

이 책은 저작권법에 의해 보호를 받는 출판물입니다.
기록된 형태의 허락 없이는 무단 전재와 복제를 금합니다.

 값 25,000원

"서클"

단순한 회의 방식이 아니라

사람들의 이야기가 열리고 관계가 다시 이어지며

새로운 해결이 탄생하는

"민주주의의 자리"

헌 사

이 책을 미래 7세대에게 바칩니다.

기획은 미래를 위한 일입니다.

이 책이 다가올 세대들의 안녕安寧에 기여하는 의사결정으로

우리를 이끌어주기를 바랍니다.

"저는 제 삶이 공동체에 속해 있다는 생각이며, 제가 살아 있는 한 공동체를 위해 제가 할 수 있는 모든 일을 하는 것이 저의 영광榮光입니다. 저는 죽을 때 남김없이 쓰이기를 바랍니다. 왜냐하면 제가 더 열심히 일할수록 더 많이 살기 때문입니다. 삶은 저에게 '짧은 촛불'이 아닙니다. 그것은 제가 잠시 붙잡게 된 일종의 찬란한 횃불이며, 미래 세대에게 넘겨주기 전에 가능한 한 밝게 타오르게 하고 싶습니다."

조지 버나드 쇼, 아일랜드 작가(1814-1885)

"마음속 깊이 그것이 옳다는 것을 알기에 옳은 일을 할 준비가 된 사람들이 많습니다. 하지만 그들은 망설입니다. 다른 누군가가 먼저 나서주기를 기다리면서 그리고 그 누군가는 바로 당신을 기다리고 있죠. 자신의 일이 매우 중요하다고 생각하는 사람이 열린 마음으로 용감하게 나서는 순간, 다른 많은 사람들이 뒤따르게 됩니다."

마리안 앤더슨, 아프리카계 미국인 알토 가수(1897-1993)

차 례

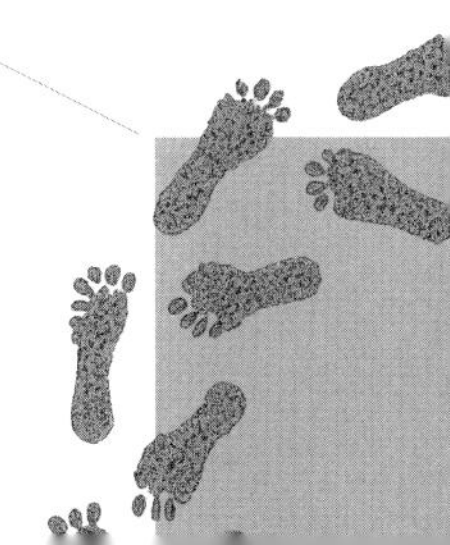

역자 서문

서클이 열어준 민주주의의 또 다른 가능성

서클 대화는 인생의 모든 영역과 삶의 방식 속에 있는 잠재적 가능성을 드러내는 데 큰 도움을 준다는 것이, 서클을 어느 정도 알게 된 필자의 요즘 생각입니다. 서클은 단순히 편안한 대화를 가능하게 할 뿐 아니라, 인간 내면의 진실성 회복은 물론 타자·조직·커뮤니티와의 관계 속 다양한 필요와 목적을 실현하는 데 변화를 일으키는 힘이 있기 때문입니다. 그래서 오래전에 누군가의 손으로 번역되어 나왔어야 할 이 책이 비록 늦었지만, 결국 내 손으로 번역되어 나왔다는 사실이 감사할 따름입니다. 오히려 지금이야말로 이 책이 가장 시의적절하게 등장한 때라는 생각이 듭니다.

2020년 코로나가 대단한 맹위를 떨칠 때, 필자는 서클을 통해 근원적이고 본질적인 것들을 탐구해야 한다고 고백한 바 있습니다. 망함, 병듦, 잘못됨의 근원에 대한 성찰이 시작되었고, 2021년 회복적 서클 10주년을 넘어서 Zoom으로 초대된 도미니크 바터_{회복적 서클 창시자}에게서 '돌봄' 이슈를 배우며 그 탐구는 더욱 깊어졌습니다. 서클 실천의 날줄이 현장에서 개발되어 왔다면, 이제 씨줄로서 서클 활동가의 돌봄과 리더십 형성이 중요한 과제로 눈앞에 다가온 것입니다.

이 흐름과 맞물려 2024년 12·3 국가내란 사태라는 깊은 어둠을 다시 마주했고, 이어 2025년 6·4 국민정부라는 촛불혁명의 민주주의를 만나게 되었습니다. 극적 전환에 놀라움이 있었지만, 이는 소수의 변화가 아니라 시스템으로서 '근원적 민주주의'가 형성되어야 한다는 더 큰 책임을 시민사회에 요청하는 사건이었습니다. 그 무렵 눈에 들어온 책이 바로 『서클로 여는 민주주의』였습니다. 데이비드 봄과 파커 파머를 사랑해 온 필자는 대화 서클의 '본질What'을 넘어서, 서클과 대화 활동가들에게 '방법How'을 소개해야 할 필요성을 절감했습니다. 이 책은 형식적 민주주의를 넘어 '마음의 일치consensus'를 통한 의사결정이라는 민주주의의 핵심 역량을 실제로 키울 수 있는 내용과 실천을 담고 있습니다.

조금 시간을 되돌려 보면, 2023년 서이초 사건 이후 교사 보호 부재 문제로 언론과 교원 단체들이 강하게 반발하는 가운데, 당시 정부는 '조사관제'를 무리하게 추진했습니다. 그 과정에서 회복적 정의 실천가의 활동 공간은 급격히 좁아졌습니다. 민간자격증이 없으면 활동 자체가 어려워지는 흐름이 전국적으로 굳어졌기 때문입니다. 서클 활동가로서는 원치 않았던 일이었으나, 결국 2024년 가을부터 민간자격과정을 시작하게 되었습니다. 갈등전환 영역에서는 10개 단체와 함께 회복적 서클이 자리 잡았고, 학교에서는 '수업 서클', 시민사회에서는 '내면 대화 서클'이 민간자격의 흐름 속에서 차례로 열렸습니다. 본질적 책임과 순수성의 유지, 그리고 활동가 리더십의 형성이 중요한 과제가 되었습니다.

이 책은 '서클이 무엇인지' 서클 프로세스에 눈뜬 활동가가 더 나아가기 위한 과정, 즉 '서클 진행자됨'타자에게 서비스를 제공하는 실천을 본격적으로 다룹니다. 필자는 미국과 스웨덴에서 '민주주의의 근원 서클'이라 불리는 2박 3일의 스터디 서클을 경험한 이후, 본서와 더불어 돌봄과 서클 리더십을 위한 온라인 역량 강화가 필요하다고 보았습니다. 이 번역서는 공공 기획자들이 일상적으로 직면하는 다면적이고, 종종 강렬하게 감정적이며, 해결 불가능해 보이는 문제들을 서클을 통해 다루는 잠재력을 탐구합니다. 서클은 단순한 회의 방식이 아니라, 사람들의 이야기가 존중되고 관계가 회복되며 새로운 해결이 탄생하는 '민주주의의 자리' 그 자체로 제시됩니다.

이 책의 기획 목표는 기획자가 단순한 정치적 기능을 넘어, 더 정의로운 사회에 기여하는 참된 민주적 실천을 촉진하도록 돕는 데 있습니다. 서클 방식은 존중하는 대화와 깊은 이해를 통해 민주주의를 싹 틔우는 대중 참여의 접근법을 제시하며, 공공 갈등을 대화로 전환하는 실천적 안내서가 될 것입니다. 독자는 '대중의 민주주의 실천이 어떻게 일관성 있게, 꾸준히 이루어질 수 있는가'를 이 책에서 구체적으로 확인할 수 있습니다. 이는 곧 개인의 성장과 사회의 변화를 함께 포함합니다.

서클 대화의 핵심 철학은 고대 선주민들의 불·서클·스토리텔링에 기반한 '대화 서클talking circles' 전통에 뿌리를 두고 있으며, 존중·평등·포용과 같은 좋은 관계의 가치를 구현합니다. 이 과정은 복잡하고 감정적이며 종종 해결이 어려워 보이는 문제를 사람들이 함께 해결하도록 돕는 힘이 있습니다. 또한 서클은 모든 참가자가 동등한 발언권을 가지고 모든 관점이 경청되며, 모든 관련 당사자의 필요가 충족되어야 한다는 '동의consensus'에 따라 결정이 이루어지도록 합니다. 이러한 방식은 기획자들에게 상호작용의 협력적 방식을 통해 관계·이해·행동을 잇는 통로를 제공하고, 공동의 의미 공간과 공동체의 활력을 만들어 낼 것입니다.

이 책은 서클에 관심 있는 기획 실무자, 기획 학생, 지역사회 구성원을 주요 대상으로 하지만, 갈등 해결과 협상에도 적용 가능성이 커 광범위한 활용이 가능합니다. 상담사, 현장 교사, 서클 활동가는 이 책을 통해 서클 프로세스의 철학과 실천을 익히고, 자신의 삶의 목적과 의미에 따라 서클을 기획·운영하는 방법을 배울 수 있습니다. 이 책은 새로운 방법뿐 아니라 공동체를 협력적으로 만드는 새로운 철학과 의식을 제시함으로써, 더 관련성 있고 효과적인 서클 활동가가 되고자 하는 이들에게 큰 동기와 영감을 줄 것입니다. 모든 문제를 즉각

해결해 주는 책은 아니지만, 시민들과 함께 핵심 문제에 다가갈 수 있는 사회적 기술과 의례적 과정을 제공합니다.

길을 잃거나 초심이 흐려질 때마다 이 책을 다시 펼쳐 나아가기를 바랍니다. 초보자에게는 공식적인 훈련이 없어도 몇 가지 서클 원리만으로 관계·모임·회의를 이끌 수 있게 해 주며, 어려운 상황에서는 이 책에 소개된 원리를 적용하여 보다 깊고 평등하며 존중하는 대화를 만들어 갈 수 있습니다. 이 훈련이 무엇인지에 대한 길잡이로서 이 책은 충분한 도움을 줄 것이며, 필요한 부분은 앞으로의 훈련에서 채워질 것입니다. 이미 나와 있는 많은 서클 책 가운데서도, 이 책은 기획과 실행의 일반적 안내서로서 관심 있는 이들의 정독을 권할 만합니다.

2025년 12월, 한 해를 마감하며 양평 용문에서

박성용(비폭력평화물결 대표)

서문

존 포레스터 John Forester, 코넬대학교

독자께 전합니다: 이 작은 책은 여러분이 가진 경험을 뛰어넘어 더 많은 것을 시도하도록 자극하고, '전통적인' 아이디어를 신선하고 혁신적인 관점으로 이해하며, 새로운 접근법과 기술을 시도하도록 이끌 것입니다. 여러분은 이 모든 것이 교묘하게 단순하다는 것을 알게 될 것입니다! 결국, 원으로 앉아 경청하는 것보다 더 간단한 것이 무엇일까요? 질문, 문제, 위협 또는 기회에 대해 여러분만큼이나 깊이 생각하는 다른 사람들과 함께 원으로 앉아, 정말 중요한 것이 무엇인지, 무엇이 정말 의미 있는지, 지금 당장 무엇이 일어날 수 있는지 탐색하면서 함께 귀를 기울이는 것보다 더 심오한 것이 무엇일까요?

이 책은 모든 문제를 해결하는 만병통치약이나 즉각적인 해결책, 기획 문제에 대한 마법 같은 해결책을 제시하지는 않습니다. 하지만 기획자들이 관심을 가진 지역사회 시민들과 함께 그들에게 중요한 문제와 질문에 대해 배울 수 있는 접근법, 사회적 기술, 의례적 과정, 실행 가능하고 이해하기 쉬우며 위협적이지 않은 방법을 제시합니다. 서클 접근법은 단순한 기술이 아닌 길을, 방법론이 아닌 깨달음을 주는 의례를, 좁은 문제 해결 책략이 아닌 이해와 행동을 잇는 통로를 제공합니다. 이 모든 것은 서클이 목소리뿐만 아니라 경청을, 초기의 의견뿐만 아니라 더 깊은 통찰을, '내가 원하는 것'뿐만 아니라 '우리가 함께할 수 있는 공동 실천'을 이끌어내기 때문입니다.

다양한 규모의 기획자들은 복잡성과 갈등에 끊임없이 시달립니다. 너무나도 자주, 법적으로 의무화된 공개 청문회라는 어색한 과정이 대중 참여의 의미가 되곤 합니다. 근심과 불신에 찬 이해관계자들은 몇 분씩 할애하여 그들이 원하는 것과 두려워하는 것을 가능한 한 단호하고 진지하게 말합니다. 심지어 그러한 청문회에서는 다른 사람들에게 응답하고 다른 사람들이 건설적으로 자신에게 응답할 방법을 찾지 못하더라도 말입니다. 저는 종종 이러한 지나치게 형식적이고 최소한의 상호작용만 있는 공개 청문회를 '지옥에서 온 정치적 디자인'을 반영하는 것이라고 제안합니다. 참여하는 지역사회 시민들은 도착했을 때보다 더 화를 내고, 더 분개하며, 덜 신뢰하고, 공공 기획 과정에 대해 더 냉소적인 태도를 보이며 떠납니다!

일반적으로 끔찍한, 중재된 공개 청문회 방식에 대한 중재 및 촉진 대안에 대해 최근 글을 썼던 사람으로서, 저는 이 전통적인 대중 참여 과정에 대한 사려 깊고 실용적인 대안을 제공하는 이 인상적이고 유용한 작은 책을 환영할 수밖에 없습니다. 제가 기획자들에게는 서로 다른 의견을 가진 분쟁 중인 이해관계자들의 '중간에서' 더 지시적이고 개입적인 역할을 강조했던 반면, 이 책은 기획자들에게 덜 지시적이지만 그에 못지않게 섬세한 역할을 제시합니다. 열정적이며, 지역 사정에 밝고, 서로 연결된 이해관계자들이 목소리와 견해를 나누고, 경청하며 배우고, 서로의 마음을 바꾸고 함께 세상을 변화시키도록 돕는 서클 대화를 소집하고 유지혹은 가능하게하는 역할입니다.

이 책은 변화를 위한 레시피를 제공하지 않지만, 기획자들이 새로운 방식으로 배우고 더 나은 방식으로 행동하는 데 도움이 될 수 있는 단서와 힌트, 제안, 방향을 제공합니다.

* 존 포레스터는 오늘날 최고의 기획 이론가 중 한 명입니다. 그는 뉴욕주 이타카에 있는 코넬대학교 도시 및 지역계획학과 학과장1998-2001과 건축, 예술 및 기획 대학 부학장1997-1998을 역임했습니다.

기획 과정의 미시정치학, 윤리, 정치적 숙의에 대한 그의 연구는 기획자들이 다양한 환경에서 참여 과정을 형성하고 공공 분쟁을 관리하는 방식을 탐구합니다. 그는 Tompkins 카운티의 지역사회 분쟁 해결 센터에서 수년간 중재자로 일했으며, Consensus Building Institute에 자문했으며, 최근 몇 년 동안 시애틀, 채플힐, 시드니, 멜버른, 헬싱키, 팔레르모, 요하네스버그, 엑상프로방스, 암스테르담, 밀라노에서 강연했습니다.

포레스터 교수의 저서로는 '비판 이론과 공공 생활Critical Theory and Public Life'1985, '권력에 직면한 기획Planning in the Face of Power'1989, '숙의적 실천가: 참여적 기획 과정 장려하기The Deliberative Practitioner: Encouraging Participatory Planning Processes'1999 등이 있습니다. 그의 가장 최근 저서인 '차이 다루기: 공공 분쟁 중재의 드라마Dealing with Differences: Dramas of Mediating Public Disputes'는 2009년 7월 옥스퍼드대학 출판사에서 출판되었습니다. 그는 2008-2009학년도에 암스테르담대학교 분쟁 연구 센터에서 안식년을 보냈습니다.

감사의 글

수많은 스승과 멘토들이 말로 표현할 수 없을 정도로 우리에게 흔적을 남겼습니다. 이 책으로 이어진 프로젝트를 준비하는 데 도움을 주신 모든 스승님들께 감사드립니다.

휴런 호숫가에 있는 블루워터 지역사회 주민들 중 작은 그룹이 지역사회 기획에 서클을 사용하는 것을 탐구하도록 우리에게 영감을 주었습니다. 이분들은 나중에 우리의 배움의 여정에 동료가 되었습니다. 그들의 인내심, 우리와 함께 기꺼이 위험을 감수해 준 마음, 그리고 지혜에 깊이 감사합니다. 또한 이 기획 프로젝트를 둘러싼 워크숍과 교육에 참여하여 이 작업에 기여해 주신 모든 분들께도 감사드립니다.

이 책에서 자신의 이야기를 기꺼이 공유해 주신 Angie Ober, Monica Walker-Bolten, Jane Miller-Ashton, Valerie Taliman, Randy French에게 감사드립니다. 또한 '갱신된 주류 판매 허가증이 베어 버트Bear Butte의 신성함을 침해하다'라는 기사를 웹사이트www.indianlaw.org에서 재출판하도록 허락해 주신 Indian Law Resource Center에도 감사드립니다.

글쓰기와 검토 과정의 여러 단계에서 지원과 기여를 해주신 Tom Daniels, Kate Hall, Heidi Hoernig, Angela Nonkes, Susanna Reid, Larry Sherman, Sarah Thomson, Laura Weir에게도 감사를 표하고 싶습니다.

민주주의에 대한 우리의 이해를 확장하는 서클의 가능성에 대해 새로운 사고의 경계로 우리를 밀어붙여 주신 리빙 저스티스 프레스의 Denise Breton에게 깊은 감사를 드립니다. 또한 책을 제작하고 배포하는 데 필요한 수많은 작업에 지칠 줄 모르는 노력을 기울여주신 Mary Joy Breton, Loretta Draths, Deb Feeny에게도 진심으로 감사드립니다.

이 책을 검토하고 서문을 제공해 주신 John Forester에게 특별히 감사드립니다. 존은 참여적 기획 분야에서의 사려 깊은 작업으로 한 세대의 기획자들에게 영감을 주었습니다. 이 책이 기획 성과를 향상하는 민주적 과정의 발전에 긍정적으로 기여할 수 있기를 바랍니다.

그리고 마지막으로 우리 세 사람을 한데 모아준 우주에 감사드립니다. 이 책을 만드는 과정은 즐거운 작업이었습니다.

서론

우리가 민주주의의 약속을 실현할 수 있을까?

서클 프로세스는 여러 가지 중에서도 특히 문제 해결 방법입니다. 서클은 공동체를 만들고, 지원을 제공하며, 상호 이해를 생성하고, 관계를 강화하며, 치유와 변혁을 위한 공간을 창출합니다. 그러나 기획자로서 우리를 이 과정에 가장 끌리게 한 것은 복잡하고 감정적으로 격앙되며 종종 해결 불가능해 보이는 문제를 사람들이 해결하도록 돕는 그들의 힘입니다.

서클을 사용하여 인간 삶의 도전에 대처할 가능성은 사실상 무한합니다. 서클은 학교, 직장, 지역사회, 그리고 가정에서 사용되고 있습니다. 서클은 또한 형사 사법 시스템에서 특히 청소년을 위한 구금의 대안을 마련하고, 교도소에 거주하거나 일하는 사람들을 위한 긍정적인 변화를 촉진하기 위해 광범위하게 사용됩니다. 서클은 또한 재사회화 기간 동안 전 수감자들에게 지원을 제공합니다. 이는 서클의 많은 가능한 적용 사례 중 일부에 불과합니다.

이 책에서 우리는 공공 기획자들이 일상적으로 직면하는 다면적이고 종종 강렬하게 감정적인 문제를 해결하기 위해 서클을 사용하는 잠재력을 탐구합니다. 우리는 이 책을 특히 기획 실무자, 기획 학생, 그리고 더 나은 공공 결정을 추구하는 지역사회 구성원을 위해 썼습니다. 그러나 서클에 대해 우리가 제공하는 많은 정보와 이를 문제해결에 어떻게 적용할지에 대한 내용은 다른 목적으로 서클을 적용하고자 하는 사람들에게도 유용할 수 있다는 것도 사실입니다.

우리는 다음을 통해 공공 기획에 서클을 사용하는 우리의 열정과 경험을 제공합니다:

- 서클 프로세스의 철학과 실천을 설명하고;
- 공공 기획에서 이 과정의 필요성을 논의하며;
- 서클을 기획의 다양한 측면에 연결하고;
- 특정 기획 맥락에서 이 과정을 사용하는 방법을 설명하며;
- 효과적인 기획을 더 큰 지역사회 건강과 연결하고;
- 개념에 생명을 불어넣는 이야기를 공유합니다.

의사결정 과정을 선택하기 위한 더 큰 틀

공공 기획은 시민 사회의 더 큰 틀 안에서 발생합니다. 지배적인 정부 철학은 우리가 집단적으로 기획 과정에 접근하는 방식에 영향을 미칩니다. 이는 누가 정부 과정에 참여하고 그들의 참여가 어떻게 받아들여지는지에 대한 결정을 내릴 때 매개변수를 설정하고 우리를 방향 잡게 합니다. 우리의 정부 철학은 개별적으로나 집단적으로 우리에게 영향을 미치는 결정을 내리는 방법을 도식화합니다.

정부 기능으로서, 공공 기획은 근본적으로 의사결정에 관한 것입니다. 따라서 공공 기획의 일상적인 작업은 다음과 같은 의사결정 과정과 관련된 모든 질문을 제기합니다:

- 누구의 목소리를 들어야 하는가? 누가 의견을 낼 권리가 있는가?

- 어떤 요인들을 고려하는 것이 적절한가?

- 누가 토론의 규칙과 매개변수를 설정하는가?

- 우리는 어떻게 최종 결정에 도달하는가?

이러한 질문들은 결국 더 근본적인 질문에 달려 있습니다: 우리는 결정을 내리기 위해 어떤 과정을 사용해야 하는가?

목표는 지속 가능한 결과에 도달하여 관련된 모든 사람이 그것을 수용할 수 있도록 하는 것입니다. 만약 일부 사람이나 그룹이 의사결정 과정에서 제외되면, 그들의 이해관계와 우려가 충분히 고려되지 않을 것이고, 그들은 결과를 실패하게 만들 동기를 가질 수 있습니다. 다른 사람들은 결과에 대해 직접적인 행동을 취하지 않을 수도 있지만, 그들은 애초에 그 과정을 신뢰하지 않기 때문에 참여하지 않을 수도 있고, 공공 절차가 민주주의의 이상과 일치하는 방식으로 작동할 것이라는 희망을 오래전에 잃었을 수도 있습니다. 사람들은 경험을 통해 그들의 목소리가 실제 의사결정에서 거의 중요하게 다뤄지지 않는 '다양성'이나 '포용성'을 보여주기 위한 형식적인 행위로 포함되거나 들릴 뿐이라는 것을 잘 알고 있기 때문에 공공 과정에서 물러날 수 있습니다.

가장 근본적인 수준에서, 우리가 사용하는 과정은 결과에 직접적으로 영향을 미치거나, 심지어 결정합니다. 이것은 우리가 경험을 통해 아는 진실입니다.

정부 모델은 의사결정 과정을 선택하기 위한 개념적 틀을 제공합니다. 정부는 공유된 환경에 사는 다양한 인간들 사이에서 질서와 조화를 만들고 유지하는 것입니다. 정부가 무력을 통해 권위와 정당성을 유지하지 않는 한, 그들은 존재에 대한 대중의 지지를 얻기 위해 이상ideals에 의존합니다. 예를 들어, 민주주의는 자유, 평등, 그리고 포용의 이상에 호소합니다. 이상적인 민주주의에서 모든 사람은 참여하고, 그들의 목소리를 듣고, 그들의 삶에 대해 의미 있는 발언권을 행사할 수 있습니다.

우리가 선택하는 의사결정 과정은 정부에 대한 우리의 근본적인 이해와 그 이해가 기반을 둔 이상을 반영합니다.

민주주의: 이상과 실천 사이의 간극

하지만 함정이 있습니다. 우리가 복잡한 존재라는 점을 고려할 때, 우리가 정부에서 이야기하는 이상과 이 이상을 우리가 실천하는 방식은 종종 완전히 일치하지 않습니다. 간극이 있으며, 때로는 심연이 되기도 합니다. 우리의 이상을 실천에 옮기는 전략이 우리가 지지하거나 열망하는 이상에 미치지 못할 수 있습니다. 다른 말로 하면, 정부의 정당성을 제공하는 이상이 그 정부 아래에서 살아가는 많은 사람들이 겪는 경험과 일치하지 않을 수 있습니다.

이러한 불일치는 민주주의를 실천하려는 우리의 노력보다 더 분명하게 드러나는 곳은 없습니다. 우리가 자유와 평등의 이상을 열망하기 때문에, '말하는 대로 실천하지 못하는' 실패는 자유와 평등을 침해받는 사람들에게 더욱 고통스럽습니다. 이러한 투쟁과 그에 따른 경험들 – 어떤 사람들에게는 정의, 다른 사람들에게는 불의 – 때문에 '민주주의'라는 단어는 사람마다 다른 의미를 갖게 되었습니다.

어떤 사람들에게 '민주주의'라는 용어는 이상을 떠올리게 합니다: 평등, 포용, 모든 목소리를 듣는 것, 그리고 공정함. 민주주의는 사람들이 자신의 삶에 대해 어느 정도 통제권을 가질 수 있고, 자신에게 영향을 미치는 결정을 내리는 데 참여할 수 있다는 약속을 제공합니다. 민주주의를 이렇게 보는 사람들은 민주주의가 자신과 자신이 아는 대부분의 사람들을 위해 어느 정도 작동한다고 경험하는 사람들입니다.

다른 사람들에게 '민주주의'는 정반대를 의미합니다. 수 세기 동안의 다수결 원칙은 소수자들을 체계적으로 배제하고 억압해 왔으며, 같은 소수자들이 반복적으로 억압당했습니다. 지난 수 세기 동안, 북미 대륙에서만도 수백만 명의 사람들, 대부분 유색인종들이 민주적이라고 특징지어지고 홍보된 정부 아래에서 끔찍한 불의와 심지어 죽음을 겪었습니다. 사람들이 '민주주의'를 여러 세대에 걸쳐 그들의 삶에서 억압적이고 폭력적인 힘으로 경험할 때, 그들은 그것을 긍정적인 용어로 보지 않을 것입니다.

예를 들어, 이 책의 제목을 듣고 아프리카계 미국인 서클 트레이너이자 진행자인 그웬 챈들러 리버스Gwen Chandler Rhivers는 이렇게 말했습니다:

백인들이 '민주주의'라는 단어를 사용하는 것을 들을 때마다, 저는 너무 무섭습니다. 우리가 민주적 과정에 대해 이야기할 때마다, 우리는 상처, 배제, 분리, 그리고 희생자 계층을 만드는 것에 대해 이야기합니다. 저에게는 공정하거나 사람들을 평등하게 대하는 것에 대해 아무것도 말해주지 않습니다. 제 삶에서 경험한 바에 따르면, 저는 '민주주의'와는 아무 상관이 없습니다. 그러니 우리가 그 단어를 사용하려면, 그것이 무엇을 의미하는지 명확히 밝혀야 합니다.

저는 우리가 더 나은 인간이 되는 것을 연습할 수 있고, 그것을 할 수 있는 공간을 만들 수 있다고 믿습니다. 서클이 바로 그런 공간입니다. 하지만 저에게 민주주의는 경계, 한계, 항상 누군가가 상처받고, 항상 누군가의 목소리가 들리지 않는 것입니다. 그것은 지배, 통제, 계층 구조의 문제입니다. 그것은 다수가 소수자에게 피해를 입히고, 사람들을 해치고도 아무런 처벌을 받지 않는 것입니다.

다시 말해, 제가 경험한 바에 따르면 민주주의는 가장 큰 소리로 말하는 사람들이 이기고, 가장 많은 권력, 돈, 또는 특권을 가진 사람들이 이기는 곳입니다. 그것은 사람들이 말하는 의미를 실제로 담고 있지 않은, 기분 좋은 단어일 뿐입니다. 그것은 단지 더 많은 해악을 만들어낼 뿐입니다. 제가 '민주주의'라는 단어에 대해 느끼는 방식은 많은 유색인종들에게도 해당될 것이라고 생각합니다. 우리 중 많은 사람들에게 그것은 전혀 '기분 좋은' 느낌이 아닙니다.

민주주의의 이상과 노예제도, 집단 학살, 차별, 그리고 체계적인 불의의 실천 사이의 명백한 간극에도 불구하고, '민주주의'는 많은 유럽 기반 민족들에게 이상으로 남아있습니다. 이는 많은 유색인종들이 '백인 신화'라고 부르는 지배적인 서사의 일부입니다. 그웬이 분명히 말하듯이, 평등, 포용, 공정함이라는 민주주의의 이상은 '민주적' 사회에서 수 세기 동안 많은 유색인종들이 겪어온 경험을 설명하지 못했습니다.

현재의 민주주의 실천으로는 이상과 현실 사이의 간극이 여전히 해결되지 않고 있습니다. 이 간극은 우리에게 민주주의가 실천에서 무엇을 의미할 수 있는지에 대한 이해를 확장하도록 도전합니다. 간극을 좁히는 첫 번째 단계는 물론 간극이 존재한다는 것을 인정하는 것입니다.

우리는 어떻게 민주주의를 실천에 옮기는가?

햄라인 대학교 법학 및 분쟁해결연구소미네소타주 세인트폴의 법학 교수 하워드 보겔은 그웬의 말을 읽고 "그웬의 지적이 정곡을 찔렀습니다"라고 논평했습니다. 그러나 그의 견해로는, 그녀의 비판은 민주주의 자체의 심장이 아니라 대의 민주주의의 심장을 찌르는 것입니다. 다시 말해, 이 간극은 민주주의를 실천에 옮기기 위해 우리가 선택하는 전략에서 비롯됩니다.

서양에서 민주주의의 개념은 일반적으로 고대 그리스로 거슬러 올라갑니다. 고대 그리스어에서 "데모스Demos"는 그리스 도시국가의 일반 사람들을 지칭했습니다. "민주주의Democracy"는 귀족이나 돈 많은 엘리트가 아닌 일반 사람들이 법을 만들고, 규칙을 정하고, 이것이 어떻게 적용되는지를 통치했음을 의미했습니다. 민주주의는 일반 사람들, 즉 평범한 시민들이 그들의 삶에 영향을 미치는 결정을 내리는 데 관여했음을 의미했습니다. 이것이 민주주의의 일반적인 개념입니다.

그러나 이 민주주의의 일반적인 개념은 '국민'이 민주주의 이론을 실천으로 옮기는 방법을 구체적으로 명시하지 않습니다. 수천 년 동안 민주주의 이상을 실행하기 위해 많은 전략들이 사용되었습니다.

선출된 대표를 통한 다수결 원칙은 민주주의의 이상에 근접하기 위한 한 가지 전략입니다. 그러나 이것은 불완전한 전략입니다. 다수결 원칙은 같은 다수가 반복적으로 같은 소수자들을 억압하고 폭력을 행사하며, 소수자들이 정의를 위한 호소할 곳이 없을 때 쉽게 폭정으로 변질됩니다. 다수결 원칙은 하룻밤 사이에 폭정이 될 수 있습니다. 예를 들어, 린칭사적 제재은 자주 다수에 의해 자행된 행위였습니다. 다수는 소수의 공포스럽고 불의한 행위를 외면함으로써 종종 공범이 됩니다. 다수결 원칙은 정의, 자유, 또는 평등의 이상이 실천될 것이라는 내재적인 보장을 제공하지 않습니다.

그럼에도 불구하고, 유럽이 지배적인 국가들은 다수결 원칙에 기반한 대의 민주주의를 채택했습니다. 이는 전능한 왕이나 독재자를 세우는 것보다 더 나은 선택으로 보였습니다. 더욱이, 유럽 사상가들은 민주주의가 온전히 실천될 수 있을지에 대해 오랫동안 의심해 왔습니다. 일부 정치 철학자들이 시민 참여를 '폭민정치mob rule'로 특징지었듯이, 이는 위험한 것으로 간주되었습니다. 유럽 사상가들은 '다른 사람들'—여성과 유럽인이 아닌 모든 사람들—이 사회를 위한 합리적인 결정을 내릴 수 있을지에 대해 불신했기 때문에 민주주의가 실제로 작동할 수 있을지에 대해 의심했습니다.

유럽 기반의 해결책은 의사결정에 누가 참여할 수 있는지를 제한하는 것이었습니다. 역사적으로, 백인 남성, 특히 토지를 소유한 백인 남성들은 정부에 참여할 독점적인 특권을 스스로에게 부여했습니다. 이러한 대중 참여에 대한 두려움은 일부 기획자들의 실천에서도 여전히 분명하게 드러납니다. 기술 관료로서 일부 기획자들은 어떤 문제에 대해 '올바른' 공공의 관점을 가지고 있다고 느끼고, 광범위한 대중 참여가 덜 만족스러운 결과를 초래할 수 있다고 두려워할 수 있습니다. 그 결과, 일부 기획자들은 통제권을 놓아주고 사람들이 의사결정 과정에 영향을 미치고 기여하도록 허용하는 것을 꺼립니다.

유럽계가 아닌 세상의 많은 사람들, 그리고 여성들 중 이 전략을 이른바 폭민정치시민 참여는 폭민정치가 아니지만 문제에 대한 좋은 해결책으로 볼 사람은 거의 없을 것입니다. 폭도들은 반대하거나 다른 목소리에 의해 균형이 잡히지 않기 때문에 폭력적인 극단으로 치닫습니다. 만약 폭민 정신mob mentality이 우려된다면, 가능한 한 많은 다른 목소리를 불러들이는 것이 더 나은 해결책을 약속합니다. 사실, 이것이 서클이 의도적으로 하는 일입니다.

온전한 민주주의는 실현 가능하다

민주주의의 실현 가능성에 대한 유럽의 회의론은 유럽인들이 이 대륙에 와서 많은 선주민들과 선주민들의 근본적으로 민주적인 실천을 관찰했을 때 도전을 받았습니다. 오랜 리온스Oren Lyons 추장은 오논다가 네이션의 거북 부족 신앙수호자이자, 이로쿼이 연맹의 6개 부족, 즉 하우데노사우니Haudenosaunee 또는 '긴 집 사람들People of the Long House'의 오논다가 네이션 추장 평의회 추장입니다. 그는 또한 서니 버팔로SUNY Buffalo의 아메리카 센터 부교수입니다. 그의 '미국 민주주의의 인디언 뿌리Indian Roots of American Democracy'라는 기사에서 그는 평화의 건설자Peacemaker에 의한 하우데노사우니 연맹의 설립과 그것이 유럽 이민자들에게 미친 영향에 대해 썼습니다:

> 평화의 건설자는 절대적인 민주주의 정부를 수립했으며, 위대한 법의 헌법은 영적인 법과 얽혀 있었습니다.
>
> 우리는 그 후 법의 국가가 되었습니다. 사람들은 자신의 자유의지로 국가 평의회와 대평의회의 의사결정에 참여했습니다. 따라서 평화의 건설자는 국가들에게 이러한 권리를 보호하고 행사할 수 있는 과정과 함께 개인의 타고난 권리를 심어주었습니다.
>
> 주권은 개인으로부터 시작되었고, 가장 어린 사람부터 가장 나이 많은 사람까지 모든 사람이 자유롭다고 인정받았습니다. 위대한 평화의 법(Great Law of Peace)에서는 자유와 평등이 위대한 도덕적 용기를 요구하며, 자유를 수호하는 것이 자유인의 본성이라고 인정하고 규정했습니다….
>
> 이것이 백인들이 이 위대한 거북이 섬(Turtle Island)에 처음 상

륙했을 때 우세했던 것입니다. 그들은 이곳에서 민주주의 원칙에 따라 이끌어지는 자유로운 국가들을 만개한 상태로 발견했습니다…

유럽인들이 이해했던 주권자와 주권은 왕과 여왕의 권력, 즉 그들이 적합하다고 생각하는 대로 사람들을 통치하고, 인간을 노예로 만들고, 그들의 신민들의 삶과 재산을 완전히 통제하는 왕족의 권력과 관련이 있었습니다. 이 이민자들이… 자유로운 사람들과 자유로운 국가들이 있는 땅을 발견한 것은 정말 이상한 일이었을 것입니다. 그 영향은 그때부터 지금까지 역사를 통해 반향을 일으켰습니다.

분명히 민주주의는 유럽인들의 독점적인 발명품이 아닙니다. 하워드 보겔은 그것이 어떤 문화의 발명품이 아니라 "좋은 방식으로 연결되고자 하는 인간의 충동으로부터 오는 자연스러운 반응"일 수 있다고 주장합니다. 도전 과제는 갈등이 발생했을 때 어떻게 "좋은 방식으로 연결된 상태"를 유지하는가를 알아내는 것입니다.

더욱이, 정부를 이끄는 이상理念으로서 민주주의는 그 자체로 억압적이거나 부당하지 않습니다. 오히려 그 반대입니다. 민주주의는 우리를 목소리를 내지 못했던 이들에게 발언권을 부여하고, 소외되었던 사람들을 참여시키며, 자신의 삶에 영향을 미치는 결정을 내리는 데 사람들에게 힘을 실어주는 이상을 향해 나아가도록 합니다. 자유와 평등은 민주주의라는 이름하에 부적절하게 실천되어 왔을지라도, 그 핵심 가치임은 분명합니다. 실패는 개념이나 이상에 있는 것이 아니라, 그것을 실행하기 위해 채택된 '전략'에 있습니다. 즉, 민주주의를 '현장에서 실천'하는 전략에 문제가 있는 것입니다. 예를 들어, 캐나다와 미국은 이러한 위험을 인지하고, 최소한 원칙적으로는 캐나다 권리 및 자유 헌장과 미국 헌법 및 권리장전을 통해 개인을 보호하고자 노력하고 있습니다.

서클은 간극을 좁힐 수 있는가?

서클은 민주주의의 약속을 더 온전히 이행할 수 있는 방법을 제공합니다. 의사결정을 위한 전략으로서, 서클은 이상으로서의 민주주의와 실천으로서의 민주주의 사이에 훨씬 더 큰 일치를 만듭니다. 서클은 각자의 목소리가 들리고 각자의 우려가 고려되도록 보장합니다. 서클은 완전한 참여를 포함합니다. 서클이 작동할 때, 그것은 모든 참가자가 과정을 형성하고 궤도에 유지하는 데 관여하기 때문입니다. 참가자들은 촉진자가 아니라 그들 자신과 서로에게 과정이 어떻게 진행되는지에 대한 책임을 묻습니다. 가치와 행동, 원칙과 실천 사이에 간극이 형성되기 시작하면, 그것에 대해 무언가를 할 책임은 각 참가자에게 있습니다.

오랜 서클 트레이너이자 진행자인 그웬 챈들러 리버스는 "서클 안은 제가 진정으로 평등하다고 느끼는 유일한 곳입니다"라고 논평했습니다. 서클은 가장 온전한 방식으로 실천될 때 민주주의의 전형적인 표현입니다. 그웬의 논평과 이 대륙의 '민주주의' 역사에 대해 성찰하면서, 하워드 보겔은 30년 이상의 법학 교육 경험을 바탕으로 "서클은 민주주의가 때때로 터져 나오는 곳입니다"라고 말했습니다. 서클─민주주의가 더 자주 터져 나오는 것을 보고 싶어하는 그웬은 다음과 같은 도전을 제기했습니다:

어떻게 해야 사람들의 목소리가 경청되는 세상을 만들 수 있을까요? 어떻게 해야 더 평등하고, 공정하며, 정의롭고, 자비와 사랑이 넘치는 사회를 만들 수 있을까요? 서클이 바로 그 목표에 도달하기 위한 모델이 될 수 있을 것입니다.

이러한 질문들은 서클, 특히 서클을 공공 기획에 적용하는 것의 배경을 이루는 근본적인 문제들입니다. 이는 기획이 결국 정부의 기능이기 때문입니다. 후속 장들에서는 민주주의를 둘러싼 몇 가지 문제들과 유럽 기반 사회들이 토지 이용 관련 이슈들을 어떻게 다루어왔는지에 대해 다시 논할 것입니다. 하워드 보겔은 북미 대륙 500년 갈등의 역사를 다음과 같이 요약했습니다: "처음부터 땅이 있었고, 투쟁은 언제나 그 땅을 둘러싼 것이었습니다." 서클은 토지를 둘러싼 투쟁과 같은 가장 난해한 문제들조차도 우리의 최고의 이상과 가치를 더욱 가깝게 반영하는 방식으로 해결할 수 있는 길을 제시합니다.

우리의 이야기 사용: 서클과 변혁의 잠재력

이해를 다지기 위해, 서클은 의도적으로 '이야기의 힘'을 활용하며, 이 책의 구조 역시 이러한 우선순위를 반영합니다. 우리는 서클과 그것의 기획 적용에 대한 논의에 기획 경험에서 나온 이야기들을 곳곳에 배치했습니다. 더 짧은 이야기들은 서클 프로세스와 그 사용법을 설명하는 장들 안에 흩어져 있고, 더 긴 이야기들은 독자가 성찰할 시간을 갖고, 기획 맥락에서 서클이 어떻게 활용될 수 있는지 생각해보도록 별도의 짧은 장으로 삽입했습니다. 두 종류의 이야기 모두 구체적인 경험에 논의의 기반을 두는 것을 목표로 합니다.

이 이야기들은 문제들을 제기하는 동시에 기회들을 묘사합니다. 이 기회들 중 일부는 서클을 활용하여 더 깊은 대화에 참여할 기회로 포착되었고, 다른 이야기들은 서클이 도움이 될 수 있었지만 놓쳐버린 기회들을 묘사합니다. 또 다른 이야기들은 서클이 더 광범위하지만 아직 끝나지 않은 과정에서 어떻게 역할을 했는지 보여줍니다. 우리는 공동체가 명확히 해결되지 않은 문제들을 다루기 위해 서클을 계속 사용했는지, 또는 추가적인 서클 작업이 결과를 개선했을지 알 수는 없습니다. 그들의 이야기는 계속되고 있습니다.

한두 번의 서클이 모든 것을 해결할 수 있다는 비현실적인 기대를 만들지 않기 위해, 우리는 '끝나지 않은' 서클 프로세스에 대한 일부 이야기들을 포함하기로 결정했습니다. 실제로 12장에서 우리는 독자들에게 어떤 특정한 서클이 달성할 수 있는 것에 대해 지나치게 높은 기대를 갖지 않도록 경고합니다. 서클의 가장 큰 선물 중 하나는 경청을 통해 '열린 공간'을 창출하는 능력입니다. 이러한 정신을 바탕으로, 우리는 다양한 이야기들이 독자들로 하여금 문제를 다른 방식으로 접근하도록 고려하게 하여 새로운 해결책이 나올 수 있도록 촉진하기를 희망합니다. 지속적인 서클의 사용이 상상할 수 없었던 결과들을 가능하게 하는 열린 공간을 창출할 수 있을까요?

의심할 여지 없이, 서클은 갈등을 변화시킬 수 있습니다. 좌절, 나쁜 감정, 파벌, 그리고 절망의 원천으로 시작된 것이 이해를 구축하고, 창의성을 발휘하며, 공동체를 형성하는 기회로 변모할 수 있습니다. 서클을 통해 갈등의 중심은 우리 중 거의 아무도 전에 경험하지 못했던 정도로 민주주의를 실천하는 중심이 될 수 있습니다. 우리의 최고의 이상과 더욱 일치하는 과정의 궁극적인 결과는, 우리가 희망하건대, 더 좋고 더 지속 가능한 세상입니다.

1

왜 서클을 사용하는가?

한 공동체가 새로운 패러다임의 타당성을 발견하기 위해 스스로의 내적 자원에 의존하고 신뢰할 수 있을 때, 그 공동체는 오래되고, 뿌리 깊고, 고정된 세상의 방식으로부터 자유로워진다. 그러면 그 공동체는 혼돈의 창의성과 꿈의 가능성을 포용할 수 있다. 사람들은 새로운 존재 방식을 상상하고 깊은 수준에서 문제를 해결할 수 있는 힘을 얻는다. 이런 식으로, 한 공동체는 진정으로 미래와 과거를 장악할 수 있다. 함께 모인 사람들은 그들의 꿈을 가지고 비상하고, 그들의 상실에 대해 슬퍼하며, 의견 차이를 넘어 함께 모이는 데 자유로울 수 있다.
– 리아 밀러(Rhea Y. Miller), '부드러운 손, 쥔 주먹, Cloudhand, Clenched Fist'

서클에 낯선 사람들이 오다

대부분의 사람들에게 서클을 통한 평화 만들기는 새로운 과정이므로, 참가자들은 종종 무엇을 기대해야 할지 확신하지 못한 채로 옵니다. 수질 문제에 대해 이야기하기 위해 열린 한 서클 모임에 참석했던 한 남자는 그의 첫 서클 경험을 이렇게 묘사했습니다:

서클 모임에 가기 전, 솔직히 많이 불안했습니다. 너무 감성적이거나, 혹은 역할극 같은 종류의 모임일 거라고 생각했죠. 그런 걸 즐기는 편이 아니라서, 약간의 불안감을 안고 들어갔고, 시작하자마자 언제든 박차고 나갈 준비까지 하고 있었습니다. 하지만 결과에 정말, 정말 놀랐고 아주 기뻤습니다.

우리는 손가락질하고, 소리 지르고, 비명을 지르는 꽤 격렬한 지역사회 회의에 참여한 적이 있어요. 그런 식으로는 아무것도 얻지 못합니다. 하지만 저는 이 서클 프로세스가 무언가를 이루어냈다고 느낍니다. 수사(修辭)나 공허한 말을 줄이고, 사람들이 틀렸다고 지적받거나 발언이 중단될까 걱정 없이 자신의 생각을 말하도록 돕는 정말 훌륭한 방식입니다.

회의에서 저의 문제는 바로 끼어드는 경향이 있다는 것입니다. 저는 누군가가 말을 멈출 때까지 기다리는 것을 좋아하지 않아요. 기다리긴 하지만, 그 다음에 바로 끼어들죠. 하지만 때로는 앉아서 잠시 생각하는 것이 더 나을 때가 있는데, 이 과정은 그것을 가능하게 합니다… '말하기 소품(talking piece)'이 서클을 돌아가면서 오직 한 번 말할 기회를 얻는다는 것을 알기 때문이죠. 그래서 서클에는 두 가지 좋은 점이 있습니다. 질문에 대해 괜찮은 대답을 생각할 시간을 주고, 사람들이 말을 끊지 않고 다른 사람들의 관점을 들을 수 있게 해줍니다. 때로는 말하기 소품이 당신에게 돌아올 때쯤에는, 이미 질문에 대한 답이 나와서 아무 말도 할 필요가 없다는 것을 깨닫게 됩니다.

서클, 공동체, 그리고 기획

이 책에서 설명하는 서클 프로세스는 북미 선주민들이 수천 년 동안 사용해온 대화 서클talking Circles의 전통에 뿌리를 두고 있습니다. 우리는 이러한 전통을 현대까지 이어온 사람들에게 깊이 감사하고 있습니다. 우리는 3장에서 서클의 선주민 기원에 대해 더 자세히 논의하겠지만, 먼저 서클을 사용하는 것이 기획에 어떤 도움이 될 수 있는지 설명하고자 합니다.

서클은 구조화된 대화의 한 형태를 제공합니다. 그 아이디어는 우리가 공유하는 가치를 먼저 키움으로써 가장 유익하게 어려운 대화에 참여할 수 있다는 것입니다. 우리가 공통으로 가진 것을 바탕으로 관계를 구축하는 시간을 미리 할애함으로써, 서클은 참가자들이 어려운 문제를 논의할 때 다양한 관점과 강한 감정을 표현할 수 있는 안전한 공간을 만듭니다. 이 과정은 소통과 의사결정 모두에 유용합니다. 더 넓은 관점에서 볼 때, 서클은 공동체가 민주주의를 실천하는 방법을 제시합니다. 즉, 자신들의 삶에 영향을 미칠 결정에 모든 시민이 온전히 참여하는 방식이며, 이는 우리가 이전에는 알지 못했던 수준의 실천입니다.

분명히 서클 프로세스는 기획 실천과 관련이 있습니다. 공동체에서 무엇이 일어날지 기획하는 것은 기획자들이 정보에 입각한 결정을 내릴 수 있도록 여러 다양한 관점을 모으는 것을 포함합니다. 관심사가 토지 이용이든, 환경이든, 사회 문제이든, 기획 과정은 변화와 관련된 복잡한 문제들을 논의하기 위한 틀을 제공합니다. 목표는 공공 부문 기관과 다른 그룹들이 모두가 받아들일 수 있는 바람직한 미래로 이어지는 결정을 내리는 것입니다.

기획의 성공은 이러한 논의의 질에 달려 있습니다. 의사결정자들이 그들의 결정이 더 넓은 공공의 이익에 봉사하도록 지역사회 의견을 가장 효과적으로 어떻게 유도할 수 있을까요? 기획자들은 정보에 입각한 토론으로 이어지고 다양한 이해관계를 포착하는 공공 과정을 설계해야 합니다.

서클은 이것을 위한 효과적인 방법입니다. 서클은 대화를 포용적이고 존중하도록 구조화하며, 주민들을 참여시키고, 공동체를 만듭니다. 이보다 더 나아가, 서클은 근본적으로 기획의 실천을 바꿀 수 있습니다. 시간이 지나면서

서클은 참여자들의 깊은 경청을 촉진하는 공간이다.

서클은 기획자와 지역사회 모두의 사고방식을 바꿀 잠재력을 가지고 있습니다. 기획에서 대중의 역할에 대한 새로운 비전을 제공함으로써, 서클은 우리 기획자와 지역사회가 일상적인 기획 문제에 접근하는 방식에 있어 철학적 변화를 불러일으킵니다. 이는 적어도 이상적으로는 공공의 이익에 봉사하기 위해 존재하는 분야에서 민주주의를 실천하는 것이 어떤 모습일 수 있는지에 대한 구체적인 경험을 우리에게 제공합니다.

랜디 프렌치Randy French는 프랑스 기획 서비스French Planning Services, www.lake-plan.com의 기획자이자 촉진자입니다. 그의 최근 프로젝트로는 지방자치단체 자원 정보 패키지, 호수 계획 준비, 선주민 부족과의 협의, 자연 유산 지역, 수질, 해안선 보호, 호수와 함께 살기, 환경 행동 계획에 대한 워크숍 촉진 등이 있습니다. 그는 이렇게 썼습니다:

여러 면에서, 서클은 수년간 제 실천에 이미 깊이 자리 잡고 있었습니다. 제가 하는 거의 모든 일에서 서클의 원리를 봅니다. 1992년 기획 컨설턴트로서 서클을 처음 사용했을 때, 저는 이 프로세스가 사람들을 결속시키고, 견해를 나누게 하며, 난해한 문제들을 해결하는 능력에 놀라움을 금치 못했습니다.

가치: 기획과 서클의 연결고리

서클의 철학에는 가치에 대한 강조가 내재되어 있습니다. 이러한 강조는 우리의 최고의 이상과 실용적인 목표 모두에 기여합니다. 사람들이 공유된 가치에 따라 행동할 때, 결과는 그룹의 비전에 더 잘 부합할 가능성이 높습니다. 가치는 우리가 더 나은 관계를 형성하고 그 관계 내에서 우리의 성과를 향상하도록 구체적인 방식으로 우리를 인도할 수 있습니다. 이는 우리가 살고 싶은 세상을 만들면서, 우리가 가장 되고 싶은 사람이 되도록 도와줍니다.

따라서 우리의 가치를 적용하는 것은 어려운 문제에 대한 상호 수용 가능한 해결책을 만드는 오래된 방법입니다. 서클이 가치를 강조하는 것은 여러 면에서 기획의 목표에 기여합니다. 예를 들어, 서클의 가치 기반 접근법은 다음을 돕습니다:

- 참가자들이 매우 어려운 문제를 평화롭고 모두가 만족할 수 있도록 해결하도록 그들의 강점을 활용하도록 돕기
- 서클의 핵심 가치가 문화, 연령, 성별, 지리, 지위 등의 차이 전반에 걸쳐 널리 이해되고 공유되기 때문에 이러한 차이들을 연결하기
- 정신적, 신체적, 감정적 수준뿐만 아니라 영적 또는 의미적 수준에서 사람들을 참여시키기

- 창의성을 증진하기

- 건강한 관계를 강화하기

- 오해와 분쟁을 방지하기 위해 공동체를 구축하기

- 프로젝트의 공유된 비전에 대한 약속에 활력을 불어넣기

- 규범적이 되지 않으면서 성과를 안내하고 평가하는 방법을 제공하기

- 다양한 분야와 상황에 걸쳐 통일된 힘을 형성하기

- 공통의 비전을 유지하면서도 지역의 자율성과 개인의 견해를 허용하기

우리는 여러분이 우리가 제공하는 것에 여러분 자신의 지식과 경험을 적용할 것이며, 서클을 직접 사용하는 것이 우리가 상상할 수 있는 것보다 훨씬 더 풍부한 결과를 낳을 것이라고 가정합니다. 우리 자신의 이해도 새로운 서클에 접근하고 경험을 통해 성장함에 따라 계속 진화하고 있습니다.

우리는 지금이 흥미로운 시대라고 믿습니다. 대중은 공공 결정에 더 많은 발언권을 요구하고 있습니다. 서구 국가들의 정치적 담론은 전 세계에 민주주의 모델을 옹호합니다. 그러나 소수자 및 사회적 약자에 대한 대우에서, 그웬 챈들러 리버스가 관찰했듯이, 서구 현대 국가들은 종종 그들의 민주적 이상에 훨씬 못 미쳤습니다. 이제 많은 사람들은 풀뿌리, 지역사회 기반, 의사결정 과정에 그들의 에너지를 투자함으로써 이러한 패턴을 바꾸기 위해 열심히 노력하고 있습니다. 서클은 바로 그들이 나타난 맥락이기 때문에 그러한 과정 중 하나입니다.

서클을 사용하는 이유는 민주적 이상과 실용성을 결합합니다. 우리는 가장 큰 영향을 받는 사람들과 가장 가까운 곳에서 내려진 결정이 바람직하고 지속

가능한 결과를 달성하는 좋은 결정일 가능성이 높다는 것을 알고 있습니다. 우리는 또한 과정이 결과를 형성한다는 것을 알고 있습니다. 좋고 포용적인 과정은 널리 지지받고 성공적인 결과를 낳을 가능성이 더 높습니다. 마지막으로, 우리는 갈등과 혼란 속에 엄청난 기회가 있다는 것을 알고 있습니다. 우리의 가장 큰 도전은 우리의 이해를 깊게 하고, 창의적이게 되며, 우리의 최고의 자아를 표현하도록 우리를 촉구합니다.

우리는 우리의 작업에서 이러한 통찰을 어떻게 사용하는가? 이러한 가능성들이 우리의 기획 과정에서 꽃필 수 있도록 어떻게 모으고 성찰할 수 있을까? 서클을 사용하는 것은 이러한 통찰의 현실과 힘을 경험하는 방법을 우리에게 주었습니다. 그러나 우리는 여러분의 경험이 우리와 다를 수 있다는 것을 인정합니다. 우리는 여러분에게 유용한 것을 취하고 그렇지 않은 것은 부드럽게 제쳐두기를 권합니다. 이러한 정신으로, 우리의 경험을 여러분과 공유할 수 있는 기회에 감사드립니다.

2

왜 공동체를 참여시키는가?

문제가 뭐죠?'라고 묻지 말고, '이야기가 뭐죠?'라고 물으세요.
그러면 문제의 진정한 본질을 알게 될 것입니다.
– 리차드 뉴스타드와 어니스트 메이

이야기란 무엇인가?

기획 및 정책 분석가들을 위한 이 조언은 실용적이며, 현대 공동체 기획이 가진 근본적인 결함을 정확히 지적합니다. 물론, 기획자들은 시급한 공공 문제에 대응하고, 경쟁하는 경제적·환경적·사회적 이해관계를 조율해야 합니다. 그것이 바로 그들의 직무입니다. 이러한 모든 측면에서 발생하는 스트레스와 압박은 이 분야의 특징입니다.

그러나 해결책을 향한 성급함 때문에, 기획자들은 전체 '이야기'를 충분히 파악할 시간을 갖기도 전에 정책 결정에 뛰어들 유혹을 받곤 합니다. 그들이 지역 동네 문제에 대해 일하든, 전체 지방자치단체에 영향을 미치는 계획에 대해 일하든, 혹은 지역적 또는 국가적 수준의 긴급한 필요에 대해 일하든 상황은 마찬가지입니다. 가장 중요한 기획 과정의 입력이 될 수 있는 것, 즉 개인과 집단으로서의 시민들의 관점을 건너뛰거나, 적어도 대충 넘어가려는 유혹은 계속됩니다.

2006년 브리티시 컬럼비아주 밴쿠버에서 열린 세계 기획자 대회World Planners

주택 단지 개발에는 하수도와 상수도, 도로, 공원 부지에 관한 결정들이 수반되며, 이 모든 것이 도시계획 업무의 일부이다.

Congress는 시민 참여에 대한 더욱 의도적인 접근의 필요성을 강조했습니다. 기획자들은 "다양성, 문화적 역량 및 포용성을 적극적으로 증진하고", "모두를 위한 사회적 평등과 정의를 통해 인간 존엄성을 보장하기 위해 노력하라"고 촉구받았습니다. 대부분의 기획자들은 이 도전이 확인하는 기준에 동의합니다. 그러나 실제로는 대중을 끌어들이는 전통적인 접근법의 결과에 자주 좌절합니다. 대중 참여는 종종 격앙된 감정에 휘말리는 것을 의미합니다. 기획 문제는 매우 분열적일 수 있으며, 소통은 종종 완전히 단절됩니다. 대중을 참여시키는 일은 오직 분란을 자초하는 것처럼 보입니다.

서클 프로세스를 사용하는 것은 여기에 획기적인 대안 전략을 제시합니다. 서클은 관계를 구축하고, 이해를 발전시키며, 권력 불균형을 해소하는 방식으로 대중을 참여시킵니다. 서클은 광범위하게 다른 관점을 포용할 수 있는 공간을 유지하기 때문에, 기획 이니셔티브에 대한 폭넓은 대중적 지지를 창출하는 방법을 제공합니다. 심지어 동의에 의한 의사결정까지 가능하게 할 수 있습니다. 이러한 이유로, 우리는 서클이 기획 과정에서 매우 중요한 역할을 할 수 있다고 확신하게 되었습니다.

기획의 기본 역할

기획은 무엇을 포함하는 것일까요? 한 교과서적인 정의는 다음과 같습니다.

> 기획은 복잡한 맥락에서 새로운 문제들을 해결하기 위해, 우리가 원하는 목표들을 달성할 최적의 미래 행동 전략을 개발하는 의도적인 사회적·조직적 활동이다. 이는 또한 선택된 전략을 실행하는 데 필요한 자원을 투입하고 행동으로 옮기려는 힘과 의지를 동반한다.

이러한 교과서적 정의는 다소 복잡하게 느껴질 수 있지만, 기획의 개념은 인간 사회에서 매우 근본적입니다. 기획은 특히 우리 주변 사람들에게 영향을 미치는 일을 할 때, 공공의 이익을 위해 봉사하는 일입니다. 다시 말해, 미래에 후회하지 않도록 오늘 우리가 내리는 결정들을 관리하고 영향력을 행사하는 것에 관한 일입니다.

공공 부문에 고용된 기획자들은 이러한 변화 과정을 감독할 책임이 있습니다. 대부분의 경우, 기획은 토지 사용 방식과 공동체 개발 방식을 결정하는 일을 수반합니다. 성공적인 기획을 위해서는 이러한 결정들이 광범위한 사회적, 경제적, 환경적 관점을 통합해야 합니다. 그리고 이러한 결정은 동네, 지방자치단체, 지역은 물론 주, 국가 정부, 나아가 국제적 수준에 이르기까지 다양한 규모에서 이루어집니다. 이 책에서는 주로 서클이 동네와 지방자치단체 기획에 어떻게 사용될 수 있는지에 대한 사례를 제시합니다.

강한 감정은 이 분야의 특징이다

커뮤니티 수준에서의 변화는 필연적으로 개인의 삶의 어떤 측면에 영향을 미치는 것을 의미합니다. 새로운 건물이 들어서거나, 누군가의 생계가 위협받거나, 재산 소유자들의 평온과 재산을 누릴 권리가 훼손되거나, 혹은 개인의 안녕을 위협하는 환경적 위험이 증가하는 경우 등입니다. 이러한 사례들은 스트레스와 강한 감정이 기획 이슈에 늘 수반되는 이유를 명확히 보여줍니다. 기획자들은 종종 강렬한 감정적 갈등의 한가운데에 놓이게 되며, 그 감정적 반응은 물론 그 뒤에 숨겨진 이유까지 다루는 것은 결코 쉬운 도전이 아닙니다.

기획자로서 우리가 사용하는 대처 방식 중 하나는 문제를 '깨끗하게 다루는 것', 즉 감정적 요소를 제거하려는 시도입니다. 우리는 '객관적인' 대응을 개발하고 감정으로부터 우리 자신을 분리합니다. 심지어 감정을 무시하는 함정에 빠지기도 합니다. 우리는 감정을 비합리적인 반응, 변화에 대한 조건반사적인 저항, 또는 어쩌면 님비(NIMBY, Not In My Back Yard, 내 뒷마당은 안 돼) 식의 지역 이기주의로 치부할 수 있습니다.

하지만 그렇게 하는 것은 감정이 기획 과정 참여자들이 가진 핵심 가치를 종종 드러낸다는 사실을 외면하는 것입니다. 또한 감정은 인정되지 않았지만 현재 상황과 관련된 개인적 또는 집단적 역사의 맥락을 지적할 수도 있습니다. 기획자로서 우리의 도전이자 기회는 바로 이 감정들을 인식하고, 존중하며, 응답하는 것입니다. 우리는 감정 속에 숨겨진 메시지에 귀를 기울여야 합니다. 왜냐하면 그 감정들이 아무리 혼란스럽게 표출되더라도, 그 안에 담긴 지혜는 우리

기획 작업의 결과를 혁신적으로 향상시킬 잠재력을 가지고 있기 때문입니다.

우리가 수년간의 기획 경험에서 가져온 다음 이야기는 이 점을 잘 보여줍니다:

문제는 충분히 간단해 보였습니다. 인구 1,200명의 마을에 있던 장례식장이 불에 탔고, 소유주들은 주요 도로변에 있는 주거 지역의 개조된 집으로 사업장을 이전하기를 원했습니다. 마을이 작았기에, 기획자들은 1년에 15~20건 이상의 장례식은 없을 것으로 추정했습니다. 장례식은 필수적인 서비스이며, 이러한 토지 이용은 전통적으로 주거 지역에 위치해 왔습니다. 그러나 이 제안은 용도 변경을 필요로 했습니다. 초기 기획 분석은 교통, 주차, 그리고 양립성 문제를 살펴보았고, 기획자는 새로운 위치가 미미한 영향을 미칠 것이라고 결론 내렸습니다. 하지만 필수적인 공공 회의에서 그는 상황을 완전히 잘못 읽었다는 것을 깨달았습니다. 15~20명의 대표단이 변경에 격렬하게 반대했고, 그들은 주로 교통, 주차, 그리고 공존 가능성(compati-bility)에 대해 우려했습니다.

공공 회의 후, 기획자는 두 가지 입장을 시의회에 보고했고, 시의회는 제안된 변경을 채택하기로 결정했습니다. 이웃 주민들은 이어서 기획 분쟁을 중재하는 주 심의회에 항소했습니다. 기획 증거를 검토한 후, 이 심의회는 시의회의 의견에 동의했습니다. 결과적으로 시민들은 자신들의 의견이 경청되지 않았다고 느끼며 떠났을 것입니다.

간단해 보였던 결정이 복잡하고, 비용이 많이 들고, 갈등으로 가득 차게 되었습니다. 왜 이 시민들은 기획자와 지방자치단체가 내

이러한 표지판들은 도시계획가들이 직면하는 일부 쟁점들을 둘러싸고 생겨나는 감정의 깊이를 전달한다.〈사진 내용: 이 500에이커는 57번 고속도로를 수용하기 위해 분리되었다〉

린 것과는 정반대의 결론에 도달했을까요? 왜 양측 사이에 이해가 형성될 수 없었을까요? 열린 대화가 초기 단계에서 문제를 해결할 수 있었을 때, 왜 양측의 강한 감정이 담긴 이 문제가 계속되도록 허용되었을까요?

또 다른 기획자는 그의 경력 초기에 지역 기획자로서 겪었던 강렬한 경험을 공유했습니다:

저는 이미 이 특정 지방 의회와 많은 회의에 참석했었습니다. 지방자치단체가 마지못해 새로운 공동체 계획을 개발하는 방향으로 나아가고 있었기 때문에 분위기는 끊임없는 긴장감이 감돌았습니다. 의회는 기획의 장점에 대해 확신하지 못했기 때문에 이 과정에 참여하는 것을 꺼려했습니다. 그들은 적절한 토지 이용 정책을 개발하라는 상위 정부의 압력을 느끼고 있었기 때문에 어쩔 수 없이 진행하고 있었습니다. 의회는 저를 그들이 없이도 행복했을 규제와 규칙의 옹호자로 인식했기 때문에 저에게도 약간의 긴장감이 향했습니다. 그럼에도 불구하고, 저는 지방 의회와 긍정적인 관계를 구축했다고 느꼈습니다.

우리는 대중을 참여시키는 단계를 거쳤고, 저는 의회가 지지할 수 있는 계획을 개발하는 데 진전을 이루고 있다고 생각했습니다. 그러나 회의에서 토지 분할 정책에 대한 격렬한 논의 후, 선출된 지방 의회 의원 중 한 명이 갑자기 매우 화를 내며 저에게 싸움을 걸었습니다. 그는 심지어 저에게 밖으로 나가서 해결하자고 제안했습니다. 저는 너무 놀랐습니다. 정신을 차린 후, 저는 최대한 외교적으로 다른 의원들에게 문제에 계속 집중하고 개인적인 갈등에서 벗어나도록 도와달라고 호소했습니다.

나중에 차에 앉아 있을 때, 수많은 감정이 밀려왔습니다. 저는 그 어떤 때보다도 개인적으로 모욕감을 느꼈다는 것을 깨달았습니다. 저의 개인적 안위가 위협받았고, 사람들에 대한 저의 감각과 믿음이 뿌리째 흔들렸습니다. 저는 그 의원이 제가 말하는 것에 대해 왜 그렇게 비합리적인 반응을 보였는지 이해할 수 없었습니다. 이전의 논의들을 고려할 때 저에게는 전혀 논리적으로 보이지 않았기 때문에 저는 그 도전이 어디서 왔는지 이해하지 못했습니다.

다음 날, 저는 그 이유를 알게 되었습니다. 시청 직원에게 이야기했을 때, 저는 그 의원이 방금 그의 딸이 암에 걸렸다는 소식을 들었다는 것을 알게 되었습니다.

돌이켜보면, 저는 제가 다르게 할 수 있었던 것이 무엇인지 고민했습니다. 제가 확실히 알게 된 한 가지는 신뢰와 이해를 구축하고 좋은 관계를 만드는 데 집중하는 것이 얼마나 중요한가 하는 것이었습니다. 이것을 어떻게 해야 하는가는 또 다른 문제입니다. [지방 의회 갈등 사례]

이 사례에서 감정은 기획 문제 자체에서 비롯된 것은 아니지만, 이 경험은 강한 감정이 어떤 출처에서든 들어와 기획 작업에 어떻게 영향을 미칠 수 있는지를 보여줍니다. 또한 서클과 같이, 감정이 발생할 때 이를 인정하고 사람들이 기획 작업에 가져오는 사고, 감정, 경험의 모든 차원을 존중할 수 있는 역량을 가진 프로세스를 사용할 필요성을 강조합니다. 기획자들이 공동체를 참여시킬 때마다, 이와 같은 경험은 일어날 수 있습니다.

공공 회의와 다른 공동체 과정에 참석한 후, 많은 기획자들은 고개를 가로저으며 돌아갑니다. 그 과정은 단순히 작동하지 않았습니다. 분노한 목소리, 비난, 통제 불능이 된 회의, 존중의 부재, 이 모든 것은 소통의 단절로 이어집니다. 이러한 경험은 기획 전문가들에게 드문 일이 아닙니다. 이러한 경험은 차이를 해결하기 위한 건설적인 방법의 부족과 결합되어, 기획자들이 그렇지 않았더라면 했을 만큼 쉽게 공동체를 참여시키지 않게 만듭니다. 그러나 그 결과로 공동체가 만들 수 있었던 기여는 상실됩니다. 또 다른 예를 생각해 봅시다:

강당은 입추의 여지없이 가득 찼습니다. 경찰은 방 뒤쪽에 서 있었습니다. 800명이 시간을 내어 왔고, 이것은 주 정부가 제안된 일부 법안

이 표지판들은 풀뿌리 저항 운동의 노력을 담아내며, 단지 광고판이나 포스터가 아닌 얼굴을 맞대고 대화할 수 있는 방법을 찾아야 할 필요성을 보여준다.

에 대한 의견을 구하기 위해 조직한 여러 회의 중 하나였습니다. 그들은 주의 넓은 지역에 영향을 미칠 새로운 기획 계획을 고려하고 있었습니다. 청중은 농부, 개발업자, 주민, 토지 소유자, 그리고 기관 직원들로 구성되었습니다. 많은 사람들은 이 법안이 그들의 재산의 현재와 미래 사용에 부정적인 영향을 미칠 것이라고 느꼈습니다. 다른 사람들은 이 법안이 미래 세대에게 이익이 될 새로운 정책으로 이어질 것이라고 믿었습니다.

참석자 수가 많아서, 참가자들은 발언하기 위해 등록해야 했습니다. 그들은 방 중앙에 있는 마이크 뒤에 줄을 서서 차례를 기다렸습니다. 전문 촉진자가 회의를 주재했고, 두세 명의 주요 주 정부 직원이 방 앞쪽 테이블에 앉아 있었습니다. 군중은 때때로 공감하는 것처럼 보이는 발언에 박수를 보냈습니다. 어떤 사람들은 그들이 말하는 것에 대해 사실에 입각했지만, 이 문제는 다른 사람들에게는 분명히 매우 감정적이었습니다.

주 정부 직원들이 회의 시작에 새로운 법안에 대한 발표를 했지만, 정보는 분명히 한 방향으로만 흘러갔습니다. 청중에서 정부 대표에게로. 3~4시간에 걸쳐 30~40명의 연사들이 주 정부에게 그들의 견해를 제시했습니다. 회의는 질서정연하고 대체로 정중했지만, 기저에는 긴장감이 있었습니다. 전체 광경은 흥미로웠지만, '대중'에게 의견을 개진하거나 긍정적이든 부정적이든 그들의 생각을 알릴 기회를 제공하는 데 그다지 효과적이지 않았습니다. 일부 참석자들은 법안이 통과되면 죽을 때까지 분명히 화를 낼 것입니다. 반대로, 거대한 침묵의 다수는 그들의 생각을 전혀 공유하지 않고 떠났습니다.

경험을 되돌아보며, 더 나은 방법이 있지 않을까 하는 의문을 떨칠 수 없었습니다. 어떻게 하면 공동체−특히 기획 결정에 가장 큰 영향을 받는 사람들−가 제공해야 하는 다양한 통찰을 통합함으로써 기획 결과를 강화할 수 있을까요? [대규모 공청회 사례]

참석자들의 대부분에게 이 과정은 충분하지 않았습니다. 이 과정은 그들이 토지, 공동체, 환경과 맺고 있는 그리고 우리 모두가 맺고 있는 강한 감정적 연결을 공유할 기회를 제공하지 못했습니다. 이러한 감정과 그에 얽힌 이야기들은 우리의 가치, 신념, 관심사, 이상, 그리고 삶의 의미와 목적을 직접적으로 드러내는 것입니다. 우리가 이러한 강하고 다양할 수 있는 관점을 인정하지 못하면, 그것들을 기획 과정에 통합할 수 없습니다. 그러나 우리 존재의 핵심을 말해주는 이러한 목소리가 없으면, 기획이 사회에 기여할 수 있는 잠재적으로 강력한 역할은 축소될 수밖에 없습니다.

민주적 가치와 함께 기획하기

오늘날 대부분의 기획자들은 대중 참여와 관련된 문제들을 알고 있음에도 불구하고 대중을 참여시킬 필요성을 인식하고 있습니다. 이러한 추세는 수십 년에 걸쳐 구축되어 왔습니다. 셰리 아른스타인Sherry Arnstein은 1969년의 획기적인 논문 "시민 참여의 사다리A Ladder of Citizen Participation"에서 권력을 이양하고 공유하도록 설계된 공공 기획에 더 포용적인 과정의 필요성을 강조했습니다. 그녀는 "정치적, 경제적 과정에서 현재 배제된 '가지지 못한' 시민들이 미래에 의도적으로 포함될 수 있도록 하는 것은 바로 권력의 재분배"라고 썼습니다. 그 이후로, 많은 실무자와 연구자들이 협력적 기획의 필요성을 강조했습니다. 예를 들어, 스콧 캠벨Scott Campbell, 수잔 파인스타인Susan Fainstein, 존 포레스터John Forester, 그리고 주디스 인스Judith Innes의 작업이 즉시 떠오릅니다.

더 큰 참여를 향한 추세는 합리적이기 때문에 점차 확산되고 있습니다: 시간이 지남에 따라 많은 사람들에게 영향을 미치는 결정을 내릴 때, 가능한 한 많은 사람들을 기획 과정에 포함시키는 것이 좋은 생각입니다. 실제로, 한 일반적인 정의에 따르면, 협력적 기획collaborative planning은 "결정에 영향을 받을 모든 사람이나 그들의 대표가 참여하는 집단적 의사결정"을 포함합니다. 수잔 파인스타인은 설명합니다:

> 기획자의 우선적인 기능은 사람들의 이야기를 경청하고, 서로 다른 관점들 사이의 동의를 구축하는 것을 돕는 것입니다. 기술 관료적 리더십을 제공하기보다는, 기획자는 경험적 학습자이며, 기껏해야 참가자들에게 정보를 제공하고 주로 의견 일치 지점에 민감하게 반응합니다. 리더십은 이해관계자들을 특정 기획 내용에 동

조시키는 것이 아니라, 사람들이 동의하게 하고, 사회-경제적 위계 내에서 참가자들의 위치가 어떻든 어떤 그룹의 이익도 지배하지 않도록 보장하는 것입니다.

이러한 맥락에서, 서클 프로세스는 기획 전문가들에게 지역사회를 참여시키기 위한 새로운 도구를 제공합니다. 이는 어느 한 방향으로 가는 일방적인 과정이 아닙니다. 대신, 서클은 모든 사람에게 참여할 동등한 기회를 만듭니다. 그리고 서클에 있는 모든 사람은 대화와 동의 구축에 대한 책임을 공유합니다. 서클은 일회성, 독립적인 행사로 사용될 수도 있고, 대중을 참여시키기 위한 다른 전략들과 함께 사용될 수도 있습니다. 분명히, 관계를 발전시키고 이해를 구축할 필요가 있을 때마다 서클은 좋은 선택입니다.

그러나 기획자들은 결과가 어떠해야 한다는 고정된 생각을 가지고 서클에 들어갈 수 없습니다. 이것은 서클이 작동하는 방식이 아닙니다. 서클에서는 대부분의 과정이 참가자들에게 주어집니다. 진행자또는촉진자는 그룹의 일부로 기능하며, 이러한 방식으로 그룹에 책임을 집니다. 그들은 그들 자신의 의제를 강요할 수 없습니다. 기획자가 이러한 수준의 개방성을 받아들일 수 있다면-그가 서클 진행자로 기능하든 안 하든-서클은 기획을 새로운 수준의 참여로 이끌 수 있습니다.

더 큰 정치적 과정에서 기획자의 역할

기획자들은 공동체와 함께 일할 수 있는 독특한 위치에 있습니다. 그들의 역할은 대중-곧 우리 국민-이 자신들의 삶과 미래를 형성하는 데 참여할 수 있도록 전략을 설계하고 제공하는 것입니다. 사실, 미국과 캐나다 전역의 전문 기획자들은 민주적 가치를 확인하는 윤리 강령에 구속됩니다. 이러한 강령들은 공동체를 참여시키고, 공공 의사결정에서 종종 들리지 않는 이들에게 목소리를 부여하는 것의 중요성을 이야기합니다.

기획 과정에서 기획자들의 권한은 그들이 속한 정치 시스템에 의해 다소 제한되지만, 그럼에도 불구하고 그들은 과정과 결과적인 정책에 영향을 미치는 중요한 역할을 합니다. 기획자들은 자신들의 힘을 사용하여 사려 깊고 효과적으로 공동체와 함께 일할 수 있습니다. 예를 들어, 공동체를 과정으로 초대하는 것은 기획자들이 기획 문제의 근본 원인에 도달하는 데 도움을 줍니다. 그들은 또한 공동체 구성원들과 그들에게 가장 중요한 것, 즉 그들의 가치, 삶의 이야기, 역사, 느낌, 감정, 희망, 그리고 꿈에 대해 이야기함으로써 상호 이해를 구축할 수 있습니다.

그것은 그의 첫 번째 실질적인 대중 참여 경험이었습니다. 대학을 갓 졸업한 그는 작은 시골 지역의 새로운 계획을 개발하는 데 주도적인 역할을 맡아달라는 요청을 받았습니다. 그가 고용되기 전에, 기획 부서는 지역 전체에서 식탁 회의(kitchen meetings)를 개최하여, 기획 문제에 대해 부엌 식탁에 둘러앉은 작은 그룹의 주민들을 만났습니다. 그가 고용을 시작했을 때, 그 과정은 농업에서 도시 개발, 환경에 이르기까지 다양한 주제를 다루는 7개의 주요 워크숍을 포함하는 더 공식적인 단계로 넘어가고 있었습니다. 평균적으로 80~100명의 사람들이 이 회의에 참석했습니다.

이 회의들 각각에서, 한 특정 인물이 눈에 띄었습니다. 그는 전형적인 인물이었습니다. 방 뒤쪽에 서서 젊은 기획자에게 끊임없이 도전적인 질문을 하는 크고 건장한 농부였습니다. 그리고 각 회의는 점점 더 어려워지는 것처럼 보였습니다. 마침내 7개의 워크숍이 완료되었고, 기획자는 다음 단계로 넘어갔습니다. 그는 의회와 함께 일하기 시작했고, 회의에서의 의견을 바탕으로 새로운 계획을 개발했습니다.

과정의 마지막 단계는 새로운 계획이 제시되고 논의될 최종 공공 회의를 포함했습니다. 큰 개발 프로젝트는 주변 동네에 영향을 미치므로, 기획 과정은 영향을 받을 모든 사람들의 목소리를 포함할 때 가장 효과적이고 최상의 결과를 낳습니다. 과거와 마찬가지로, 그 크고 건장한 농부가 방 뒤쪽에 서 있었습니다. 의회를 대표하여, 젊은 기획자는 계획을 제시했고 그 다음에 수많은 질문에 최선을 다해 답했습니다. 점점 더, 그는 '뒤에 있는 농부'가 아무 말도 하지 않고 있다는 것을 깨달았습니다. 그는 야유조차 하지 않았습니다. 기획자는 그가 무슨 생각을 하고 있는지 궁금해하지 않을 수 없었습니다.

마침내 회의가 끝나갈 무렵, 그 농부가 일어섰습니다. 그는 권위 있는 태도로 방식으로 말했습니다. "이것은 좋은 계획입니다. 당신은 우리가 할 말을 경청했습니다."

서클이 기획 과정에 가져오는 것들

이 책 전반에 걸쳐 우리가 보여주듯이, 서클은 기획 과정에 대중을 참여시키는 획기적인 대안 방법을 제공합니다. 온전한 서클을 진행하는 것이 적절하지 않을 때조차도, 서클의 근본적인 원칙들은 기획자들이 역사적으로 사용해 온

기획 과정은 그 영향 아래 놓이게 될 모든 사람의 목소리를 포함할 때 가장 효과적이며 최선의 결과를 만들어낸다.

많은 접근법들을 향상시킬 수 있습니다. 사실, 서클을 사용하는 데에는 여러 가지 이유가 있습니다.

- 서클은 대중 참여의 중요성을 강조합니다. 서클 프로세스는 경청, 모든 목소리 듣기, 포용성, 평등 실천, 그리고 권력 공유를 강조합니다. 이 모든 것이 효과적인 공공 과정의 필수적인 구성 요소입니다.
- 이야기, 감정, 그리고 가치는 강렬하게 연결되어 있습니다. 서클에서 사람들은 그들의 이야기를 하고, 그들의 신념을 공유하며, 진정으로 깊이 경청된다고 느끼는 공간에서 그들의 감정을 표현할 수 있습니다.
- 서클 프로세스는 참가자들이 그들의 가치에 대해 이야기하도록 초대함으로써 '안전한 공간'을 확립하는 데 도움을 줍니다. 이는 그들이 어려운 문제를 논의할 때 그룹이 어떻게 함께 하기를 원하는지에 대한 지침에 동의

하기 위한 기초를 놓습니다. 가치에 대해 이야기하고 지침에 동의하는 이 두 단계는 대화를 더 존중하고 사려 깊게 만들도록 설계되었습니다. 결과적으로, 더 많은 사람들이 참여하는 것을 편안하게 느끼고, 이는 관련된 문제에 대한 더 깊은 이해를 촉진합니다.

- 서클은 상당히 다른 견해와 경험을 가진 사람들을 한데 모읍니다. 그 결과, 서클은 차이들을 넘어 관계를 구축하는 방법을 발전시켰습니다. 서클 모임의 상당 부분은 '관계 구축 단계'에 할애됩니다. '바로 본론으로 들어가기'에 익숙한 사람들에게는 이 시간이 처음에는 비생산적으로 보일 수 있습니다. 그러나 이것은 그룹이 서로를 이해하고 그룹 내 다른 사람들에 대한 공감 능력을 발전시키는 데 필수적입니다.

기획에 서클을 사용하는 것에 대한 가능성은 무궁무진합니다. 이 책은 서클이 기획자들이 대중을 기획 과정에 어떻게 참여시키는지에 초점을 맞춥니다. 그러나 기획자들은 내부 행정 및 직원 회의를 위해 서클을 사용할 수도 있고, 여러 조직이 관련된 프로젝트를 조율하는 데 도움을 줄 수도 있습니다. 더 넓은 규모에서, 서클은 기획의 의제를 설정하는 정치적 우려에 대한 대화를 심화시킬 수 있습니다.

많은 기획자들은 이미 서클의 개념들 중 다수를 의식하지 못한 채 직관적으로 그들의 작업에 적용하고 있습니다. 그들이 서클 원칙을 더 많이 이해할수록, 그 개념들을 더 의도적으로 적용할 수 있으며, 대중을 참여시키려는 노력이 더 성공적일 가능성이 높아집니다.

물론, 서클의 사용은 문제와 맥락에 따라 다릅니다. 모든 상황이 서클을 필

조정자로서 역할을 맡은 웨인 콜드웰이 한 서클 참여자와 함께 지침을 만드는 논의의 한 라운드를 마무리하고 있다.

요로 하는 것은 아닙니다. 그러나 서클의 측면들을 다른 공공 과정에 주입할 엄청난 잠재력이 있습니다. 예를 들어, 전통적인 공공 회의는 공유된 가치를 표현하고 지침에 대한 동의에 도달함으로써 시작할 수 있습니다.

더욱이, 서클 원칙들은 대중에 대한 기획자들의 태도에 대한 철학적 변화를 지지할 수 있습니다. 시민들은 어떤 역할을 해야 하는가? 기획자들은 그들의 의견을 어떻게 구할 수 있는가? 일단 수렴되면, 그들의 의견은 어떻게 가치 있게 여겨져야 하는가?

기획 분야는 더 강력한 형태의 대중 참여를 절실히 필요로 합니다. 그것은 사람들이 더 진정성 있게 참여하고, 발생하는 갈등과 감정들을 건설적으로 다루는 과정을 필요로 합니다. 그리고 갈등과 감정들은 항상 발생합니다. 이러한 필요성들은—더 큰 대중 참여가 기획을 위해 할 수 있는 약속과 결합하여— 우리로 하여금 우리의 작업에서 서클을 탐구하도록 자극했습니다.

3

서클 프로세스 개요

고대의 뿌리와 현대의 가지들

서클은 고대의 전통에 뿌리를 두고 있습니다. 전 세계의 많은 선주민들이 오늘날에도 계속하는 것처럼, 고대 문화들은 공동체의 일을 돌보기 위해 서클과 유사한 과정을 사용했습니다. 우리는 서클이 공동체에 중요한 문제들을 논의하는 흔한 형태라고 믿습니다. 서클은 시대와 세계 전반에 걸쳐 사용되어 온 것으로 보입니다. 이 책에서 우리가 설명하는 서클의 특정 형태는, 서클을 계속 사용하고 서클의 핵심 가르침을 그들의 삶의 방식에 통합하는 북미의 여러 선주민 및 선주민들에게서 가장 직접적으로 유래합니다.

하지만 우리의 설명과 제안은 또한 갈등을 해결하고 서로에게 좋은 방식으로 대하는 방법에 대한 현대적 이해를 포함합니다. 우리는 빠르게 변화하는 다문화 사회에 살고 있습니다. 따라서 우리가 사용하는 서클 프로세스는 현대적인 경험으로부터도 영향을 받습니다. 대화, 동의 맺기, 문화 간 소통, 변화 이론, 그리고 개인적 변혁의 방법에 대한 새로운 통찰 또한 우리가 서클을 이해하는 방식에 기여합니다. 우리가 제시하는 과정은 고대적인 것과 현대적인 것, 개인과 집단, 그리고 내면과 외면의 자아 사이의 균형을 이룹니다.

공공 기획에 서클을 사용하는 아이디어는 특히 캐나다와 미국의 여러 공동체에서 일한 우리의 경험에서 나왔습니다. 그러나 더 넓은 의미에서는 선주민

정의Indigenous justice와 회복적 정의restorative justice 운동에서도 발전했습니다. 여기서도 공동체 기반의 실천은 역사를 가지고 있습니다. 전 세계적으로, 작은 공동체들은 수백, 수천 년 동안 해왔던 것처럼 비슷한 목적을 위해 비슷한 과정들을 사용하고 있습니다. 이러한 과정들은 종종 공동체의 기본 구조의 일부이며, 별개의 철학이나 실천으로조차 식별되지 않습니다. 이러한 곳에서, 서클과 같은 과정은 사람들이 서로 공동체에서 살아가는 방식 그 자체입니다. 그것들은 단순히 그들이 일상생활의 문제들을 해결하는 방식입니다.

하나의 기술로서, 서클은 그룹 소통을 조직하고 더 효과적으로 만듭니다. 서클은 관계를 구축하고, 우리가 더 균형 잡힌 결정을 내리도록 도우며, 갈등 해결을 위한 강력한 수단을 제공합니다. 그러나 서클은 단순한 기술 이상의 것입니다. 그것은 모든 상황에서 우리를 인도할 수 있는 관련성과 상호 연결성의 철학을 구현합니다. 그것은 서클 밖에서도 계속되는 '서클 안에 존재하는' 방식을 키워줍니다.

평화 만들기를 위한 의도적인 공간으로서, 서클은 참가자들이 그들의 "최고의 자아best selves"를 이끌어낼 수 있도록 돕기 위해 설계되었습니다. 다시 말해, 그것은 우리가 가장 좋을 때의 우리를 나타내는 가치에 따라 행동하도록 돕습니다. 서클은 이 "최고의 자아"를 실천할 수 있는 보호된 공간을 만듭니다. 즉, 가장 위험하게 느껴질 수 있는 바로 그 순간에 우리의 가치에 따라 행동하도록 하는 것입니다. 우리가 서클 안에서 최고의 자아, 즉 가치에 의해 인도되는 행동을 더 많이 연습할수록, 이러한 긍정적인 습관들을 더 많이 강화하게 됩니다. 이 행동을 우리 삶의 다른 부분으로 가져가는 것이 더 쉽고 자연스러워집니다.

서클의 구조적 토대

서클 구조의 토대에는 두 가지 요소가 있습니다. 첫째, 서클의 핵심 구조는 존중, 평등, 포용성과 같이 좋은 관계를 키우는 가치를 구현합니다. 둘째, 그 구조는 선주민 공동체에서 흔한 핵심 가르침들을 통합합니다. 예를 들어, 가장 기본적인 선주민 개념은 우리 모두가 서로 관련되어 있다는 것입니다. 실제로는, 이것은 우리가 우리 주변의 문제들과도 모두 연결되어 있다는 것을 의미합니다. 서클이 하는 것처럼 문제에 대처하기 위해 모두를 함께 모으는 것은 합리적일 뿐입니다. 그렇지 않으면 어떻게 우리는 일어난 일에 대한 전체적인 그림과 모든 사람에게 효과적인 전체적인 해결책을 얻을 수 있을까요?

서클을 서클답게 만드는 가치와 고대 가르침들이 함께, 큰 무게를 지탱할 수 있는 강력한 뿌리 시스템을 만듭니다. 다른 이미지를 사용하자면, 그것들은 분노, 좌절, 기쁨, 고통, 진실, 갈등, 다양한 세계관, 강렬한 감정, 침묵, 그리고 역설을 담을 수 있는 용기容器를 만듭니다.

1. 가치 기반

서클의 토대 중 가치 측면을 구축하기 위해, 참가자들은 그들이 중요하다고 느끼는 가치들을 확인합니다. 그들은 과정이 건강하고 결과가 모든 사람에게 좋도록 이러한 가치들을 서클로 가져옵니다. 정직, 존중, 개방성, 배려, 용기, 인내, 겸손: 이것들은 사람들이 표현되기를 바라는 가치들 중 일부입니다. 정확한 단어는 각 그룹마다 다르지만, 다양한 맥락의 서클에서 제기되는 가치들은 기본적으로 동일합니다. 그것들은 우리가 최고의 자아일 때 어떤 사람이 되고 싶은지를 묘사합니다.

우리의 "최고의 자아best self"를 표현하는 가치들은 서클의 시금석이 됩니다.

예를 들어, 진행자들이 과정 중에 특정 전략을 사용하는 것을 고려할 때, 그들은 스스로에게 묻습니다: '이 전략이 이 그룹의 사람들이 그들의 가치와 더 일치하도록 도울 것인가?' 서클은 모든 사람이 최고의 자아 가치를 가지고 있다고 가정합니다. 그것들은 '최고가 아닌 자아'의 습관들 아래에 묻혀 있을 수 있지만, 그럼에도 불구하고 그곳에 존재합니다.

서클은 또한 공간이 충분히 안전하다면 이러한 가치들이 나타날 가능성이 높다고 가정합니다. 최고의 자아를 대표하는 가치들내면의 초점은 다른 사람들과 좋은 관계를 키우는 가치들외면의 초점과 동일하다는 것이 밝혀집니다. 서클에서는 우리가 공유하는 가치들이 당연하게 여겨지지 않습니다. 그것들은 논의됩니다. 또한 촉진자가 그것들을 강요하지도 않습니다. 우리가 서클의 집단적 공간에서 유지하고자 하는 가치에 대해 대화하는 것은 서클 프로세스의 중요한 부분을 형성합니다.

2. 선주민 가르침 반영

우리가 말했듯이, 서클 프로세스의 선주민 뿌리는 핵심 가르침을 통해 그 토대를 형성합니다. 이 가르침들은 종종 우주가 어떻게 작동하는지에 대한 은유로서 원의 이미지를 사용합니다. 많은 선주민들에게, 원은 상징으로서 세계관을 전달합니다. 그것은 세상이 어떻게 작동하는지와 인간이 세상과 자연스러운 방식으로 어떻게 움직일 수 있는지를 이해하는 방법입니다. 다음 가르침들은 그 세계관의 필수적인 부분이며, 따라서 서클 공간의 필수적인 부분입니다:

- 모든 것은 연결되어 있다: "우리는 모두 서로 관련되어 있다."
- 모든 것이 연결되어 있지만, 우주에는 또한 뚜렷한 부분들이 있으며, 이

부분들이 균형을 이루는 것이 중요하다.

- 우주의 모든 부분은 전체에 기여하며; 각 부분은 역할, 기여를 가지고 있고, 동등하게 가치 있다.

모든 것이 연결되어 있다는 개념은 심오한 의미를 가집니다. 인간 관계에 있어서, 그것은 아무도 탈락시키거나, 내쫓거나, 제거하는 것이 불가능하다는 것을 의미합니다. 이 아이디어는 또한 우리로 하여금 묻도록 자극합니다: 우리는 어떻게 서로에게 좋은 친척이 될 수 있을까? 이 상호 연결성은 인간뿐만 아니라 창조의 모든 측면에 적용됩니다.

상호 연결성은 또한 우리가 객관적인 위치에 있을 수 없다는 것을 의미합니다. 우리는 우리가 다루는 사람들과 우리가 관찰하는 것에 영향을 미치는 것으로부터 우리 자신을 제거할 수 없습니다. 우리가 어디에 있든, 우리는 항상 관계의 거미줄 안에 있습니다. 우리가 아무리 멀리 물러서려고 노력하더라도, 우리는 여전히 연결되어 있습니다.

그것은 또한 우리의 운명이 서로 얽혀 있다는 것을 시사합니다. 한 사람에게 일어나는 일은 다른 사람들에게 일어나는 일에 영향을 미칩니다. 궁극적으로, 우리는 다른 사람들을 해치는 것으로부터 이익을 얻을 수 없습니다. 우리의 관련성은 우리로 하여금 서로에 대한 우리의 책임으로부터 행동하도록 촉구합니다. 캐나다 기러기Canada geese에게 귀속되는 한 가지 그룹 특성은, 거위 한 마리가 아프거나 다쳤을 때, 다른 두 마리가 그 다친 거위가 죽거나 다시 날 수 있을 때까지 함께 머문다는 것입니다. 서클은 참가자들에게도 똑같은 헌신을 불러일으킵니다: 아무도 버려질 수 없습니다.

균형에 대한 선주민 가르침은 서클의 여러 측면에 적용됩니다. 우선, 그것은 우리가 누구인지, 그리고 우리의 본성을 어떻게 이해하는지에 대해 말합니다. 선주민 가르침은 인간을 우리가 누구인지에 대한 정신적, 신체적, 감정적, 그리고 영적 또는 의미 기반의 측면을 가진 존재로 묘사합니다. 이 네 측면은 개인뿐만 아니라 공동체에도 적용됩니다. 우리의 삶과 관계에서의 충만함은 모든 요소가 그들의 자리를 가질 것을 요구합니다. 어느 것도 제외되거나 무시될 수 없습니다. 이 가르침에 기반하여, 서클은 우리에게 온전한 존재로서 참여하도록 초대합니다. 우리는 우리의 정신적, 신체적, 감정적, 그리고 영적/의미적 경험들을 서클 공간으로 가져옵니다. 어떤 경험이 아무리 강렬하더라도, 우리는 서클이 이 모든 차원에서 우리가 누구인지의 복잡성을 균형 있게 담아낼 것이라고 신뢰할 수 있습니다. 참가자로서, 우리는 이 각 영역에서 우리의 진실을 말할 수 있지만, 우리가 표현하는 것이 다른 사람에게도 진실이라고 가정해서는 안 됩니다.

평등은 균형의 원칙이 서클에서 작동하는 또 다른 방식입니다. 어떤 사람이나 그룹이 더 많은 권력을 가질 때, 상황은 균형이 깨집니다. 서클 안에서, 각 참가자는 동등한 발언권을 가집니다.

서클은 또한 개인의 이익과 공동체의 이익 사이의 균형을 유지합니다. 서클은 집단으로서의 그룹의 안녕에 주의를 기울이지만, 개인으로서의 참가자들의 안녕에도 주의를 기울입니다. 서클은 개인들이 그들의 행동이 집단에 어떻게 영향을 미치는지 보도록 돕습니다. 차례로, 서클은 공동체가 그들의 행동이 개인에게 어떻게 영향을 미치는지 보도록 돕습니다.

서클은 또한 외적 작업과 내적 작업 사이의 균형을 초대합니다. 그것들은 우리에게 다른 사람들과 연결되는 강력한 경험을 제공하지만, 동시에 우리 자신과 연결되는 강력한 경험도 제공합니다. 우리 자신의 내적 연결과 다른 사람들과의 외적 연결을 모두 장려함으로써, 서클은 우리가 상호작용하는 방식에 건강한 균형을 지원합니다.

선주민 가르침에 기반한 서클의 또 다른 핵심 가정은 각 참가자의 타고난 존엄성과 가치를 확인합니다. 각 사람은 서클에 제공할 재능을 가지고 있다고 가정합니다. 어떤 참가자도 다른 참가자보다 더 중요하지 않습니다. 캐롤라인 웨스터호프Caroline Westerhoff는 두 가지 주장으로 이 아이디어를 포착합니다. "첫째, 우리는 필수 불가결indispensible하다…. 둘째, 이 지구상의 모든 다른 사람들도 필수 불가결하다." 이를 바탕으로, 그녀는 "셋째, 우리는 우리의 동반자들 안에서 차이점들을 불러일으키고 격려해야 할 의무가 있다"고 말합니다. 이것이 바로 서클이 각 참가자를 존중하는 방식입니다. 각 사람은 독특하고 필수 불가결합니다.

공유된 가치와 고대 가르침들은 서클 프로세스의 모든 측면에 스며들어 있습니다. 그것들은 진행자의 태도를 형성하고, 진행자가 참가자들 사이에서 만들고자 노력하는 공간을 정의합니다. 가치와 가르침들은 그룹이 무엇이 가능한지에 대한 비전을 제공합니다.

참가자들이 처음 도착했을 때, 그들은 때때로 대부분의 사람들과 좋은 방식으로 있을 수 있다고 상상할 수 있는 내면의 위치에 있지 않습니다. 최고의 자아 가치와 연결성이나 균형에 대한 가르침은 그들의 마음속에 가장 중요하지 않을 수 있습니다. 서클의 역할은 그들이 들어왔을 때 있던 곳에서 이러한 방향으로 움직이도록 돕는 것입니다. 서클 프로세스의 각 단계는 참가자들이 가치와 가르침에 따라 행동할 수 있는 역량을 구축하는 방향으로 나아갑니다. 이러한 변화를 지원하기 위해, 서클 프로세스는 가능한 모든 방식으로 이러한 토대를 모범적으로 보여줍니다.

서클의 여섯 가지 구조적 요소

서클 공간은 여섯 가지 구조적 요소 위에 구축됩니다. 이 요소들은 각자의 목소리를 존중하고 관계를 키우는 정직하고 사려 깊은 대화를 위한 도구가 됩니다. 진행자들은 이 요소들을 활용하여 가치와 가르침을 더욱 구체적이고 실현 가능한 방식으로 만듭니다.

의례(Ceremony). 서클은 이 특별한 공간의 시작과 끝을 표시하기 위해 특정한 의례를 사용합니다. 이 공간 안에서 참가자들은 내면의 최고 가치를 유념하고 그 가치에 따라 행동하도록 요청받습니다. 이는 대부분 가면과 방어를 내려놓고 취약함을 드러내는 용기를 필요로 합니다. 그러나 서클의 모든 다른 사람들이 같은 약속을 하기 때문에, 그렇게 하는 것이 안전해집니다. 대부분의 사회적 공간에는 이러한 수준의 안전이 존재하지 않으므로, 그 안전한 공간이 언제 시작되고 언제 끝나는지를 명확히 정의하는 것이 중요합니다.

여는 의례는 참가자들이 긴장을 풀고, 서클과 관련 없는 불안을 해소하고, 그들의 내면 상태에 집중하며, 그들의 상호 연결성을 유념하고, 긍정적인 가능성에 자신을 열도록 돕습니다. 끝맺음 의례는 그룹의 기여에 경의를 표하고 참가자들에게 서로 그리고 더 큰 세상과의 연결성을 다시 한번 상기시켜 줍니다. 열기와 닫기 의례는 상당히 다양하며 특정 그룹에 맞게 설계됩니다. 일부는 간단하고, 일부는 정교합니다. 사려 깊은 낭독, 심호흡, 음악, 몸 움직임, 이미지나 사진 명상, 그리고 침묵은 진행자들이 서클을 시작하거나 끝낼 때 자주 사용하는 방법입니다.

말하기 소품(Talking Piece). 말하기 소품은 그룹에게 의미가 있는 물건이며, 서클을 돌아가며 사람에게서 사람으로 전달됩니다. 말하기 소품을 들고 있는 사람만이 말할 수 있습니다. 이 사람은 서클에 있는 다른 모든 사람들의 완전한 주의를 받으며 방해 없이 말할 수 있습니다. 말하기 소품의 사용은 감정의 온전한 표현, 더 깊은 경청, 사려 깊은 성찰, 그리고 서두르지 않는 속도를 위한 공간을 만듭니다. 말하기 소품은 그룹에서 말하기를 주저할 수 있는 사람들이 말할 수 있는 공간을 만들지만, 그것은 소유자에게 말할 것을 요구하지는 않습니다. 깊은 경청과 존중하는 발언을 촉진함으로써, 말하는 조각은 사람들이 어려운 진실을 표현하는 데 필요한 안전한 느낌을 줍니다.

우리들의 약속(Guidelines). 서클은 자율 통치의 과정을 사용합니다. 모든 참가자는 그룹이 어떻게 상호작용을 할지에 대한 행동 기대치-우리들의 약속-를 만드는 데 참여합니다. 그리고 참가자들은 동의consensus로 이것을 합니다. 그룹이 따를 지침에 동의하기 때문에, 모든 사람은 그것들을 적용할 책임을 공유합니다. 결국, 집단적 공간의 질을 보호하는 일은 모든 참가자에게 있습니다.

이야기하기(Storytelling). "이야기를 공유하는 것은 서클의 힘이 나오는 필수적인 원천입니다"라고 캐나다 유콘의 은퇴한 판사이자 이 책에서 우리가 설명하는 평화 만들기 서클 프로세스의 주요 지지자인 배리 스튜어트Barry Stuart는 말합니다. 서클은 서클 구성원들이 자기 삶의 경험을 공유하면서 관계를 구축하고, 문제들을 탐구하며, 지혜를 모읍니다. 우리의 이야기를 풀어내는 것은 관계를 근본적으로 변화시키는 강력한 방법입니다. 그것은 참가자들이 서로를 더 인간적인 관점으로 보도록 하며, 종종 좋은 소통을 가로막던 선입견과 가정들을 허물어뜨립니다.

서클은 참가자들이 서클의 목적과 관련된 그들의 개인적인 이야기의 일부를 공유하도록 초대합니다. 롱펠로우Longfellow가 썼듯이, "우리가 우리 적들의 비밀스러운 역사를 읽을 수 있다면, 우리는 각자의 삶에서 모든 적대감을 무장 해제시키기에 충분한 슬픔과 고통을 발견할 것입니다." 이야기는 개인 프로필이나 단순한 사실 정보가 할 수 있는 것보다 훨씬 더 마음과 영혼을 참여시킵니다.

진행자/촉진자(Keeper/Facilitator). 서클에서 진행자keeper의 역할은 다른 그룹 과정에서 촉진자의 역할과 명확히 다릅니다. 아마도 가장 큰 차이점은 서클 진행자가 동등한 참여자라는 점입니다. 사람들은 종종 촉진자의 개인적인 견해가 결과에 영향을 미칠까 봐 걱정합니다. 많은 그룹 대화 모델들은 중립성이라는 개념으로 이 우려를 다룹니다. 촉진자들은 당면한 사람들과 문제들로부터 임상적인 거리를 유지하려고 노력합니다. 가능한 한, 그들은 편견이 없고, 초연하며, 객관적인 사람으로 자신을 제시합니다.

서클의 선주민 뿌리는 편향성bias에 대한 우려에 대해 다른 반응을 제공합니다. 그들은 진행자에게 그룹으로부터 감정으로부터 초연해질 것을 요구하지 않습니다. 오히려 관련된 모든 사람에게 동등하게 깊은 관심을 가질 것을 요청합니다. 진행자는 공동체의 배려심 있는 구성원입니다. 그러한 자격으로, 그들의 참여는 과정에 중요합니다. 말하기 소품이 누가 다음으로 말할지를 조절하기 때문에, 진행자는 다른 실천에서보다 과정에 대한 통제력이 적습니다. 또

말하기 소품은 원형 대화 참가자들이 화자에게 집중하도록 돕는다.

한, 모든 참가자가 우리들의 약속에 동의하기 때문에, 사람들의 행동에 대한 책임은 진행자에게만 있지 않습니다. 서클에 있는 모든 사람이 이러한 역할과 책임을 공유합니다.

진행자의 역할은 대화를 모니터링하고 과정에 대한 어떤 문제든 그룹의 주의를 환기시키는 것입니다. 대부분의 경우, 그러한 문제들은 스스로 해결됩니다. 하지만 그렇지 않더라도, 문제를 어떻게 해결할지 또는 상황을 바로잡을지는 진행자들의 역할이 아닙니다. 진행자를 포함한 모든 사람이 좋은 방식으로 문제를 해결할 책임이 있습니다.

동의 의사결정(Consensus Decision-Making). 서클에서 결정이 내려질 때, 그들은 동의consensus로 결정됩니다. 여기서 동의는 모든 사람이 그 결정을 수용하고 지지할 수 있음을 의미합니다. 비록 그것이 각자의 첫 번째 선택은 아닐지라도, 모든 사람에게 받아들여질 수 있어야 합니다. 진정한 동의는 강력하게 공유된 비전, 동등한 발언권, 그리고 신뢰 관계를 포함하는 과정을 통해서만 달성됩니다. 서클은 이 세 가지 조건을 모두 제공합니다. 서클은 참가자들을 공유된 가치에 기반을 두게 하고, 말하는 조각의 사용을 통해 각 참가자에게 동등한 발언권을 주며, 과정 내내 관계를 구축하기 위한 다양한 수단을 사용합니다. 결과적으로, 서클에서 동의에 이르는 것은 많은 사람들이 상상하는 것만큼 어렵지 않습니다.

동의로 내려진 결정은 다수결 투표로 내려진 결정보다 많은 장점을 가집니다. 실용적인 수준에서, 그것들은 실행하기가 훨씬 쉽습니다. 모든 사람이 결정에 전념하고 그것이 작동하도록 만드는 데 동참합니다. 구현을 훼손하거나 실패하기를 바라는 불만족스럽고 반대하는 파벌이 없습니다. 더욱이, 이 과정은 모든 관점을 고려하고 그것들을 통합하기 위해 노력하기 때문에, 동의로 내려진 결정은 더 균형 있고, 포용적이며, 공정해지는 경향이 있습니다. 더 많은 집단 지혜가 그것들을 형성하는 데 들어갑니다. 결과적으로, 그것들은 한쪽으로 치우칠 가능성이 적고, 더 지속 가능할 가능성이 높습니다.

서클의 다른 핵심 특징들

문제 논의 전에 관계 다지기. 서클은 어려운 문제에 대해 즉시 논의를 시작하지 않습니다. 대신, 참가자들이 먼저 관계를 다질 시간을 갖도록 합니다. 소개 라운드에서, 진행자들은 참가자들이 자신에 대해 무언가를 공유하도록 초대하는 질문을 던질 수 있습니다. 그런 다음 그룹은 각 사람이 토론에 가져오기를 선택하는 가치들을 탐구합니다. 이를 바탕으로, 그룹은 모든 사람이 받아들이는, 그룹이 어떻게 상호작용할지에 대한 일련의 약속들에 동의합니다. 그 후, 진행자들은 핵심 이슈와 느슨하게 관련된 주제에 대한 돌아가며 이야기하기에 초대합니다. 다시 말해, 참가자들은 그들을 함께 모은 어려운 문제들을 논의하기 시작하기 전에 서로를 알아가는 데 시간을 보냅니다.

때로는 참가자들이 먼저 자신을 밝히지 않는 것이 관계 구축에 더 도움이 될 수 있습니다. 그들이 공통으로 가진 가치들을 탐구하는 것으로 시작하는 것이 더 현명할 수 있습니다. 판사, 사업가, 노숙자, 전 수감자, 젊은 갱단원, 경찰관, 그리고 범죄 피해자가 모두 서클에 앉아 있다고 상상해 보세요. 그들의 정체를 밝히기 전에 동료 인간으로서 서로를 알아가는 시간이 길수록, 그들이 서로 연결되는 것이 더 쉬울 수 있습니다. 그들의 경험이나 그들이 어떻게 낙인찍혔는지에 기반한 고정관념들이 방해하거나 서로에 대해 제한적인 첫인상을 형성하게 만들지 않을 것이며, 그것은 나중에 극복해야 할 문제가 될 것입니다.

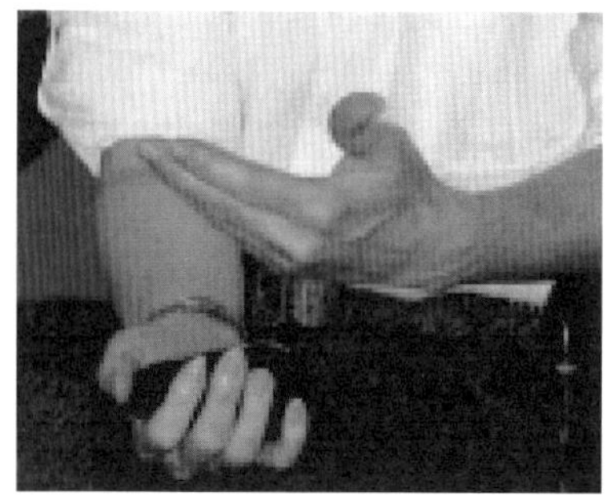

서클에서, 말하기 소품을 들고 있는 사람만이 말합니다. 말하기 소품은 서클을 돌아가며 사람에게서 사람으로 이동합니다. 토론이나 대화에서, 누가 다음으로 말할지를 결정하는 권한은 진행자에게 상당한 권위를 부여합니다. 서클에서는, 이 권위가 촉진자에게 있지 않고 말하기 소품에 있습니다.

사람들이 자신을 소개하기도 전에 가치에 대해 이야기하는 것이 종종 좋은 선택일 수 있습니다. 서클은 유연합니다. 이러한 선택들은 매우 맥락적입니다.

초기 돌아가며 말하기rounds는 참가자들이 그들의 공통된 인간성과 연결되도록 돕습니다. 사람들은 그들의 개인적인 여정이 비슷한 경험, 기대, 두려움, 꿈, 그리고 희망을 포함했다는 것을 봅니다. 서클의 시작 부분은 또한 참가자들이 서로를 예상치 못한 방식으로 보도록 허용합니다. 사람들이 서로의 생각과 이야기에 귀를 기울일 때, 그들이 서로에 대해 가졌을 수 있는 모든 가정이 부드럽게 도전을 받습니다. 우리들의 약속을 함께 만드는 것은 그룹에게 심각한 차이점에도 불구하고 공통점을 찾는 경험을 제공합니다. 요컨대, 서클은 의도적으로 "바로 문제로 들어가지 않습니다." 서클은 그룹이 공유된 공간과 연결감을 형성할 시간을 갖게 합니다. 이것은 정서적 안전의 수준을 높이며, 이는 다시 사람들이 더 깊은 진실을 말할 수 있도록 허용합니다. 문제가 무엇이든, 이야기가 얼마나 혼란스럽든, 서클은 모든 참가자의 인간성을 바탕으로 대화의 기반을 다집니다.

이 다이어그램은 서클 프로세스에서 관계 다지기가 얼마나 중요한지를 보여줍니다. 이것은 4개의 동등한 부분으로 나뉜 원을 묘사하는 선주민의 '치유 바

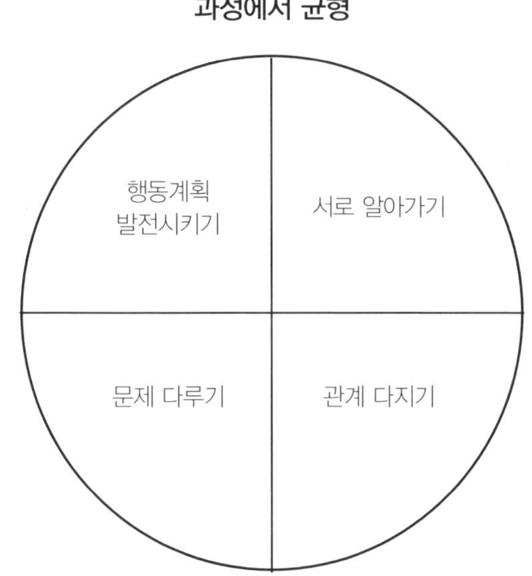

퀴'Medicine Wheel' 틀에서 영감을 받았습니다. 이 이미지에는 인간과 우주에 대한 많은 심오한 가르침이 내재되어 있습니다. 치유 바퀴의 교훈 중 하나는 네 부분이 균형을 이루어야 한다는 것입니다.

우리는 이 이미지를 서클 프로세스의 네 부분을 묘사하는 데 사용할 수 있습니다. 전반적으로, "문제 다루기"와 "행동계획 발전시키기"에 할애되는 시간만큼이나 "서로 알아가기"와 "관계 다지기"에 많은 시간을 할애해야 합니다. 그러나 이 균형은 서구 문화에서의 우리의 훈련과는 상충됩니다. 우리는 공공 과정에서 관계를 구축하거나 상호 이해를 증진하는 데 시간을 할애하는 것에 익숙하지 않습니다. 우리는 효율적이기를 원하고 "모두의 시간을 낭비"하고 싶지 않습니다. 이것이 서클에 낯선 사람들이 가능한 한 빨리 본론으로 들어가야 한다는 엄청난 압박감을 느끼는 이유를 설명합니다.

서클의 물리적 배치. 프로세스의 이름이 시사하듯, 서클의 물리적 배치는 매우 중요합니다. 참가자들은 가운데 테이블 없이 서로 마주 보며 원형으로 앉습니다. 기하학적 형태가 중요하며, 공간 자체에 의미가 있습니다. 가운데 테이블 없이 원형으로 앉은 그룹은 의자 열에 앉아 있거나 원형 테이블 주위에 앉은 그룹과는 완전히 다른 역동성을 경험합니다.

여기에는 여러 이유가 있습니다. 원의 기하학적 구조는 곧 평등을 나타냅니다. 원에는 우두머리가 없습니다. 원은 또한 그룹 구성원들 사이의 연결감을 전달합니다. 모든 참가자가 서로를 직접 바라볼 수 있기 때문에, 사람들은 서로에게 책임을 묻는 동시에 스스로도 책임감을 느끼는 감각을 갖게 됩니다. 서클은 중앙에 단일한 초점을 가집니다. 이슈와 관련된 무언가를 중앙에 배치하면 그룹이 서클의 목적에 집중하고 방해 요소를 줄일 수 있습니다. 테이블이 없다는 것은 사람들이 온전히 현재에 집중하도록 권장하며, 이는 책임감과 개방성의 분위기를 더욱 뒷받침합니다. 원형으로 앉아 있으면 참가자들은 말하기 소품을 발언 없이 넘길 수는 있지만, 숨을 수는 없습니다.

공동의 리더십. 서클은 프로세스에 대한 책임을 서클 진행자에게서 모든 참가자에게로 이양합니다. 서클의 모든 구조적 요소와 특징은 이러한 전환을 지지합니다. 예를 들어, 그룹이 서클을 위한 가치와 우리들의 약속을 설정할 때, 전체 서클이 행동에 대한 기대치를 정하는 데 참여합니다. 그 결과, 참가자들은 이러한 기대치가 충족되도록 보장하는 데 더 높은 책임감을 느끼게 됩니다. 이들은 서클 진행자에게 좋은 행동의 집행을 의존하는 경향이 줄어듭니다.

마찬가지로, 말하기 소품이 사용될 때, 누가 언제 발언할지를 조절하기 위해 서클을 돌아갑니다. 이는 서클 진행자의 역할과 권한을 크게 줄입니다. 많은 다른 그룹 프로세스에서 진행자는 발언 기회를 결정할 권한을 가지며, 언제든 발언할 수 있습니다. 서클에서 진행자는 말하기 소품 없이 발언할 수 있지만, 이는 프로세스에 대한 심각한 문제에 대해 언급하기 위해서만 허용됩니다. 서클 진행자뿐만 아니라 모든 참가자가 프로세스의 질에 대해 책임이 있습니다. 서클 진행자는 동등한 위치에 앉고 일반적으로 말하기 소품이 왔을 때만 발언하므로, 그룹은 해결책이나 통제를 위해 그들에게 의존할 가능성이 낮아집니다.

서클 프로세스의 네 단계

서클을 사용하는 것은 의자를 원으로 배치하는 것 이상의 것을 포함합니다. 서클은 과정입니다. 사실, 우리는 이 구별을 강조하기 위해 "서클"이라는 단어를 고딕체로 표기합니다. 과정의 복잡성과 그 단계들의 중요성은 서클의 목적에 따라 매우 다양합니다. 아래에 설명된 단계들을 거치는 것이 모든 유형의 서클에서 유용하지만, 해악이나 갈등을 다루거나 매우 감정적인 문제를 다루는 서클에서는 이 단계들에 주의를 기울이는 것이 가장 중요합니다. 다음 네 단계는 서클 프로세스를 가장 온전히 이해하기 위한 유용한 틀을 제공합니다.

단계 1: 서클의 적합성 결정

이 상황에 서클이 좋은 프로세스 선택일까요? 서클의 적합성을 평가하기 위해 다음과 같은 질문들을 고려해야 합니다.

- 핵심 당사자들은 기꺼이 참여할 의사가 있는가?
- 프로세스가 불편하거나 어려워지더라도 지속할 만큼 충분히 동기 부여되어 있는가?

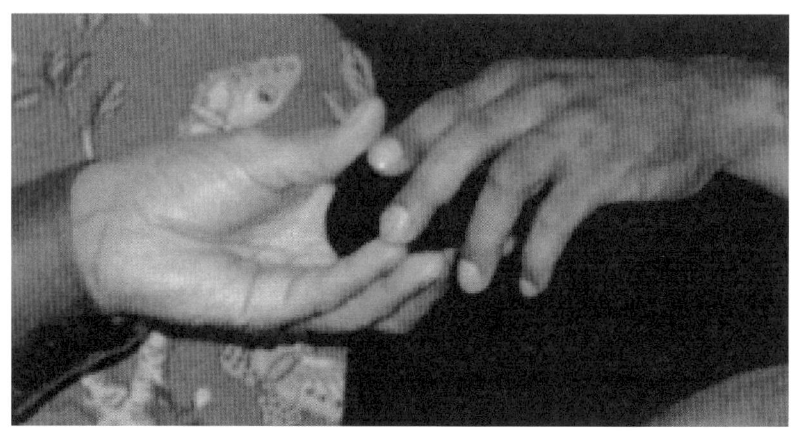

손에서 손으로 전달되는 말하기 소품은 사람들이 말하지 않고 넘기기를 선택하더라도, 모든 참여자의 목소리가 지닌 중요성을 인정한다.

다음은 고려해야 할 실질적인 문제입니다.

- 훈련받은 서클 진행자가 배치 가능한가?
- 안전 문제에 대한 우려는 없는가?
- 시간 제약은 없는가? 서클은 시간이 걸리며, 정확히 얼마나 걸릴지 가늠하기 어렵습니다. 어려운 문제의 경우, 한 번 이상의 서클 세션이 필요할 수 있습니다.
- 장소 대여 및 다과 비용이 발생할 경우, 이러한 비용은 어떻게 충당될 것인가?

단계 2: 서클 준비

두 번째 단계는 참석 대상 식별, 참가자 준비, 상황 조사, 물류 처리, 그리고 실제 서클 세션 계획을 포함합니다. 서클 진행자와 조직자들은 이러한 준비를 함께 처리합니다.

- 누가 참석해야 하는지를 식별하기 위해 우리는 물을 수 있습니다. 누가 영향을 받았는가? 누가 영향을 받을 수 있는가? 누가 필요한 자원, 기술, 또는 지식을 가지고 있는가? 누가 통찰력을 더해줄 수 있는 비슷한 삶의 경험을 가지고 있는가? 핵심 당사자들은 누구의 지지가 필요한가?

- 핵심 당사자들을 초대하는 것 외에도, 그들이 프로세스에 익숙하고 가질 수 있는 모든 우려가 해소되었는지 확인해야 합니다.

- 우리는 주요 문제들을 이해하기 위해 상황에 대한 정보를 수집해야 합니다.

- 우리는 시간과 장소를 선택해야 합니다.

- 우리는 다과를 준비해야 합니다. 많은 원주민 문화에서는 서클 전후에 음식을 나누는 것이 좋은 관계를 다지는 데 도움이 됩니다.

- 우리는 열기와 닫기 의례를 계획하고, 말하기 소품을 선택하며, 중앙에 놓을 초점이 될 물건들을 고르고, 다른 라운드를 시작할 핵심 질문들을 작성해야 합니다.

- 서클 진행자는 사전에 내면적으로 준비할 시간을 가져야 합니다. 서클의 철학과 접근 방식에 최대한 깊이 공명하기 위해서입니다.

단계 3: 모든 당사자의 소집

세 번째 단계는 서클 세션 자체입니다. 서클 진행자는 방이 잘 준비되었는지 확인하여, 사람들이 도착할 때 그들을 환영할 수 있도록 합니다. 따뜻한 분위기를 조성하고 참가자들의 신체적 편안함에 대한 배려를 보여주기 위해, 그들은 음료와 가벼운 간식을 제공합니다. 시작 의례 후에, 진행자는 말하기 소품의 여러 돌아가며 말하기rounds를 시작합니다. 이 라운드에서, 그들은 참가자들에게 다음을 요청합니다.

- 참여 이유에 대한 간략한 언급을 포함하여, 자신을 소개하고
- 서클에 가져오고자 하는 가치들을 확인하며
- 그들이 어떻게 함께하기를 원하는지, 그리고 상호 작용에서 서로에게 무엇을 기대할 수 있는지에 대한 우리들의 약속을 개발하고
- 특정 주제를 중심으로 개인적인 경험을 공유함으로써 관계를 다지고 연결을 형성합니다.

그룹이 누구인지, 그리고 어떻게 함께 있기를 원하는지에 대한 감각을 구축하는 이러한 기본적인 돌아가며 말하기를 마친 후, 진행자는 상황의 필요에 맞게 조정된 추가 돌아가며 말하기를 시작합니다. 예를 들어, 그들은 참가자들에게 다음을 요청할 수 있습니다.

- 삶 전반에 대해서든 특정 상황에 대해서든 우려와 희망을 나누고
- 그들이 느끼는 감정을 표현하고
- 당면한 이슈와 그 더 깊은 구성 요소에 대한 그들의 견해를 탐색하고
- 문제를 해결할 방법에 대한 아이디어를 생성하고
- 동의점을 개발하고
- 특정 행동에 대한 동의 영역을 탐색하고
- 서클을 떠난 후 무엇을 하기로 동의했는지 명확히 하고
- 서클에서 방금 경험한 것에 대해 성찰하고 지금 어떻게 느끼는지와 또 다른 서클이 도움이 될지 생각하는 것을 포함합니다.

그런 다음 진행자는 끝맺음 의례로 서클을 마칩니다. 때때로 진행자는 그들이 계획했던 끝맺음 의례가 더 이상 최선의 선택이 아니라는 것을 깨달을 수 있으며, 이 경우 잠시의 침묵이나 다른 대체 의례가 대신 사용될 수 있습니다.

단계 4: 실행 및 후속 조치

서클은 종종 행동 계획이나 후속 활동에 대한 아이디어를 생성합니다. 서클 프로세스의 마지막 단계는 서클에서 동의된 내용이 단순히 말로만 그치지 않았는지 확인하는 것을 포함합니다. 따라서 조직가와 진행자는 다음을 수행해야 합니다.

- 사람들이 그들의 동의에 대해 얼마나 진전을 이루고 있는지 평가합니다. 모든 당사자들이 그들의 의무를 이행하고 있는가? 그들이 약속을 존중하고 있는가?
- 책임의 부실함에 대응합니다. 만약 참가자들이 그들의 동의를 이행하지 않고 있다면, 왜 그런가? 그들에게 무엇이 변했는가? 다른 문제들이 발생했는가?
- 새로운 정보나 다른 발전에 기반하여 필요에 따라 동의를 조정합니다. 그 변화들이 또 다른 서클을 소집할 만한 가치가 있는가?
- 상황이 아직 완전히 해결되지 않았더라도, 달성된 모든 성공을 축하합니다.

모든 당사자를 소집하는 3단계는 분명히 서클에서 이루어집니다. 그러나 서클은 다른 단계에서도 사용될 수 있습니다. 예를 들어, 핵심 당사자들이 양극화되어 있을 때, 준비 단계는 각 당사자 및 그들의 지지자들과 별도의 서클을 개최하는 것을 포함할 수 있습니다 8장의 블루워터 사례 참조. 후속 조치인 4단계도 종종 서클에서 이루어집니다.

가장 복잡하고 어려운 상황만이 우리가 설명한 대로 서클 프로세스의 네 단계를 모두 필요로 할 것입니다. 서클의 일부 사용은 그렇게 많은 준비2단계를 필요로 하지 않을 수도 있고, 소집된 서클3단계에 대해 개요가 제시된 모든 단계가 필요하지 않을 수도 있습니다. 다음 장4장은 이러한 구별에 대해 더 자세히 논의할 것입니다. 6장은 이러한 단계들을 공공 기획에 사용되는 서클에 적용하는 방법을 탐구할 것입니다.

서클은 매우 어려운 대화를 위한 구조화된 방법을 제공합니다. 서클은 참가자들이 새로운 방식으로 서로에게 귀를 기울이도록 열어주는 존중의 분위기를 만듭니다. 프로세스는 유연합니다. 그룹 내에서 연결감을 구축하기 때문에, 개입과 예방 모두에 사용될 수 있습니다. 서클이 갈등을 해결하거나 어려움을 극복하기 위해 사용될 때, 그것들은 문제의 근본 원인을 밝혀내고 실제로 작동하는 방식으로 그것들을 다루는 데 매우 뛰어납니다.

서클은 그 접근 방식에서 유기적입니다. 그것들은 논의를 제한하거나 한 사건을 다른 관련 경험으로부터 분리시키려 하지 않습니다. 서클 대화는 갈등을 해결하고, 해악을 복구하고, 또는 문제가 다시 발생하지 않도록 조건을 바꾸기 위해 참가자들이 논의하는 것이 관련 있다고 느끼는 모든 것에 열려 있습니다. 이 접근 방식은 사람과 상황을 총체적으로 바라보도록a holistic look 초대합니다. 그것은 사람들이 그들 자신의 행동이 아닌 그들의 행동에 영향을 미치는 더 큰 외부적 힘들을 인정하도록 허용합니다. 그리고 그것은 그들과 다른 사람들이 비슷한 경험을 다시 겪지 않도록 이러한 더 큰 힘들을 다루는 방법들을 탐색합니다. 서클의 바로 그 본질은 그것들을 복잡하고 체계적인 문제들을 다루는 데 매우 효과적으로 만듭니다.

4

"우리 동네는 안 돼": 성범죄자 전환 주택

앙기 오버

오리건주에 사는 한 주민이자 자원봉사자인 앙기 오버(Angie Ober)가 다음 이야기를 들려줍니다. 서클 워크숍에 참석한 후, 앙기는 어려운 감정적 문제에 직면한 자신의 공동체에서 서클 프로세스를 활용해보기로 결심했습니다.

교정국에 근무하는 친구가 곧 겪게 될 어려움에 대해 이야기했습니다. 교정국이 전환 주택을 설립하려는 동네에서 말이죠. 이 집은 교도소에서 출소해 다시 사회로 돌아오는 남성 성범죄자들을 위한 것이었습니다. 비록 현지 법률상 동네 주민들의 허가를 받을 필요는 없었지만, 친구는 주민들이 반대하면 일이 매우 어려워질 수 있다는 것을 깨달았습니다. 그리고 그는 주민들이 분명히 반대할 것이라고 예상했습니다.

서클에 대해 막 배운 저는, 친구가 동네 주민들의 결정에 따르겠다고 동의하면 제가 주민들과 서클을 진행하겠다고 제안했습니다. 친구는 동의했습니다. 저는 동네 집집마다 찾아다니며 제 소개를 하고 전환 주택에 대해 논의할 모임에 사람들을 초대했습니다. 거의 모든 사람이 이 이야기에 대해 이야기하고 싶어 했습니다. 그들의 첫 반응은 동네에 성범죄자들을 위한 집이 생긴다는 사실에 분노하거나 깊이 고통스러워하는 것이었습니다.

저는 그 집에 살게 될 성범죄자들과도 충분히 시간을 보냈습니다. 저는 개별적으로, 그리고 그룹으로 그들에게 서클 프로세스를 설명했습니다. 주민들이 어떤 말을 할 수 있을지 이야기해주고, 그들이 존중을 담은 방식으로 어떻게 반응할지 숙고하도록 도왔습니다. 저는 처음에 8명의 성범죄자와 이야기를 나눴고, 그 중 5명이 서클에 참여하기로 동의했습니다.

서클은 주민들이 참석하기 가장 쉽도록 저녁에 동네 공동체 센터에서 열렸습니다. 저는 들어오는 사람들을 맞이했고, 예상했던 20명 정도의 사람들이 70명으로 늘어나자 불안감이 커지기 시작했습니다. 이 사람들은 싸울 태세였습니다. 제가 경험했던 서클 중 가장 큰 규모였고, 저는 혼자서 이 모든 것을 책임져야 했습니다. 돌이켜보면, 서클의 성공에 가장 크게 기여한 것 중 하나는 제가 그곳에 모인 거의 모든 사람들과 개인적으로 연결되어 있었다는 점입니다. 강한 감정들이 있었음에도 불구하고, 이미 어느 정도의 신뢰가 형성되어 있었습니다.

너무 많은 사람이 모였기 때문에, 저는 그들이 이중으로 원을 그리며 앉도록 했습니다. 안쪽 원에는 전환 주택의 영향을 가장 직접적으로 받을 사람들, 즉 바로 인근에 사는 주민들, 보호관찰관, 카운티 위원, 5명의 성범죄자 중 3명, 성범죄자들의 지지자들, 그리고 주민들의 지지자들을 앉혔습니다. 다른 모든 사람들은 바깥 원에 앉도록 했습니다.

시작 의식으로 저는 『특별한 너*You are Special*』라는 책을 읽었습니다. 이 책은 사람들의 가치와 화합의 다리를 놓고 차이점을 해결하는 방법을 찾음으로써 우리가 얻는 개인적 보상에 대한 동화입니다. 이야기 속 등장인물들은 함께 마을에 사는 '웸믹'이라는 나무 조각 인형들입니다. 웸믹들은 서로에게 회색 점과 노란 별을 붙여줍니다. 칠이 벗겨지거나 서투른 것 같은 결점과 불완전함에는 회색 점을 붙이고, 완벽한 칠이나 높이 뛰기 능력 같은 재능이나 축복에는 노란 별을 붙입니다. 이미 회색 점이 몇 개 있는 웸믹들은 동료 웸믹들이 단지 그 이유만으로 더 많은 회색 점을 붙이는 것을 발견하기도 했습니다.

저는 이 이야기를 우리가 다루어야 할 문제에 집중하는 데 도움이 되도록 제시했습니다. 이야기를 읽는 것은 긴 하루를 보낸 후 심호흡을 하고, 다른 정신적 세계로 들어가 긴장을 풀 기회를 주었습니다. 이야기 끝에 저는 말했습니다. "그냥 궁금해서요. 여러분 '웸믹'들 중에 어떤 이유에서든 자신이 마땅히 받아야 할 것보다 더 많은 회색 점을 달고 다닌다고 느낀 적이 있나요? 어쩌면 여러분의 회색 점이 세상 사람들에게 모두 드러나 있을 수도 있고, 아니면 숨기는 데 능숙해졌을 수도 있지만, 그래도 그 점들이 그곳에 있다는 것을 여러분은 알고 있겠죠." 사람들은 조용했지만, 저는 그들이 생각하고 있는 것을 볼 수 있었습니다. 저는 제가 자랑스럽지 않은 생각이나 행동을 했던 몇 가지 '회색 점' 경험을 이야기했습니다. 그리고 말했습니다. "꼭 공유해야 한다고 생각하지는 마세요. 하지만 여러분은 모두 자기 몫의 회색 점을 가지고 있는 동료 '웸믹'들 앞에 있습니다."

말하기 소품이 원을 돌면서, 한 여성은 자신이 어렸을 때 주새 아동 보호국에 의해 아이들을 빼앗길 뻔했고, 거의 친권을 잃을 뻔했다고 털어놓았습니다. 20대 한 남성은 자신이 겪고 있는 마약 중독과의 싸움에 대해 이야기했습니다. 또 다른 남성은 음주 때문에 가족을 잃었지만, 아직도 술을 끊을 만큼 대가를 치르지는 못했다고 말했습니다. 다른 사람들은 어릴 적 자신이 결코 충분하지 않다고 느꼈던 이야기들을 나눴습니다. 충분히 똑똑하지 못했거나, 충분히 운동을 잘하지 못했거나, 그냥 단순히 충분히 좋지 못하다고 느꼈던 기억들이었습니다.

안쪽 원에 있는 사람들이 개인적인 이야기를 나눈 후, 저는 모두에게 와주시고 이 매우 어려운 문제를 기꺼이 다뤄주신 것에 대해 감사 인사를 했습니다. 저는 화합의 다리를 놓고 이 어려운 공동체의 분열을 가로지르는 방법을 찾고자 하는 그들의 마음에 감사했습니다. 저는 어떤 결과가 나오든, 좋은 방식으로 우리의 우려를 나누고 서로 존중하며 이야기하기 위해 함께 모인 이 공동체가 이로 인해 이득을 얻을 것이라고 확신했습니다.

우리는 우리의 가치에 대해 논의하고 서클을 위한 몇 가지 우리들의 약속에 동의했습니다. 저는 미리 말했습니다. 만약 어떤 순간이라도 사람들이 존중받지 못하고 안전하지 않다고 느낀다면, 먼저 쉬는 시간을 가져 해결하려고 노력할 것이고, 그래도 해결되지 않으면 서클을 중단하고 다른 날 다시 약속을 잡을 것이라고요.

처음에는 사람들이 단지 두려움에 대해 이야기했습니다. 전환 주택이 동네에 생기면 집값이 떨어질 것을 우려했습니다. 그러자 용감한 한 여성이 자신이 어렸을 때 성적 학대를 당했다고 털어놓았습니다. 학대자가 친척이었음에도 불구하고, 이 프로젝트에 대해 생각하면서 그녀의 기억이 다시 떠올랐다고 말했습니다. 그녀가 한 말은 매우 감정적이었고, 아마도 서클의 전환점이었을 것입니다. 다른 몇몇 사람들도 비슷한 이야기들을 이어서 나눴습니다. 그리고 약 2시간 반쯤 지났을 때, 성범죄자들은 그들의 삶에서 겪었던 피해 경험에 대한 그들 자신의 이야기를 나누기 시작했습니다. 성범죄자들은 그들의 행동을 변명하거나 동정을 구하려는 것이 아니라, 단순히 서클에 있는 피해자들에 대한 공감과 염려를 보여주기 위해 이야기했습니다.

많은 깊은 이야기를 나눈 후, 70대 노인 한 분이 일어섰습니다.

"저는 이 집에서 거의 50년 동안 살았는데," 그는 말했습니다. "이렇게 많은 제 이웃들이 이렇게 많은 고통을 안고 살고 있다는 것을 전혀 몰랐습니다. 제 생각에는 오늘 밤 우리 앞에 두 가지 문제가 있는 것 같습니다. 우리는 이웃으로서 어떻게 함께 모여 서로를 알아가고 지지할 수 있을지를 다루어야 하고, 그리고 이 젊은이들이 어디에 살게 될지를 결정해야 합니다. 만약 우리 동네에 산다면, 모든 사람을 위해 이 일이 잘 진행되도록 하는 데 우리의 역할은 무엇일까요?"

몇 분 동안은 정적이 흘렀습니다. 여전히 서 있던 그 노인은 다시 말했습니다. "자, 여기서부터 시작해 봅시다. 이 방에 있는 사람들 중에 이 젊은이들이 살 곳을 가질 자격이 없다고 생각하는 사람이 있습니까?" 모두 고개를 저으며 '아니오'라고 답했습니다. 그러자 그는 말했습니다. "당신 혼자만 '아니오'라고 말해도 괜찮습니다. 우리는 우리 모두를 돌보기 시작해야 합니다." 아무도 말을 하지 않았습니다. 그러자 성적 학대 이야기를 처음으로 나눴던 그 여성이 말했습니다. "아무도 반대하지 않으신다면, 남은 시간 동안 여기에 살게 될 사람들이 무엇을 필요로 하는지, 교정국 사람들이 무엇을 필요로 하는지, 그리고 우리가 무엇을 필요로 하는지 알아보는 데 시간을 할애해야 한다고 생각합니다."

그들은 그 집을 짓기로 결정했습니다. 몇몇 이웃들은 집을 준비하기 위해 수리하는 것을 돕겠다고 제안했습니다. 자신의 이야기를 나눴던 두세 명의 주민들은 그들 자신의 학대 문제를 해결하기 위해 지원 그룹을 찾을 것이라고 말했습니다. 한 여성은 말했습니다. "아홉 살 때 저에게 일어난 일을 핑계로 삼아 현재의 제 삶에 대한 책임을 회피하는 것을 이제 멈춰야 할 때입니다." 그리고 그녀는 다섯 명의 성범죄자들에게 몸을 돌려 말했습니다. "고맙습니다. 여러분은 제가 저 자신을 돌아보게 하는 계기가 되었습니다. 저는 몇 달 동안 여러분과 모든 성범죄자들을 미워한다고 생각하며 지냈습니다. 사실은 저 자신을 미워하고 있었던 거죠. 우리 동네에 오신 것을 환영합니다."

서클에 참여했던 이웃들은 그들의 안전감을 위해 중요하다고 생각하는 몇 가지 조건을 제시했습니다. 그들은 동네에 추가적인 경찰 순찰을 요청했습니다. 그리고 새로운 사람이 집에 들어올 때마다 그를 데리고 다니며 모든 이웃에게 소개해주기를 요청했습니다.

전환 주택은 아무 문제나 우려 없이 3개월 미만 동안 그곳에 있었습니다. 그러다가 시 정부가 개입하여 용도 지역zoning에 실수가 있었다고 발표했습니다. 그 집은 이 용도로 적절하게 지정되지 않았던 것입니다. 주민들은 시가 이제 와서 집을 옮겨야 한다고 말하는 것에 분개했습니다. 저는 시와 주민들 사이에 또 다른 서클을 열어야 할 것 같았습니다. 제가 직접 목격하지 않았다면, 한 커뮤니키가 남성 성범죄자들을 위한 전환 주택을 자기 동네에 두기 위해 싸울 것이라고는 결코 믿지 않았을 것입니다! 그러나 저에게 가장 흥미로웠던 점은 어느 시점부터 공동체가 그 남성들을 더 이상 "그 성범죄자들"로 보지 않았다는 것입니다. 그들은 그들을 열심히 노력하고, 별점과 함께 자기 몫 이상의 회색 점들을 가지고 있는 동료 "웸믹"들로 훨씬 더 많이 보게 되었습니다.

서클은 사람들이 서로의 우려를 들을 수 있는 공간을 만들었습니다. 삶의 경험을 공유함으로써, 참여자들은 연결성을 인식했습니다. 두려움을 넘어선 그들은 서로 다른 필요를 정리하고, 결국 그 필요를 충족시키기 위해 함께 일하는 방법을 찾을 수 있었습니다. 서클은 참여자들이 이전에 경험하지 못했던 공동체 의식을 만들어냈고, 그들이 훨씬 더 깊은 방식으로 이야기하고 함께 있을 수 있는 공간을 열어주었습니다. 나중에, 그들은 서클을 통해 배운 것을 공동체로서 행동하는 데 활용하여, 시 정부의 결정이 그들의 동네를 위해 원하는 것과 일치하도록 만들었습니다.

5

다양한 용도의 다양한 서클

서클의 종류

서클 방식은 유연하면서도 강력하기 때문에, 선주민들이 수천 년 동안 사용해 왔듯이 이제 비선주민들도 온갖 목적으로 서클을 사용하고 있습니다. 이러한 목적들은 다양한 종류의 서클을 탄생시킵니다. 서클의 구조적 요소가 모든 용도에 필요한 것은 아니므로, 서클의 형태는 사용 목적에 따라 조금씩 달라집니다.

수백 건의 서클 훈련을 바탕으로 우리는 서클의 유형론을 발전시켰습니다. 다양한 종류의 서클을 나열하는 것은 부분적으로 이 방식의 유연성을 보여줍니다. 이는 서클이 다룰 수 있는 광범위한 필요와 상황들을 보여줍니다.

서클을 조직하고 서클 진행하고자 하는 사람들에게 이 유형론은 또 다른 방식으로 도움이 될 수 있습니다. 서클의 종류에 따라 요구되는 훈련 수준이 다릅니다. 이 점에 대해서는 9장에서 더 자세히 다룰 것입니다. 서클을 사용하기로 고려할 때, 서클의 목적을 명확히 하는 것이 도움이 됩니다. 우리의 초점은 무엇인가? 서클이 다루기를 원하는 문제의 본질은 무엇인가? 서클을 조직하면서, 사람들이 사용하고자 하는 서클의 유형을 식별하는 것이 어떤 요소가 필요한지, 그리고 서클 진행자keeper가 어떤 수준의 훈련을 받는 것이 가장 도움이 될지 구분하는 데 도움이 된다는 것을 발견했습니다.

서클을 개최하는 몇 가지 이유는 다음과 같습니다.

- 대화
- 학습
- 이해
- 지지
- 치유
- 축하와 경의 표하기
- 집단 동의 결정
- 갈등 해결
- 청소년 성장
- 형량선고
- 재통합
- 공동체 형성

이러한 서클의 광범위한 적용 사례들은 기획자들에게 실질적으로 유용할 수 있습니다. 여기서 우리는 각 적용 사례에 대해 간략히 설명하고, 9장에서는 이러한 서클의 용도가 기획 과정에 어떻게 더 구체적으로 기여할 수 있는지에 대해 자세히 다룰 것입니다.

대화 서클 (Dialogue Circles)). 대화 서클은 특정 이슈나 주제를 여러 관점에서 탐구하기 위해 사람들을 모이게 합니다. 대화 서클은 주제에 대한 동의에 도달하는 것이 목적이 아닙니다. 특정 참여자들의 필요나 이슈에 초점을 맞추지도 않습니다. 단순히 모든 목소리가 존중받는 방식으로 들릴 수 있는 공간을 만들고, 참여자들이 다양한 관점에 노출되어 생각과 성찰을 자극하도록 돕습니다. 준비 과정은 최소한입니다. 참여자들은 보통 서클 경험에 대해 미리 준비할 필요가 없으며, 서클 진행자들도 이슈에 대한 광범위한 배경 조사를 할 필요가 없습니다.

학습 서클 (Learning Circles). 학습 서클은 서클 방식을 가르치거나 정보를 공유하는 데 사용합니다. 이 경우에도 동의는 중요한 문제가 아닙니다. 학습 서클은 개인이 서클을 위해 준비할 것을 요구하지 않습니다. 그리고 이러한 서클은 후속 조치가 포함될 수도 있고 포함되지 않을 수도 있습니다.

학습 서클은 공공 담론에서 중요한 역할을 할 수 있습니다. 우리가 집단적으로 직면하는 수많은 이슈들은 복잡한 기술적, 과학적 또는 전문적 지식을 포함하고 있는데, 대부분의 우리에게는 그러한 지식이 없을 수 있습니다. 이러한 지식이 없으면 공공 담론에 대한 우리의 참여는 제한됩니다. 학습 서클은 이러한 필요를 충족시킵니다. 특정 분야의 전문가가 서클에 초대되어 당면한 주제에 대한 배경 정보를 발표할 수 있습니다. 그들이 서클에 참여하기를 원한다면, 서클이 어떻게 진행되는지에 대해 간단히 설명을 들어야 합니다. 방문 전문가에게 서클에 대해 간단히 설명하는 이 과정은 또한 그룹이 가치와 우리들의 약속을 검토하는 기회가 될 수도 있습니다. 그러나 발표자는 단순히 손님으로 와서 초기 발표를 하고 질문에 답한 다음 떠날 수도 있으며, 그 이후는 서클 참여자들이 새로운 관점을 어떻게 적용할 지 결정하도록 남겨둡니다. 이러한 발표 후에는 어차피 참여자들이 휴식을 취하고 싶어 할 것이므로, 발표자의 퇴장은 자연스럽게 느껴질 것입니다.

서클 프로세스는 참여자들이 정보를 함께 소화하고 당면한 이슈와 관련짓는 데 도움을 줄 수 있습니다. 학습 서클은 사람들이 공유된 지식 기반 위에서 일할 수 있도록 힘을 실어줍니다. 전문가가 일반 시민에게 없을 수 있는 지식 저장고를 가지고 있듯이, 우리 각자도 이슈에 대한 통찰력과 창의성을 가져오는 독특한 경험을 가지고 있습니다. 지식을 공유하는 것은 모든 사람이 이슈에 가져오는 잠재력을 최대한 발휘하게 합니다.

학습 서클의 또 다른 명확한 용도는 교실입니다. 많은 교사와 교수들이 이제 정기적으로 서클 형식으로 수업을 진행합니다. 서클은 협력적 학습을 위한 공간을 만듭니다. 또한 정보를 공유하는 사람들이 듣는 사람들이 자료를 어떻게 받아들이고 있는지 알아낼 수 있게 합니다. 그러나 의사소통의 흐름을 개선하는 것을 넘어, 학습 서클은 학습의 전체 모델을 바꿉니다. 학생들을 데이터를 다운로드할 "빈 서판blank slates; 백지 상태"으로 취급하는 대신, 서클은 모든 사람이 학습 과정에 가져오는 것을 존중하는 유기적이고 대화 기반의 경험을 만듭니다.

이해 서클 (Circles of Understanding). 이해 서클은 특정 이슈를 명확히 하는 데 초점을 맞춘 대화 서클입니다. '우리가 이 어려운 상황을 더 잘 이해할 수 있을까?'라는 질문을 던집니다. 이해 서클은 의사결정을 포함하지 않으므로, 동의에 도달하려 하지 않습니다. 그 목적은 어떤 행동의 맥락이나 갈등 또는 사건의 배경에 대해 더 명확한 그림을 개발하는 것입니다. 한 명 이상의 개인이 현재 상황에 대한 명확성을 얻기 위해 이해 서클이 모인 경우, 이 개인들은 서클 이전에 미리 준비해야 하며, 서클 진행자들은 그들에게 충분한 지지자들이 참석하도록 해야 합니다.

이러한 유형의 서클 진행자들은 또 다른 방식으로도 준비해야 합니다. 그들의 역할은 상황에 대한 더 완전한 이해를 위해 필요한 모든 관점들이 대표되도록 하는 것입니다. 모든 참여자가 같은 방식으로 사물을 보거나, 아무리 논쟁의 여지가 있더라도 어떤 관점이 적절하게 표현되지 않는다면, 이해 서클은 많은 통찰력을 생성하지 못할 것입니다.

서클은 참여자들이 자신에게 중요한 것을 공유할 수 있는 공간을 제공하며, 이는 상호 이해뿐만 아니라 관계를 구축합니다.

지지 서클 (Support Circles). 지지 서클은 어려운 시기나 삶의 중대한 변화를 겪는 사람을 지원하기 위해 핵심적인 사람들을 모이게 합니다. 지지 서클은 종종 정해진 기간 동안 정기적으로 만납니다. 동의를 통해, 지지 서클은 한 사람을 가장 잘 지원하는 방법에 대한 동의나 계획을 개발할 수 있지만, 서클이 반드시 의사결정에 관여하는 것은 아닙니다. 당연히, 지원받는 사람이 무엇이 지지하는 느낌이고 무엇이 그렇지 않은 지를 말하는 사람입니다. 지지 서클은 초기에 많은 조직과 준비를 필요로 하지만, 과정이 계속될수록 각 서클에 대한 준비의 양은 줄어듭니다.

치유 서클 (Healing Circles). 치유 서클의 목적은 트라우마나 상실을 경험한 개인, 가족 또는 그룹의 고통을 나누는 것입니다. 목표는 사람들을 "고치는" 것이 아니라, 단순히 그들과 그들이 경험한 것과 함께 있어주는 것입니다. 따라서 서클이 끝난 후 고통받는 사람들을 어떻게 지원할지에 대한 계획이 나올 수 있지만, 이는 반드시 필요한 것은 아닙니다. 무엇보다도, 서클 진행자와 주최자는 고통받는 사람들에게 그들이 무엇을 원하고 필요로 하는지 알아봄으로써

서클 대화는 참가자들이 자신에게 중요한 것을 나누고 서로에 대한 이해와 관계를 쌓을 수 있는 공간을 마련해준다.

치유 서클을 신중하게 준비해야 합니다. 그렇지 않으면, 좋은 의도에도 불구하고, 과정이 의도치 않게 더 많은 괴로움을 초래할 수 있습니다.

축하 또는 경의 표하기 서클 (Celebration or Honoring Circles). 축하 서클은 개인, 그룹 또는 이벤트를 인정하기 위해 사람들을 모이게 합니다. 이는 기쁨과 성취감을 나누는 것입니다. 참여자들이 말하기 소품을 존중하기로 동의하는 것을 확인하는 것 외에, 축하 서클의 진행자들은 일반적으로 우리들의 약속을 만들기 위한 돌아가며 이야기하기rounds를 진행하지 않습니다. 동의에 도달하는 것도 이슈가 아닙니다. 그러나 진행자들은 축하를 그룹이 그들의 가치를 강화할 기회로 볼 수 있습니다. 예를 들어, "어떤 가치들이 이 성취를 가능하게 했나요?" 또는 "지금 당신의 감정을 가장 잘 설명하는 가치는 무엇인가요?"와 같은 질문으로 돌아가며 이야기하기를 시작할 수 있습니다.

축하 서클의 준비는 대부분 물류와 초대에 관련됩니다. 사람들은 생일, 졸업, 기념일, 수상, 은퇴 및 기타 여러 중요한 행사에 이를 사용합니다. 이러한 행사에서 서클을 사용하는 것은 경험을 심화시킵니다. 사람들은 종종 사교 행사에서 결여되기 쉬운, 공유된 의미와 그 자리에 있는 모든 사람들과 연결되어 있다는 느낌을 가지고 돌아갑니다.

집단 의사결정 서클 (Group Decision-Making Circles). 의사결정 서클은 사람들이 동의에 도달하도록 돕는 데 초점을 맞춥니다. 대부분의 경우, 참여자들은 무엇이 중요하고 무엇을 해야 하는지에 대해 매우 다른 견해를 가지고 옵니다. 서클 방식은 모든 사람의 우려를 통합하는 결정을 생성하도록 설계되었습니다. 이 과정이 가장 효과적이려면, 주최자는 준비 단계에 특별한 노력을 기울입니다. 모두가 서클에 모여 결정을 내리기 전에 별도의 이해 서클이나 커뮤니티 형성 서클이 개최될 필요가 있을 수 있습니다. 작업 그룹, 이사회, 자문위원회, 정부, 학교, 기업, 그리고 가족들은 커뮤니티에 영향을 미치는 결정에 도달하기 위해 이러한 서클을 사용합니다.

갈등 해결 서클 (Conflict-Resolution Circles). 갈등 해결 서클은 갈등 당사자들을 모이게 하여 그들의 차이점을 해결하도록 돕습니다. 해결책은 보통 동의로 표현됩니다. 이 유형의 서클은 종종 갈등 당사자들이 사전에 광범위하게 준비해야 합니다. 예를 들어, 다른 종류의 서클은 갈등 서클을 위해 당사자들을 준비시키는 데 매우 도움이 될 수 있습니다. 사람들은 지지 또는 치유 서클이 필요할 수 있습니다. 그들은 무슨 일이 일어나고 있는지 더 나은 그림을 얻기 위해 이해 서클이 필요할 수 있습니다. 또는 단순히 자신의 생각과 감정을 탐구하고, 다양한 사람들이 그 갈등에 대해 어떻게 생각하는지 보기 위해 대화 서클이 필요할 수도 있습니다.

갈등 당사자들이 마침내 갈등을 해결하기 위해 서클에 함께 모일 때, 참여자들이 핵심 이슈를 논의하기 시작하기 전에 관계를 구축하는 데 상당한 시간이 할애됩니다. 갈등 서클은 예를 들어, 이웃, 직장, 학교, 교회, 교도소, 그리고 가족 내의 갈등을 다루는 데 사용되고 있습니다.

청소년 성장 서클 (Youth Development Circles). 서클 방식은 참여자가 어리든 나이가 많든 동일하게 적용됩니다. 그러나 서클 사용의 가장 빠르게 성장하는 영역 중 하나가 청소년들과 그들 사이에서라는 점을 언급할 가치가 있습니다. 청소년들은 보통 서클의 평등하고 존중하는 방식에 즉각적으로 반응합니다. 그리고 모든 경제적, 사회적, 민족적, 국가적 배경의 청소년들은 서클이 독특하게 제공하는 성인과 또래로부터의 질 높은 지지를 필요로 합니다.

범죄학자 존 브레이스웨이트John Braithwaite는 가족, 학교, 그리고 커뮤니티가 문제가 발생했을 때뿐만 아니라 정기적으로 서클을 사용하여 청소년들에게 지속적인 지지를 제공할 것을 제안합니다. 실제로, "청소년 성장 서클"은 그가 만든 용어입니다. 서클은 청소년들이 긍정적인 방식으로 듣고 지지받을 수 있는 장소를 제공합니다. 서클은 청소년들이 그들의 인격을 형성하고, 사회적 기술을 개발하며, 위기에 대응하고, 학교 생활을 관리하는 것을 지지합니다. 브레이스웨이트는 우리가 서클을 청소년들의 삶의 영구적인 특징으로 만들 것을 제안합니다.

선고 서클 (Sentencing Circles, **혹은 양형 서클**). 선고 서클은 커뮤니티 주도 과정입니다. 이는 형사 사법 제도와 협력하여 범죄로 영향을 받은 모든 사람들을 모이게 합니다. 서클 방식을 사용하여, 참여자들은 한 사건에 대한 다양한 우려를 해결하는 형량 계획을 개발합니다. 이러한 서클에는 피해를 입은 사람, 피해를 입힌 사람, 각자의 가족과 친구, 그리고 다른 커뮤니티 구성원들이 포함됩니다. 또한 판사, 검사, 변호인, 경찰, 보호관찰관 및 기타 전문가들과 같은 사법 제도의 대표자들도 포함됩니다.

회복적 사법의 철학과 접근 방식에 따라, 참여자들은 다음을 논의합니다.

1. 무슨 일이 일어났는가?

2. 왜 일어났는가?

3. 그 영향은 무엇이었는가?

4. 피해를 복구하기 위해 무엇이 필요한가?

5. 이것이 다시는 발생하지 않도록 하기 위해 무엇을 해야 하는가?

동의를 통해, 서클은 범죄를 저지른 사람에 대한 형량을 개발합니다. 또한 동의의 일부로 커뮤니티 구성원과 사법 관계자의 책임을 규정할 수도 있습니다.

선고 서클을 준비하는 것은 모든 사람을 함께 모으기 전에 피해를 입힌 쪽과 피해를 입은 쪽 모두를 위해 별도의 서클을 포함할 수 있습니다. 피해를 겪은 사람은 치유 또는 지지 서클이 필요할 수 있습니다. 범죄를 저지른 사람도 이해, 지지, 그리고 치유 서클이 필요할 수 있습니다. 목표는 문제의 근본 원인을 다루고 모든 당사자의 변화를 유도하는 방식으로 피해에 대응하는 것입니다. 더 넓은 의미에서, 목표는 그러한 사건들을 좋은 관계를 구축할 기회로 활용하여, 결과적으로 개인과 커뮤니티가 약해지지 않고 더 강해지도록 하는 것입니다.

재통합 서클 (Reintegration Circles). 재통합 서클은 커뮤니티로부터 분리되었던 사람을 커뮤니티와 다시 연결되도록 합니다. 교도소 재입소 프로그램에서 이러한 유형의 서클을 사용하지만, 누군가가 오랫동안 그룹을 떠나 있었던 모든 경우에 유용합니다. 여성이 출산 휴가 후 직장으로 돌아올 때, 젊은이가 대학을 마치고 집으로 돌아올 때, 또는 군인이 군 복무 후 돌아올 때: 재통합 서클은 이 사람들과 그들의 커뮤니티가 다시 연결될 수 있는 공간을 제공합니다. 서클은 그러한 상황에 있는 사람들에게 발생하는 필요와 우려를 다룹니다. 재통합 서클이 주요한 삶의 변화를 겪는 사람들을 지원하는 데 사용될 때, 일반적으로 한 번으로 끝나는 행사가 아닙니다.

커뮤니티 형성 서클 (Community-Building Circles). 커뮤니티 형성 서클은 공통의 관심사를 가진 사람들 그룹 사이에 유대감을 형성하고 관계를 구축합니다. 이는 함께 살거나, 일하거나, 시간을 보내는 사람들이 서로의 안부를 확인하는 데 유용합니다. 직원 회의, 수업, 또는 가족 내에서, 정기적인 이야기 서클은 사람들이 더 깊은 곳에서 이야기하도록 이끕니다. 참여자들은 한 발 물러서서 평소에는 하지 않았을 방식으로 사물에 대해 성찰합니다. 종종 아무도 생각하지 못했던 중요한 이슈들이 드러나기도 합니다. 가족, 조직, 학교 또는 커뮤니티의 지속적인 건강을 위해, 커뮤니티 형성 서클은 강력한 지지체입니다. 그들은 문제의 원인을 조기에 감지하고 예방적으로 대응할 수 있습니다.

문제가 발생했을 때, 이를 다룰 수 있는 강력한 서클 커뮤니티가 이미 마련되어 있습니다. 커뮤니티 형성 서클은 집단 행동을 위한 에너지를 결집시키고, 상호 책임감을 고취합니다. 동의에 도달하려 하지는 않지만, 사람들을 그 프로세스에 준비시키기 위해 사용될 수 있습니다. 커뮤니티 형성 서클은 특정 참여자에게 초점을 맞추지 않으므로, 광범위한 준비가 필요하지 않습니다.

서클을 사용하는 이러한 다양한 목적들은 종종 겹칩니다. 예를 들어, 대부분의 서클은 커뮤니티를 형성하는 효과를 가지고 있고, 대부분의 서클은 참석한 일부 사람들에게 치유를 가져옵니다. 서클을 어떤 유형으로 구분하는 것은 단순히 서클을 사용하는 주된 목적을 나타내는 것입니다. 다시 말해, 서클 방식은 서클의 적합성을 결정하는 것부터 후속 조치에 이르기까지 다양한 단계를 거치면서 여러 종류의 서클을 사용할 수 있습니다.

그러나 서클의 종류에 따라 서클 진행자 또는 프로세스를 촉진하는 사람들에게 요구되는 훈련의 정도는 다릅니다. 서클의 목적이 복잡한 이슈에 대해 그룹이 동의에 도달하도록 하거나 어려운 감정을 극복하도록 돕는 것이라면, 우리는 며칠간의 서클 훈련을 권장합니다. 훈련 정보는 부록 2에 제공했습니다. 그러나 축하하거나, 이야기하거나, 이슈를 이해하거나, 커뮤니티를 형성하기 위한 서클을 진행하는 것은 공식적인 훈련 없이도 할 수 있습니다.

서클을 진행하는 모든 사람에게, 다시 한번 기억해야 할 것은 서클이 단순히 원으로 앉아 말하기 소품을 돌리는 것 이상이라는 점입니다. 서클은 철학을 구현합니다. 서클 진행자와 참여자 모두가 서클의 철학에 더 깊이 스며들수록, 서클 경험은 더 변혁적일 가능성이 높습니다. 우리는 서클 방식을 논하는 책 목록을 부록 3에 제공했습니다.

기획에 유용한 서클의 종류

이러한 서클의 종류 중 다수가 기획에 유용할 수 있습니다. 예를 들어, 기획 과정의 초기에 대화 서클은 프로젝트에 관련된 모든 사람들이 서로에 대해 배우는 데 도움을 줄 수 있습니다. 그들이 누구인지, 어떤 경험을 했는지, 그리고 프로젝트에 가져올 기술은 무엇인지에 대해 말이죠. 학습 서클도 그룹에 중요한 정보를 제공하는 데 중요할 수 있습니다. 과정 초기에, 주최자들은 대화 서클과 의사결정 서클을 조합하여 모든 이해관계자들의 의견을 수렴하고 프로젝트에 대한 명확하고 공유된 비전을 개발할 수 있습니다.

의사결정 서클은 또한 프로젝트에 참여하는 사람들이 함께 일하고 싶은 방식에 대한 가치와 우리들의 약속을 개발하는 데 도움을 줄 수 있습니다. 기획이 진행됨에 따라, 안부 확인 서클커뮤니티 형성 서클의 한 형태은 업무 관계를 강화할 수 있습니다. 이는 정보를 공유하고 모든 사람을 최신 상태로 유지하는 데 사용될 수 있습니다. 주요 기획 결정이 내려져야 할 때, 의사결정 서클은 모든 사람이 그 과정에 참여하도록 보장합니다. 오해, 분쟁 또는 기타 어려움이 발생했을 때, 갈등 서클은 참여자들이 그들의 차이점을 해결하도록 돕습니다. 그 이상으로, 갈등 서클은 공유된 비전을 향해 일하고 있다는 그들의 감각을 갱신함으로써 사람들에게 활력을 불어넣을 수 있습니다. 마지막으로, 계획이나 그 단계들이 완료되었을 때, 축하 서클은 그룹에게 그들이 성취한 것을 기릴 기회를 줍니다.

사회 전반의 서클의 실용적 용도

우리가 서클과 함께 일하는 시간이 길어질수록, 사람들은 그들이 직장, 가족, 학교, 그리고 커뮤니티에서 서클을 어떻게 사용하고 있는지 더 많은 이야기들을 우리와 공유합니다. 다음은 사람들이 서클로 무엇을 하고 있는지에 대한 몇 가지 예시일 뿐입니다.

- 노숙자 여성과 아이들을 위한 전환 주택 프로그램의 책임자는 몇 달에 걸쳐 서클 방식을 사용하여 모든 직원이 새로운 프로그램을 설계하는 데 참여하도록 했습니다.

- 미네소타 과학 박물관은 "인종RACE"이라는 전시회를 보러 온 그룹들을 위한 대화 프로세스로 서클을 사용했습니다.

- 화학 의존증에서 회복 중인 학생들을 위한 특수 고등학교는 학생 중 한 명이 재발할 때마다 전체 학교의 서클을 소집합니다. 회복 커뮤니티에서 구성원 중 한 명이 재발할 때 발생하는 책임감, 지지, 그리고 불안감 해소: 서클은 이 모든 우려를 다룹니다.

- 코스타리카의 한 선주민 커뮤니티는 12년간의 토지 분쟁을 해결하기 위해 서클 방식을 사용했습니다.

- 한 기획자는 작고 "사라져가는" 마을에서 커뮤니티가 긍정적인 미래를 위한 비전을 만들도록 돕기 위해 서클을 사용했습니다.

- 미네소타 교정국은 직원들이 직원 간의 분쟁을 해결하고 직장 내 기능 부전을 다루는 데 사용할 수 있는 옵션 중 하나로 서클 방식을 제공합니다.

- 밀워키의 한 동네는 청소년들과 노인들을 대상으로 서클을 개최하여 노인들이 청소년들에 대해 가지고 있는 두려움을 줄였습니다.

- 한 대도시의 청소년 성장 단체는 청소년들이 갱단에서 벗어나도록 돕고, 라이벌 갱단 구성원들 사이의 대화를 만들기 위해 서클을 사용합니다.

- 한 초등학교는 운동장에서의 분쟁을 해결하기 위해 서클을 사용합니다.

- 한 가족과 친구 그룹은 죽음을 앞둔 사랑하는 사람에게 작별 인사를 하기 위해 서클을 사용했습니다.

- 한 교회 이사회는 이사회가 내린 결정에 대해 불만을 가진 교인들과 서클

에 앉았습니다.

- 한 교외 커뮤니티는 특정 유형의 범죄자들에 대한 형량을 결정하기 위해 서클을 사용합니다.

- 한 지역 교정국 국장은 예산을 삭감하는 방법을 결정하기 위해 전체 직원들과 서클을 개최했습니다.

- 한 청소년 야생 교정 시설은 쓰라린 주정부 직원 파업의 상처를 치유하기 위해 직원들과 서클을 사용했습니다.

- 한 소규모 비영리 단체는 조직의 비전과 사명을 개발하기 위해 서클을 사용했습니다.

- 시카고 공립학교 법무부와 징계 절차 개혁을 원했던 지역 사회 운동가 연합은 공통점을 찾기 위해 서클을 사용했습니다. 그런 다음 그들은 "통일 징계 규정"을 변경하기 위해 계속해서 서클을 사용했습니다.

- 한 기획 사무실의 직원들은 직원 참여와 더 동등한 참여를 촉진하기 위해 정기적으로 직원 회의에서 서클을 사용합니다.

- 필라델피아의 성 요셉 대학교에서 법학과 범죄학 대학원 프로그램을 모두 가르치는 한 교수는 그의 모든 수업을 가르치기 위해 서클 방식을 사용합니다.

- 한 동네 그룹은 총에 맞아 사망한 16세 소년의 어머니와 형제자매들을 지지하기 위해 치유 서클을 개최했습니다.

- 한 구금 시설 부서의 직원들은 관계를 강화하고 의사소통의 흐름을 개선하기 위해 주간 안부 확인 서클을 진행합니다.

- 몇몇 교수와 로스쿨에서 만난 시민들은 주州의 선주민 집단 학살과 강제 식민지화 역사에 대해 진실을 밝히는 과정을 시작하는 것에 대해 이야기

하기 위해 서클 방식을 사용했습니다.

　정원의 딸기 줄기처럼, 서클은 인간이 더 나은 대화 방식을 필요로 하는 곳마다 유기적으로 퍼져 나갔습니다. 서클은 우리가 서로 더 건강한 관계를 맺고 필연적으로 발생하는 상처를 극복할 수 있도록 감정을 표현할 공간을 만듭니다. 더 많은 사람들이 서클 방식과 그것이 할 수 있는 일에 대해 배우면서, 서클의 더 혁신적인 적용 사례들이 분명히 나타날 것입니다.

6

한 기획자의 첫 번째 서클 – 지역 청소년 성장

모니카 워커-볼턴

토지 이용 기획자이자 공동체 개발에도 참여하고 있는 모니카 워커-볼턴은 자신의 공식적인 책임 범위를 벗어난 맥락에서 서클을 사용하고자 하는 영감을 받았습니다. 하지만 이 일은 그녀의 커뮤니티 활동과 깊이 연결되어 있었습니다. 이것이 그녀의 이야기입니다.

저는 시골 지역에서 토지 이용 기획과 커뮤니티 및 경제 개발 업무를 합니다. 제 책임 중 하나는 지역 제조업 협회를 지원하는 것입니다.

우리 동네에는 취업에 어려움을 겪는 청소년들과 함께 일하는 단체도 있습니다. 이 프로그램을 통해 참여자들은 주급을 받고, 직업 생활에 더 잘 대비할 수 있는 기술을 배웁니다. 참여자들은 프로그램 지도자들과 함께 무엇을 하고 싶은지, 그리고 필요한 준비를 어떻게 할 것인지에 대한 개인 계획을 세웁니다. 프로그램에 참여하는 동안, 그들은 스스로 설정한 목표를 완료하기 위해 노력합니다.

매주 금요일, 프로그램은 초청 연사를 초대하여 청소년들에게 구직과 같은 생활 기술에 대해 가르칩니다. 저는 이 주제로 그룹에 정기적으로 초청 연사로 참여하여 제조업 분야에 어떤 일자리가 있는지 알려주고, 구직 방법에 대한 조언을 해주었습니다.

청소년들을 만나고 프로그램 지도자들과 이야기를 나누면서, 저는 이 프로그램에 참여하는 많은 젊은이들이 매우 어려운 상황에 직면해 있다는 것을 곧 깨달았습니다. 어떤 청소년에게든 시골 커뮤니티에서 일자리를 찾는 것은 어려울 수 있습니다. 좋은 일자리는 드물기 때문입니다. 하지만 이 프로그램의 많은 청소년들은 추가적인 어려움에 직면해 있었습니다. 마약 중독, 괴롭힘, 차별, 교육 기회에 대한 낮은 접근성, 그리고 법과의 갈등: 이것들은 젊은이들이 직면한 몇 가지 추가적인 장애물이었습니다

제가 청소년들과 서클 방식을 사용하기 전에는, 그들에게 가서 이야기할 때 제 메시지를 전달하기가 어려웠습니다. 젊은이들은 저를 개인적으로는 좋아하고, 저 또한 젊다는 사실이 좋다고 말했지만, 저는 그들이 제 메시지를 진심으로 받아들이지 않는다는 느낌을 받았습니다. 그들은 제가 말하는 것이 그들에게 적용될 것이라고 확신하지 않았습니다. 저는 제조업 분야에 많은 일자리가 있고 고용주들이 직원을 유치하는 데 어려움을 겪고 있다고 주장했지만, 이것은 그들이 경험한 바가 아니었습니다. 너무 자주 고용주들은 그들에게 문을 닫았습니다. 저는 더 깊은 문제에 도달할 수 있는 방식으로 청소년들과 함께할 방법이 필요했습니다.

나의 첫 번째 서클 진행하기

서클 훈련을 받은 후, 저는 이 젊은이들에게 효과가 있을 수 있는 방식을 찾았다는 것을 깨달았습니다. 다음 초청 연사로 초대되기 전에, 저는 프로그램 지도자들에게 서클 방식에 대해 이야기했습니다. 저는 다음 발표에 서클을 사용하고 싶다는 의사를 표현했고, 그들은 제가 그렇게 하도록 동의했습니다.

도착해서, 저는 플립차트에 메모를 사용해 서클에 대한 몇 가지 기본 개념을 젊은이들에게 설명했습니다. 서클 방식이 원으로 함께 모여 말하기 소품talking piece을 사용하는 것을 포함한다고 설명했습니다. 말하기 소품이 어떻게 작동하는지 설명했습니다. 즉, 그것을 들고 있는 사람은 원하는 만큼 많이 또는 적게 이야기할 수 있고, 아무도 방해해서는 안 된다는 것입니다. 그리고 저는 서클 방식의 장단점에 대해 이야기했습니다. 예를 들어, 서클의 긍정적인 점은 모두가 원한다면 이야기할 기회를 얻는다는 것입니다. 부정적인 점은 때때로 서클에서 시간을 관리하기가 어렵다는 것입니다.

저는 서클이 구현하는 평등과 공유된 리더십의 역학을 이 젊은이들에게 소개하게 되어 매우 기뻤습니다. 저는 이것들을 긍정적인 점으로도 언급했습니다. 저는 서클의 공유된 리더십이 서클의 모든 구성원이 존중하는 분위기를 유지할 책임이 있다는 것을 의미한다고 설명했습니다. 그리고 모든 참여자들이 서클 프로세스에 걸리는 시간을 관리하는 데 도움을 준다고 말했습니다.

제 서클 훈련에서, 우리는 그룹을 위한 공유된 우리들의 약속을 설정하는 방법을 배웠습니다. 우리가 사용했던 연습은 사람들이 종이 접시에 다른 그룹 구성원들이 자신을 어떻게 대하기를 원하는지를 표현하는 가치를 적는 것이었습니다. 저는 젊은이들과 시간이 많지 않았기 때문에, 공유된 지침을 설정하는 과정을 거치지 않기로 결정했습니다. 대신, 우리 모두는 제가 플립차트에 쓴 기본 규칙들을 우리의 지침으로 따르기로 동의했습니다. 그럼에도 불구하고, 저는 모든 사람이 지침에 대해 편안함을 느끼는 것이 얼마나 중요한지, 그리고 시간이 더 있었다면 우리는 그룹을 위한 우리만의 지침을 만들었을 것이라고 설명했습니다.

서클의 시작 의식으로, 저는 우리의 서클 훈련에서 했던 것을 각색했습니다. 훈련에서 우리 각자는 색깔 있는 실 한 조각을 가져왔습니다. 원을 돌면서, 우리 한 명씩 옆 사람에게 붙어 있는 실에 자신의 실을 묶었고, 마침내 모든 실이 원으로 연결되었습니다. 젊은이들을 위해, 저는 멋있어 보이는 리본을 가져와서 그들과 이 연습을 했습니다. 몇몇은 초조하게 웃었고, 다른 이들은 왜 제가 이것을 하라고 하는지에 대해 의문 섞인 농담을 했습니다. 하지만 모두가 이 간단한 행동을 반복하며 원을 한 바퀴 돌았을 때, 방의 에너지는 바뀌어 있었습니다. 참여자들은 우리가 그룹으로서 하고 있는 일에 더 집중했고, 방의 분위기는 이미 더 평화로워졌습니다. 우리는 함께 리본으로 된 원을 중앙의 커피 테이블 위에 조심스럽게 놓고, 저는 우리의 시작 의식의 다음 부분으로 넘어갔습니다.

준비 과정에서, 저는 집에서 예쁜 빨간 접시를 가져와서 달러 스토어에서 집어온 다양한 플라스틱과 펠트 물건들로 채웠습니다. 시작 의식의 다음 부분으로, 저는 물건들이 담긴 접시를 돌리며 참여자들이 마음에 드는 것을 하나 선택하도록 초대했습니다. 저는 이 물건이 서클 중앙에서 그들을 대표할 것이라고 설명했습니다. 다음으로, 말하기 소품을 들고, 저는 다시 한번 말하기 소품이 대화를 어떻게 조절하는지 설명했습니다. 각 사람이 말하기 소품을 받았을 때, 저는 그들의 이름을 말하고 그들의 물건을 우리 서클 중앙의 접시 위에 놓으라고 제안했습니다. 모두가 그렇게 했습니다. 말하기 소품이 저에게 돌아왔을 때, 저는 우리가 첫 번째 서클 라운드를 막 마쳤다는 것에 기뻤습니다.

서클 훈련을 통해, 저는 그룹이 일부 공유된 가치를 설정할 기회를 갖는 것이 중요하다는 것을 알았습니다. 다음 돌아가며 말하기에서, 저는 각 참여자가 커뮤니티에 대해 긍정적인 단어 하나와 부정적인 단어 하나를 말하도록 제안했습니다. 저는 서클의 우리들의 약속에 따라, 말하기 소품을 가지고 있을 때 원하는 만큼 많이 또는 적게 말할 수 있고, 아무 말 없이 전달해도 괜찮다는 것을 상기시켰습니다. 각 사람의 단어를 들으면서, 저는 젊은이들과 그들이 커뮤니티에서 자신을 어떻게 보는지에 대해 많은 통찰력을 얻었습니다. 어떤 이들은 그냥 단어만 말했고, 다른 이들은 왜 그런 단어를 선택했는지 설명했습니다. 예를 들어, '가족,' '안전하고 작은 마을 분위기,' 그리고 '커뮤니티의 지지'는 긍정적인 것들로 언급되었습니다. "괴롭힘," "험담," "마약," 그리고 "할 일이 없는 것"은 부정적인 것들로 언급되었습니다

저는 이 연습을 그룹이 그들의 가치에 대해 생각하는 데 참여하도록 하는 간단한 방법으로 선택했습니다. "서클에서 우리는 서로를 어떻게 대해야 할까요?"와 같은 질문을 할 수도 있었을 것입니다. 그러나 이 경우에는 시간 제약 때문에, 저는 가치에 대한 논의를 대화를 우리의 주제로 옮겨가는 방법으로 사용하기로 했습니다. 이는 젊은이들이 커뮤니티와 관련하여 자신을 어떻게 보는지에 대해 이야기할 기회였습니다.

우리 대화의 핵심을 위해, 우리는 여러 돌아가며 말하기에 걸쳐 "취업에 어떤 장애물에 직면해 있나요?"와 "그것들을 극복하기 위해 어떻게 노력하고 있나요?"라는 질문들을 다루었습니다. 이 프로그램이 젊은이들이 취업의 어려움을 다루도록 돕기 위해 존재하기 때문에, 저는 이 질문들이 그들에게 관련성이 있을 것이라고 생각했습니다. 그래서 저는 질문을 던지고 말하기 소품을 전달했습니다

저는 젊은이들이 얼마나 빨리 그들의 개인적인 이야기와 어려움들을 나누기 시작했는지에 놀랐습니다. 서클 훈련과 이 특정 그룹 모두에서 제가 서클 방식을 경험한 바에 따르면, 사람들을 끌어내는 이 프로세스에는 무언가가 있습니다. 참여자들은 다른 상황에서는 나오지 않는 것 같은 개인적인 이야기들을 하

고 감정을 표현하기 시작합니다. 예를 들어, 한 젊은 남성은 감옥에 다녀온 후 커뮤니티에 적응하고 일자리를 찾으려 했던 경험에 대해 이야기했습니다. 그의 목소리 톤은 고르게 유지되었고, 눈물을 흘리거나 소리를 지르거나 화를 내지는 않았지만, 저는 이것이 그에게 매우 감정적인 주제라는 것을 알 수 있었습니다.

다른 몇몇 참여자들도 감정적인 이야기들을 나누었습니다. 또 다른 이들은 말하기 소품을 가지고 시간을 할애하여 동료 그룹 구성원들에게 격려의 말을 건넸습니다. 저는 나중에 프로그램 지도자 중 한 명과 이 경험과 그룹이 서로를 지지하기 위해 어떻게 함께했는지에 대해 이야기했습니다. 그녀는 이렇게 관찰했습니다.

> 서클은 토론에 관한 것이 아닙니다. 대신, 시작, 마무리, 그리고 말하기 소품을 포함하는 이 과정에는 사람들에게서 정직함을 이끌어내는 무언가가 내재되어 있습니다. 우리가 이 과정을 사용할 때마다, 사람들은 어떤 깊은 고백을 했습니다. 그 결과, 사람들은 그들의 반응에서 서로를 매우 지지하게 되고, 이는 우리를 그룹으로 묶어줍니다. 이는 우리가 서로에 대해 가지고 있는 존중을 끌어냅니다.

이제 서클 방식은 저에게 훌륭한 도구가 되었고, 저는 가능할 때마다 이 과정을 사용합니다. 그것은 저를 권위 있는 사람의 위치에서 벗어나게 해주었는데, 저는 어쨌든 그 위치가 불편했습니다. "모든 해답"을 가지고 다른 사람들에게 다가가는 대신, 저는 그들이 그들 자신의 질문을 발견하고 그들 자신의 해답을 찾도록 도울 도구를 그들과 나눌 수 있습니다. 그것은 놀라운 과정이며, 저는 참여자들도 종종 사람들이 서클에서 할 수 있는 사고와 나눔의 질에 놀란다고 생각합니다.

이 기획자는 주기적으로 청소년들과 대화 서클을 계속 개최했고, 그리하여 이 젊은이들이 그들 자신의 삶에서 사용할 수 있는 도구로 이 방식을 전수했습니다. 서클은 사회적으로 어려움을 겪고 소외된 청소년들이 동등하게 대우받고 그들의 목소리가 들리고 인정받는 것을 경험할 수 있는 공간을 만들었습니다. 또한 그들은 리더십을 공유하고, 그들이 직면한 어려운 문제들을 좋은 방식으로 다루기 위해 함께 모이는 것이 무엇을 의미하는지 연습할 수 있었습니다.

7

시작하기:
기획 과정에서 이야기 서클을 사용하는 방법

서클에 앉아보는 것은 이 과정을 배우는 가장 좋은 방법입니다. 만약 가까운 곳에 서클을 찾을 수 없다면, 대화 서클을 조직하는 것이 훌륭한 시작 방법입니다. 다시 한번 강조하지만, 갈등, 어려운 그룹 결정, 또는 강렬한 감정적 상황을 위한 서클을 진행하기 전에 서클 훈련은 필수적입니다. 하지만 대화 서클을 진행하는 것은 과정이 어떻게 작동하는지에 대한 기본적인 지식만 있으면 누구나 할 수 있습니다. 앞서 말했듯이, 축하 서클, 학습 서클, 이해 서클, 그리고 지 형성 서클도 마찬가지입니다. 공식적인 서클 훈련은 더 복잡하고 고통스럽거나 양극화된 상황에만 권장됩니다.

우리는 또한 용어에 대해 한 가지 언급하고 싶습니다. 많은 북미 선주민들은 서클을 단순히 "이야기-대화 서클talking Circles"이라고 부릅니다. 우리는 심각한 갈등이나 강렬한 감정을 다룰 필요가 없는 서클에 대해 이 용어를 일반적인 설명 용어로 따르고자 합니다.

이 장에서는 이야기 서클이 전형적인 기획 맥락에서 어떻게 사용될 수 있는지 개괄적으로 설명합니다. 이러한 서클의 전반적인 목적은 모든 사람이 자신의 경험을 바탕으로 주제에 대해 이야기할 수 있도록 하는 것입니다. 관점을 공유하는 것은 이슈에 대한 모두의 이해를 높입니다. 또한 의사결정자들이 다른 관점을 가진 사람들의 필요와 이익을 고려하도록 합니다. 기획 맥락에서 이야기 서클은 다음을 위해 사용될 수 있습니다.

- 동료, 직원, 시민 단체, 위원회, 자문 위원회 또는 프로젝트 그룹과 같은 지속적인 그룹에서 서로의 안부를 확인하기 위해
- 컨퍼런스, 공청회 또는 전문성 개발 활동에 참석하는 것과 같은 그룹 경험에 대해 성찰하기 위해
- 고위 기획 직원이나 그룹 과정의 리더 또는 서클 진행자에게 피드백을 제공하기 위해
- 의사결정자에게 의견을 제공하기 위해
- 환경이나 저소득 주택과 같은 커뮤니티 또는 사회적 우려에 대해 대화하기 위해
- 특정 기획 제안에 대한 커뮤니티의 반응을 탐색하기 위해
- 새로운 매립지나 그룹 홈을 선정하는 것과 같은 감정적인 주제에 대해 다양한 관점을 교환하기 위해
- 새로운 정책이나 계획을 개발하는 다양한 단계에서 커뮤니티의 의견을 구하거나 제공하기 위해

이 장의 나머지 부분은 커뮤니티나 동네에서 기획 이슈에 대해 이야기 서클을 어떻게 조직할 수 있는지 설명합니다. 이 과정은 물론 논의가 필요한 이슈를 명확히 하는 것에서 시작합니다. "왜 서클을 개최하고 싶은가?" 이야기 서클의 의도에 대한 명확한 진술을 구성하는 것이 유용합니다. 이야기 서클에 사람들을 모으는 목적은 무엇인가? 그런 다음 서클 프로세스의 다음 네 단계를 따라

진행하세요.

1단계: 이야기 서클의 적합성 결정

이야기 서클이 당신이 염두에 둔 목적에 맞는 올바른 과정인지 결정하기 위해, 다음 질문들을 고려해보는 것을 제안합니다.

- 다른 사람들의 의견이 기획 과정에서 의미가 있을까? 의사결정에서 어떤 역할을 할까? 만약 그렇지 않다면, 서클은 적절하지 않습니다.

- 참여할 의향이 있는 사람들이 있는가? 그 주제가 누군가에게 중요한가? 만약 그렇지 않다면, 서클은 적절하지 않습니다.

- 나주최자는 특정 관점을 다른 사람들에게 설득하길 바라는가? 나는 다른 사람들을 바꾸길 바라는가? 나는 서클이 추진하기를 원하는 의제를 가지고 있는가? 만약 그렇다면, 서클은 적절한 포럼이 아닙니다.

- 나는 나 자신의 것과 매우 다른 관점들을 듣고 존중할 준비가 되어 있는가? 만약 그렇지 않다면, 서클은 적절하지 않습니다.

- 모든 잠재적 참여자들을 존중하려는 의도가 있는가? 만약 그렇지 않다면, 서클은 적절하지 않습니다.

- 나는 서클을 단지 홍보 전략으로만 사용하려고 고려하고 있는가? 만약 그렇다면, 서클은 적절하지 않습니다.

본질적으로 서클은 진정성Integrity에 관한 것입니다. 서클은 존중, 정직, 그리고 투명성에 대한 높은 기준을 설정합니다. 또한 포용과 권한 부여에 관한 것이기도 합니다. 이러한 가치들은 서클 철학뿐만 아니라 서클 프로세스의 모든 측면에 내재되어 있습니다. 이야기 서클을 마련하려는 사람들은 그들의 동기를 이러한 가치들과 일치시켜야 합니다. 그렇지 않으면, 그들의 의도와 프로세스가 충돌할 것입니다.

예를 들어, 기획자들이 커뮤니티를 참여시키는 대외적인 이미지를 만들기 위해서만 서클을 사용하려고 한다면, 커뮤니티 내에서 이야기 서클은 궁극적으로 성공할 수 없을 것입니다. 결정을 내리는 사람들은 커뮤니티의 관점을 그들의 결정에 통합할 준비가 되어 있어야 합니다. 또한 이야기 서클은 이미 내려진 결정을 커뮤니티가 받아들이도록 설득하기 위해 사용되어서는 안 됩니다.

물론, 서클은 갈등이 발생했을 때도 똑같이 적합합니다. 만약 계획이 만들어졌는데 공동체가 이에 반대한다면, 서클은 전적으로 적절합니다.

하지만 이러한 상황에서는 주최자들이 서클의 목적과 현재 상황에 대해 투명해야 합니다. 갈등의 존재는 서클의 목적에 영향을 미칩니다. 이는 과정이 어떻게 설정되는지 변화시키고, 참여하기 전에 모두의 기대에 영향을 미칩니다.

서클을 사용하여 다른 관점보다 한 가지 관점을 홍보하려는 생각에 대해 말하자면, 이것은 단순히 통하지 않습니다. 일단 말하기 소품이 원을 돌기 시작하면, 누구도 대화를 통제하지 못합니다. 통제를 가하려는 어떤 시도라도 참여자 중 한 명에 의해 지적될 가능성이 높고, 그 자체가 이야기의 주제가 될 것입니다. 서클에 관해서는 자신의 의도와 서클을 개최하는 이유에 대한 투명성과 진정성이 필수적입니다.

따라서 적합성에 대한 이 질문들을 고려하는 것은 이야기 서클을 조직하는 우리들이 우리가 서클의 전체 개념과 일치하는 진정한 출발점에서 왔는지 확인하는 데 도움이 됩니다. 이것이 1단계가 매우 중요한 이유입니다. 이는 물류, 데이터, 또는 전략을 저울질하는 것 이상을 포함합니다. 적합성을 결정하는 것은 또한 가치에 관한 것입니다. 우리가 주최자들이 서클의 적합성에 대해 생각하도록 돕기 위해 제시한 질문들은 점검을 제공합니다. 우리는 진실하고, 개방적이며, 정직한 의도로 서클을 모으고 있는가? 우리의 목표는 모두에게 영향을 미치는 이슈를 진정성 있게 탐구하는 데 다양한 사람들을 참여시키는 것인가?

2단계: 준비

이야기 서클이 당신의 기획 과정에 적합한 형식이라고 결정했다면, 이제 준비를 시작할 수 있습니다. 그리고 이야기 서클은 준비가 필요합니다.

- 잠재적 참여자를 식별하세요. 물론 참여자들은 이미 존재하는 그룹일 수 있습니다.
- 이슈나 당신의 목적과 관련된 모든 이해관계를 반드시 포함시키세요. 모든 참여자들이 이미 주제에 대해 같은 방식으로 본다면, 서클의 잠재적 이점은 극적으로 감소합니다.
- 누가 서클을 진행할지facilitate 결정하세요. 당신이 진행자가 될 계획이라면, 존중하는 대화를 위한 안전한 공간을 유지하는 책임을 함께할 누군가를 모집하세요.

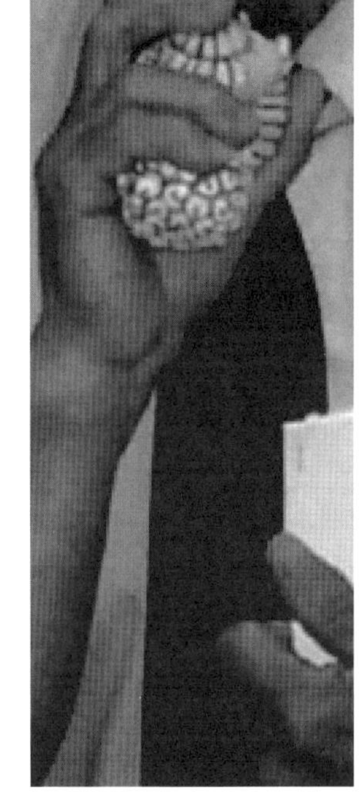

말하기 소품이 서클 내 대화의 흐름을 조절하기 때문에, 진행자는 덜 권력을 행사하게 되고 서클의 평등한 구성원이자 참가자로서의 역할을 하게 된다.

- 이야기 서클을 위한 시간과 장소를 정하세요. 따뜻한 분위기, 환대, 그리고 접근성의 중요성을 염두에 두세요. 공간이 충분한 수의 의자를 원형으로 배열할 수 있고, 원 안에 가구가 없도록 하세요. 특정 관심 그룹의 시간이나 일정 충돌을 염두에 두세요.

- 참석을 원하는 사람들에게 초대장을 보내세요. 주제, 서클의 목적, 그리고 과정의 본질에 대한 설명을 포함하세요. 개인적인 초대가 참여를 이끌어내는 가장 좋은 방법입니다. 공개 통지를 사용할 경우, 사람들에게 RSVP참석 여부 회신를 요청할 수 있습니다. 이야기 서클의 크기는 20~30명 정도가 편안하지만, 더 큰 그룹으로 성공적으로 일하려면 추가적인 계획과 준비가 필요할 것입니다. 실제로 100명에 달하는 서클도 있었습니다.

- 서클의 크기가 매우 크다면, 진행자들은 모든 사람이 이야기할 기회를 가질 수 있도록 시간을 관리하는 책임을 분담하는 추가적인 우리들의 약속을 제안할 수 있습니다. 간결함의 필요성을 강조하는 부분으로, 각 사람이 이야기할 수 있는 시간을 추정하여 모두가 기여하고 서클이 가능한 한 종료 시간에 가깝게 끝날 수 있도록 할 수도 있습니다. 당연히, 어떤 사람들은 지나가거나pass 전혀 이야기하지 않기로 선택할 수 있는데, 이는 시간 제한에 유연성을 더해줍니다.

- 그룹에 의미가 있고 존중하는 말하기와 듣기를 장려할 말하기 소품talking piece을 선택하세요. 돌, 조개껍데기, 또는 나무 조각과 같은 자연 환경의 물건들은 훌륭한 말하기 소품이 됩니다. 조각품이나 커뮤니티 상징과 같이 지역적 의미가 있는 물건도 효과적일 수 있으며, 특히 이슈와 연결되어 있을 때 더욱 그렇습니다. 그리고 물론, 인형이나 장난감 트랙터와 같이 장난스럽거나 재미있는 것은 분위기를 밝고 편안하며 인간적으로 만드는

데 도움이 될 수 있습니다.

- 서클의 분위기를 조성할 시작 의식을 계획하세요. 낭독, 음악, 이미지나 사진 공유, 또는 심지어 잠시의 침묵도 서클을 여는 데 도움이 될 수 있습니다. 한 번은 우리가 중요한 커뮤니티 자산들의 사진을 가져왔습니다. 그런 다음 우리는 참여자들에게 사진을 하나 선택하고 그 공유된 자산에 대한 그들의 개인적인 관계에 대해 이야기하도록 요청했습니다. 서클의 이러한 지원 요소들의식, 말하기 소품, 그리고 중심물을 마련할 때, 당신이 사용하기 편한 것을 선택하되, 다른 사람들에게 오해를 사거나, 불쾌하거나, 소외감을 줄 수 있는 것이 아닌지 확인하세요. 시작 의식의 핵심은 참여자들이 그들의 일상적인 일과에서 서클 대화의 더 의도적인 공간으로 전환하도록 돕는 것입니다.

- 서클을 위한 중심물을 만들고 싶은지 결정하세요. 그것은 촛불과 몇 가지 말하기 소품 옵션이 있는 천과 같이 매우 간단할 수 있습니다. 중심물은 서클의 시각적 초점이기 때문에, 기획자들은 기획 이슈에 초점을 맞추기 위해 창의적으로 사용할 수 있습니다. 우리는 그 지역의 항공 사진 콜라주, 조직의 사명 선언문, 또는 커뮤니티 계획을 중앙에 놓은 적이 있습니다. 우리는 또한 서클이 수질에 대해 논의하는 것이었을 때 물 한 그릇과 같이 주제와 관련된 의미가 있는 물건들을 사용하기도 했습니다.

- 서클에 음식을 제공할지 결정하고 필요한 준비를 하세요. 음식은 사람들을 편안하게 하고 관계를 구축하는 데 도움이 됩니다. 서클의 시작이나 끝에 함께 나눌 수 있습니다.

- 서클의 라운드를 위한 질문들을 초안으로 작성하세요3단계. 진행자가 말하기 소품의 라운드를 시작하기 위해 제시하는 질문들은 참여자들이 서로

를 알아가고 대화 주제에 참여하도록 돕습니다.

- 조용한 시간을 찾아 마음을 비우고 중심을 잡으세요. 서클에 대한 당신의 의도를 성찰하세요. 개방성과 타인에 대한 진심 어린 수용으로 서클에 들어가는 데 집중하세요.

3단계: 서클 소집

준비를 마친 후, 진행자들은 공간에 일찍 도착해야 합니다. 물리적 배치가 적절한지 확인하세요. 계획한 경우 중심물을 설치하세요. 심호흡을 하고 마음 속의 산만함을 비우는 시간을 가지세요. 그런 다음 다음 단계에 따라 서클을 소집하세요.

- 참여자들이 도착할 때 그들을 맞이하세요.
- 모두가 참석하고 시작할 시간이 되면, 모두에게 자리에 앉도록 초대하세요.
- 참여자들을 환영하고 와주신 것에 감사하세요. 시작 의식을 진행하세요.

이 계획 서클에서 지역사회 사진들이 중심 소품으로 채택되었으며, 이는 전통적으로 참가자들이 둘러앉은 서클의 중앙 바닥에 놓인다.

- 이야기 서클의 목적과 당신의 의도를 다시 한번 공유하세요.

- 말하기 소품을 소개하고 그것이 어떻게 기능하는지 설명하세요. 말하기 소품이 원을 돌면서 모두에게 이야기할 기회를 줄 것이라고 설명하세요. 말하기 소품을 들고 있는 사람만 말할 수 있습니다. 유일한 예외는 진행자 촉진자가 서클의 건강한 기능을 유지하기 위해 필요한 경우 말하기 소품 없이 말할 수 있다는 것입니다. 참여자는 말하기 소품을 넘기거나 짧은 시간 동안 들고 있으면서 잠시의 침묵을 유도함으로써 말하지 않기로 선택할 수 있다는 것을 강조하세요.

- 말하기 소품의 첫 번째 라운드에, 참여자들이 대화의 기초로 삼고 싶은 가치들을 식별하도록 초대하세요. 그룹은 정직, 존중, 경청, 개방성, 신뢰, 또는 연민과 같은 핵심 단어들을 식별할 가능성이 높습니다. 참여자들에게 이 가치들을 종이 접시에 쓰고 서클 중앙 주변에 놓도록 초대하세요.

- 사람들이 이러한 가치들과 자신을 일치시키는 데 도움이 될 우리들의 약속Guidelines을 개발하는 것의 중요성을 설명하세요. 예를 들어, 우리들의 약속으로서 사적 이야기 보호는 정직, 존중, 그리고 신뢰의 가치를 지지할 것입니다. 사람들이 그들의 진실을 말할 수 있는 장소로서의 서클의 중요성을 설명하세요. 그런 다음 말하기 소품을 다시 원을 돌리며 참여자들에게 서클을 그들이 진실을 말할 수 있는 장소로 만드는 데 도움이 될 다른 참여자들로부터 받고 싶은 약속들을 식별하도록 요청하세요.

- 제안된 우리들의 약속들을 플립차트나 메모장에 기록하세요. 라운드가 끝날 때, 그룹에게 목록을 읽어주세요. 그룹에게 그들의 과정에 대해 이 우리들의 약속들에 전념할 수 있는지 물어보세요. 개별적으로 응답하도록 말하기 소품을 다시 전달하세요. 만약 동의가 없다면, 모두가 받아들

일 수 있도록 지침을 수정하기 위해 노력하세요.

- 서클에 대한 시간 매개변수time parameters가 있다면, 그것이 무엇인지 설명하세요. 매우 큰 서클과 마찬가지로, 참여자들에게 이것들을 염두에 두고 모두가 이야기할 기회를 가질 수 있도록 책임질 것을 요청하세요. 만약 브레인스토밍 형식으로 지침을 생성하는 것이 시간을 절약한다면, 이것도 하나의 옵션입니다. 그러나 시간에 대한 실용적인 우려만큼이나 중요한 것은, 경험 있는 진행자들은 서클에서 말하는 사람에게 너무 빨리 개입하는 것에 대해 신중을 기하는 경향이 있다는 것입니다. 진행자들은 전형적인 촉진자의 역할을 하지 않습니다. 서클의 라운드는 그들만의 리듬을 가

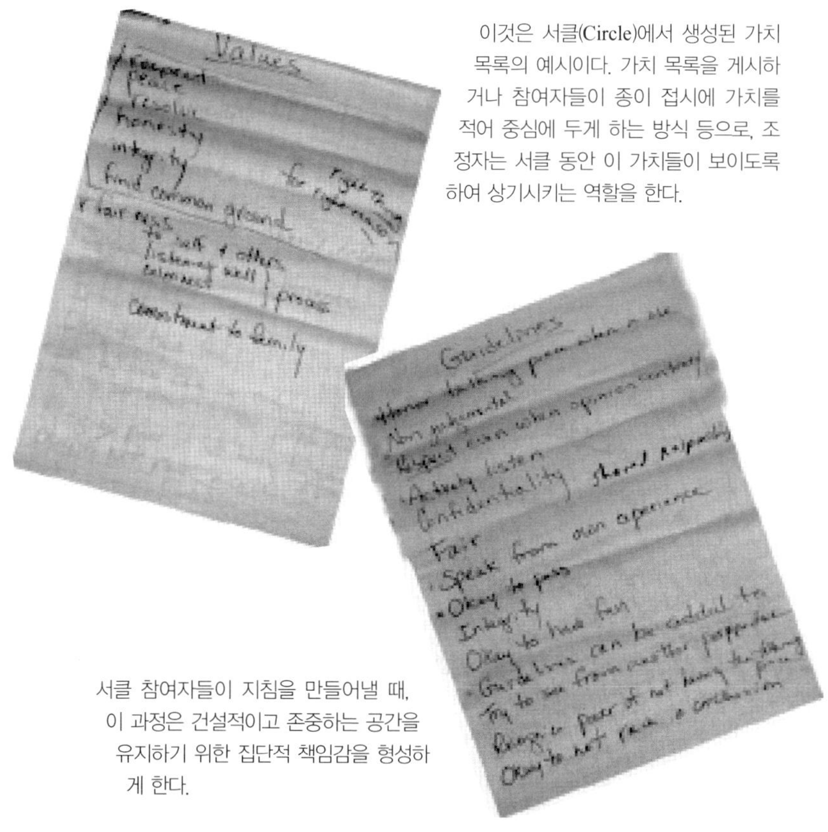

이것은 서클(Circle)에서 생성된 가치 목록의 예시이다. 가치 목록을 게시하거나 참여자들이 종이 접시에 가치를 적어 중심에 두게 하는 방식 등으로, 조정자는 서클 동안 이 가치들이 보이도록 하여 상기시키는 역할을 한다.

서클 참여자들이 지침을 만들어낼 때, 이 과정은 건설적이고 존중하는 공간을 유지하기 위한 집단적 책임감을 형성하게 한다.

지고 있는 것 같습니다. 더욱이, 진행자들이 서클 구성원들이 이러한 문제들을 스스로 다루도록 공간을 허용하면, 참여자들은 모든 것을 진행자에게 의존하는 것이 덜해지고, 공동 진행자로서의 그들의 역할에 점차적으로 더 많이 들어서게 됩니다. 이것은 자연스럽게 커뮤니티를 구축합니다.

이러한 단계들은 이야기 서클 프로세스의 기초를 다집니다. 그들이 이미 서로를 알지 않는 한, 참여자들은 모두가 누구인지 또는 왜 참석했는지 알기 전에 서클 대화에 참여하게 됩니다. 이것은 의도적인 것입니다. 이는 사람들이 그들의 직업적 또는 지적 역할, 그리고 참석 이유와 같은 직함이나 꼬리표에 기반한 가정을 하지 않고 상호작용하도록 합니다.

다음으로, 말하기 소품을 사용하여, 참여자들이 서로를 이미 알고 있더라도 소개 돌아가며 말하기를 시작하세요. 참여자들에게 그들이 누구인지 말하는 것 외에 대답할 질문을 제시하세요. 이 질문은 사람들이 주제를 논의하기 시작하기 전에 서로에 대해 더 많이 알도록 돕기 위한 것입니다.

참여자들에게 이렇게 물을 수 있습니다. "이 커뮤니티의 일원이 된 지 얼마나 되었나요?" "이 커뮤니티는 당신에게 어떤 의미인가요?" "어떤 삶의 경험이 당신을 이 주제에 관심을 갖게 했나요?" "어렵거나 논란이 되는 주제에 대해 이야기해 본 경험은 무엇인가요?" 이 질문의 한 가지 목적은 참여자들이 주제에 대해 매우 다른 의견을 가지고 있을지라도, 그들이 공통적으로 가지고 있는 것을 보도록 돕는 것입니다. 이 돌아가며 말하기에서, 서클 진행자는 먼저 이야기하고 참여자들에게 초대하는 나눔의 종류를 모범으로 보여줍니다.

소개 돌아가며 말하기 후, 참여자들은 당면한 이슈에 참여할 준비가 됩니다. 각 돌아가며 말하기 전에, 서클 진행자는 대화를 시작할 질문을 제시합니다. 서클 진행자가 말하기 소품을 받을 때, 그는 동등한 참여자로서 이야기합니다. 각 돌아가며 말하기 후에, 서클 진행자는 요약 의견을 말하고, 이는 다음 돌아가며 말하기를 위한 질문으로 이어집니다. 이 단계에서 서클 진행자의 역할은 다음을 포함합니다.

- 참여자들이 이슈에 대한 그들의 생각과 감정을 공유하도록 초대하는 질문으로 주요 주제에 대한 대화를 시작하세요. 그룹에게 질문을 제시하고, 응답을 위해 말하기 소품을 전달하세요. 이 돌아가며 말하기에서는 일반적으로 서클 진행자가 마지막에 말하는 것이 가장 좋습니다.
- 이전 돌아가며 말하기에서 다른 사람들로부터 들은 것에 대해 응답하도록 말하기 소품을 다시 전달하세요.
- 말하기 소품의 추가적인 전달을 위한 시간이 있다면, 이전 돌아가며 말하기에서 나타난 주요 대화의 흐름을 따르는 질문들을 구성하세요.
- 만약 사람들이 전통적인 토론 습관으로 되돌아간다면예를 들어, 그들이 끼어들거나, 말하기 소품 없이 말하거나, 어떤 식으로든 무례하게 군다면, 이슈에 대한 대화를 중단하고 우리들의 약속을 다시 살펴보세요. 참여자들에게 우리들의 약속에 다시 전념할 수 있는지 또는 어떤 변경이 필요한지 물어보세요.
- 상황이 필요로 한다면, 서클 후에 취해야 할 단계들을 식별하세요. 누가

무엇을 할 것인지, 어떻게 할 것인지, 그리고 누가 이러한 활동들을 지원하기 위해 후속 조치를 취할 것인지에 대해 동의하세요.

- 서클 종료 시간 약 10~15분 전에, 좋은 방식으로 대화를 마무리하기 위해 말하기 소품을 다시 전달하세요. 참여자들에게 서클 경험에 대해 어떻게 느끼는지 물어보거나, 마지막 발언을 하도록 초대하세요. 남은 시간을 알려주고 그에 따라 발언 속도를 조절하도록 격려하세요. 그룹이 크다면, 그들이 계산하도록 도우세요. 예를 들어, 20명의 참여자가 10분 안에 발언하려면, 각 사람은 약 30초의 시간이 있습니다.

- 당신의 관점에서 경험을 요약하는 마무리 발언을 제공하세요. 예를 들어, 서클의 원래 목적과 관련하여 무엇이 표현되었는지 식별하고, 당신이 무엇을 배웠는지 설명하며, 존중하는 공간을 만들고 유지한 그룹의 성취를 기리세요. 모든 사람의 참여와 존중하는 과정에 대한 헌신에 감사하세요.

- 과정의 끝을 알리는 마무리를 진행하세요. 좋은 마무리 의식은 사람들에게 그들의 상호 연결성을 상기시키고 상황의 긍정적인 잠재력을 강조합니다. 짧은 감동적인 낭독, 그룹의 존재와 기여를 기리는 인용문, 논의된 주제와 관련된 몇 문장, 음악, 또는 잠시의 침묵의 성찰: 이 모든 것이 서클을 마무리하는 좋은 방법입니다.

우리는 샘플 마무리를 공유하고 싶습니다. 이 인용문은 유명한 유대계 헝가리–미국인 탈출 예술가이자 회의론자인 해리 후디니Harry Houdini, 1874–1926의 말로 전해집니다.

모든 존재는 노래를 가지고 있습니다. 그것은 이 행성을 온전하게 기능하도록 하는 소리와 빛의 그물망 일부입니다. 고래, 나무, 그리고 인간은 노래를 가지고 있습니다. 인간이 그들의 마음속으로 완전히 들어갈 때, 지구는 우주의 주요한 마음의 중심으로서 기능하기 시작할 것입니다. 우리가 사랑하고, 연민을 가지고, 신뢰하고, 존중할 때, 우리는 노래를 부르고 있는 것입니다. 그것은 인간의 귀에는 들리지 않을 수도 있지만, 이 행성을 기능하게 만드는 하나의 조화입니다.

4단계: 후속 조치

기획 과정에서, 이야기 서클 후 필요한 후속 조치는 서클의 목적에 따라 달라질 것입니다. 예를 들어, 서클의 의도가 더 큰 기획 과정에 의견을 제공하는 것이라면, 후속 조치는 이야기 서클의 요약을 기획의 다음 단계로 가져가는 것입니다. 이 요약은 서클에 참석한 모든 사람들에게도 제공되어야 합니다. 후속 조치의 또 다른 부분은 참여자들이 계획이 발전함에 따라 그것을 추적할 수 있는 방법을 제공하는 것입니다. 어떤 후속 조치가 필요하든, 서클이 끝나기 전에 무엇을 해야 하고 누가 그것을 할 것인지 결정하는 것이 중요합니다.

서클 진행자로서, 당신은 참여자들로부터 프로세스에서 무엇이 그들에게 효과가 있었고 무엇이 그렇지 않았는지에 대한 피드백을 구하고 싶을 수 있습니다. 서클 후, 진행자로서 당신의 역할에 대해 개인적으로 성찰하는 것은 당신의 기술을 발전시키는 데 도움이 됩니다. 공동 진행자나 지원자와 함께 평가하는 것은 팀으로서의 능력을 다듬습니다. 서클을 정기적으로 사용하는 사람들에게, 서클은 지속적인 학습의 원천이 됩니다.

이러한 단계들은 일반적인 가이드로 제공됩니다. 서클은 엄격하지 않습니다. 그러나 특정 요소들은 필수적입니다. 시작과 마무리 의식, 말하기 소품의 사용, 그리고 우리의 약속들의 생성입니다. 약간의 변경을 통해, 이와 동일한 단계들은 축하 서클, 커뮤니티 형성 서클, 또는 간단하고 명확한 목적을 가진 다른 서클들에도 사용될 수 있습니다.

갈등 서클과 의사결정 서클도 기획에 매우 유용합니다. 하지만 다시 한번 강조하지만, 이러한 유형의 서클 진행자들은 적절한 서클 훈련을 받는 것이 중요합니다. 서클 방식은 이러한 목적들이 수반하는 복잡성과 감정적 강도를 다루는 여러 가지 방법을 제공합니다.

8

모든 것은 결국 호수로 흘러들어간다: 수질에 대한 갈등

우리는 캐나다 온타리오주에서 있었던 우리 자신의 경험을 공유하고자 합니다. 우리는 시 차원에서 수질에 대한 갈등을 다루기 위해 서클을 도입하고 싶었고, 그래서 케이(Kay)를 초대하여 서클 훈련을 하고 그 과정을 통해 우리를 멘토링해 달라고 부탁했습니다. 이것이 우리의 이야기입니다.

휴런호 남부 해안을 따라 블루워터 지역에서는 수년 동안 수질이 뜨거운 이슈였습니다. 지역 커뮤니티부터 전국 언론까지 모든 이들이 이 논쟁에 휩싸였습니다. 호숫가 주민들은 농부들이 휴런호로 이어지는 수로를 오염시키고 있다고 비난했습니다. 그들은 거름을 뿌리고 살충제를 살포하는 농업 관행에 반대했습니다. 이에 맞서 농민 커뮤니티는 호숫가 주민들의 부실한 정화조 시스템과 마을의 하수 우회 시설 설치를 비난했습니다. 호숫가 주민들은 농민들과 관계를 맺지 않았고, 농민들도 호숫가 주민들과 관계를 맺지 않았습니다. 두 커뮤니티는 분열되었습니다. 서로에 대한 이해가 거의 없었습니다. 서로 소통할 수 없게 되자, 양측은 소송을 위협하기 시작했습니다. 수사rhetoric는 더욱 거세졌습니다. 대화를 위한 공식적인 메커니즘이 없는 상황에서, 긍정적인 결과에 도달할 잠재력을 보는 사람은 거의 없었습니다.

우리는 이 갈등을 해결할 방법을 찾아야 한다는 것을 인식하고, 서클을 도입하기 위한 프로젝트를 시작했습니다. 우리가 배운 바에 따르면, 서클은 다른 방식으로 건설적으로 상호작용하지 않을 수도 있는 사람들 사이에 대화를 위한 공간을 만듭니다. 이는 위험을 감수하는 일이었습니다. 우리 지역에서는 아무도 서클에 대해 들어본 적이 없었기 때문입니다. 그럼에도 불구하고, 이 과정은 대부분의 사람들이 이제 냉소적인 태도를 보이는 일반적인 조정 과정과는 다른 무언가를 제공했습니다.

우리는 커뮤니티 그룹들과 관계를 형성하고 대화를 시작해야 했습니다. 그래서 우리는 지역 농업 연맹, 지역 시 당국, 그리고 별장 협회와의 회의에서 서클 방식에 대해 논의했습니다. 사람들은 망설였지만, 그럼에도 불구하고 지지를 보냈고 자원봉사자들이 서클 훈련에 참여하도록 보내는 데 동의했습니다.

우리는 외부 서클 트레이너인 케이 프라니스Kay Pranis를 초청하여 양측호숫가 주민들과 농업 커뮤니티에서 온 자원봉사 커뮤니티 구성원들을 훈련시켰습니다. 또한 다양한 정부 수준과 기타 기관의 직원들도 훈련에 참여하도록 초대했습니다. 우리는 커뮤니티가 서클 사용에 있어 자립하는 것이 중요하다고 믿었습니다. 그리고 우리는 서클이 외부"전문가"가 아닌 지역 커뮤니티 구성원들에 의해 주도되기를 원했습니다. 우리는 훈련을 받은 사람들 중 일부가 자신의 커뮤니티에서 서클을 조직하는 데 자원하고, 그들을 "공동으로 진행co-keep"하는 데 동의하기를 바랐습니다. 그리고 그들은 그렇게 했습니다.

훈련에 이어 우리는 네 번의 서클을 개최했습니다. 두 번은 농촌 및 농업 거주자들과 함께, 두 번은 호숫가 거주자들과 함께했습니다. 별도의 서클을 개최함으로써 각 그룹은 그들 자신의 커뮤니티와 물과의 관계에 대한 그들 자신의 인식과 견해를 탐색할 수 있었습니다. 이러한 초기 서클에서 참여자들은 자신들을 정당화하거나 변호할 필요가 없었습니다. 5~10명으로 구성된 각 서클

호숫가 주민, 농부, 계획가들이 서클 프로세스에 참여하여 자신들의 차이와 갈등을 건설적인 방식으로 풀어나가려고 했다.

에서, 참여자들은 그들 커뮤니티 수질에 대한 우려를 식별했습니다. 그런 다음 그들은 플립차트에 그들의 우려 목록을 작성했습니다.

두 번째 서클 세트에서, 이 목록들은 반대 그룹의 서클이 만든 목록들과 교환되었습니다. 이 서클들에서, 우리는 각 그룹에게 상대방 그룹의 목록에 대한 그들의 반응에 대해 물었습니다. "목록에 있는 어떤 것이 그들을 놀라게 했는가?" 이 서클들은 별도로 개최되었기 때문에, 각 그룹은 그들 자신의 그룹 내에서의 다양한 관점을 경험할 수 있었습니다. 그들은 그들 모두가 같은 생각을 하는 것이 아니라는 것을 깨달았습니다. 이 깨달음은 "우리"와 "그들"이라는 용어로 이야기하려는 경향을 완화하는 데 도움이 되었습니다. 또한 "우리"는 모두 한 가지 견해를 가지고 있고, "그들"은 모두 다른 견해를 가지고 있다는 생각을 깨뜨렸습니다. 목록을 교환함으로써, 참여자들은 여전히 그들 자신의 그룹의 "안전" 내에서, 양쪽 그룹이 가지고 있던 일부 우려를 인정할 수 있었습니다. 그들은 또한 상대방 그룹의 우려에 대해 가질 수 있었던 인식을 재고하기 시작했고, "타인"에 대한 그들의 지식을 확장했습니다.

반대 그룹들을 위한 이러한 별도의 서클을 개최한 후, 우리는 통합 서클을 조직했습니다. 이 서클의 목적은 두 커뮤니티의 사람들을 함께 모아 이슈들을 더 온전히 탐구하고 이해하는 것이었습니다. 목적은 이슈를 해결하려는 것이 아니었습니다. 회의 전에 모두가 진정한 우려와 걱정을 가지고 있었습니다. 우리는 누가 나타날지, 그리고 사람들이 어떻게 상호작용할지 궁금했습니다. 각 커뮤니티에서 온 두 명의 자원봉사 서클 진행자들은 그들의 역할에 대해 긴장했습니다. 그들은 그렇게 양극화된 사람들이 그들의 강한 견해와 잠재적으로 강렬한 감정을 표현할 수 있도록 공간을 유지할 수 있을까? 그들은 평소에 발언 시간을 지배하는 사람들이 올 것이고, 다른 사람들은 회의에서 절대 말하지 않는 사람들이 올 것이라는 것을 알았습니다. 그들의 크고 유일한 희망은 서클 방식이 이것을 관리하고 모두에게 다른 경험을 생성할 것이라는 것이었습니다.

그날 저녁, 약 25명의 사람들이 나타났습니다. 우리는 모두 함께 저녁을 먹었습니다. 그런 다음 우리는 앞에 테이블이 없는 원으로 모였습니다. 비록 각 별도의 그룹이 이전에 그들의 가치와 우리들의 약속을 논의했었지만, 우리는 통합 그룹으로서 이러한 연습들을 다시 거쳤습니다. 이것은 매우 중요했습니다. 모두가 논의를 이끌어갈 기본 가정에 동의해야 했습니다. 그들은 상황이 잘못될 경우 어디로 향할 수 있는지 알아야 했습니다.

저녁이 끝날 무렵, 모두의 놀라움과 안도감 속에, 서클 방식은 그 도전을 충족시켰습니다. 사람들은 심도 있고 열정적인 대화를 경험했습니다. 그들은 그들의 커뮤니티를 분열시켰던 이슈들에 대해 극도로 다른 의견들을 표현했습니다. 그러나 서클 방식 때문에 모든 것이 존중하는 방식으로 그리고 "좋은 방식으로" 표현되었습니다. 한 사람은 말했습니다.

> 제가 참석했던 다른 회의들과 이 회의가 얼마나 달랐는지 생각하지 않을 수 없습니다. 우리 각자는 이슈에 대해 번갈아 가며 이야기했습니다.… 제 생각에 우리 모두 편안함을 느꼈습니다. 다른 사람들이 경청하고 있고, 제가 판단받지 않는다고 느꼈습니다. 저 자신이 매우 어려운 문제였던 것에 대한 깊은 우려를 나누고 있는 것을 발견했습니다.

모두는 그들이 방금 경험한 것에 진심으로 놀라며 떠났습니다. 그들은 미래에 더 많은 서클 대화를 기대했습니다. 이 과정은 그들이 얼마나 분열되었었는지에도 불구하고, 함께 어떤 사람이 될 수 있는지에 대한 희망을 주었습니다. 그리고 그들이 이 프로세스를 계속한다면, 앞으로 어떤 긍정적인 해결책에 도달할 가능성에 대한 희망을 주었습니다. 그들은 아직 그곳에 도달한 것은 아니었지만, 적어도 그들이 어떻게 그곳에 갈 수 있는지에 대한 비전을 가졌는데, 이는 그들이 이전에 가지지 못했던 것이었습니다.

다음 주에, 우리는 서클 진행자 중 한 명으로부터 전화를 받았습니다. 이 서클이 있은 지 며칠 후, 지역 농가에서 대규모 거름 유출 사고가 발생했습니다. 이것을 다루기 위해 서클을 조직해야 할까? 다음 며칠 동안, 우리는 이 옵션과 유출 사고로 제기된 법적 문제들을 논의했습니다. 환경부는 법적 조치를 향해 나아가고 있었습니다. 우리는 소송이 계류 중일 때 사람들이 이슈에 대해 말

하는 것의 법적 문제에 대해 우려했습니다. 또한, 우리가 커뮤니티와 이 이슈를 다룰 경험이나 자신감이 있는지 몰랐습니다. 기획자로서의 우리의 전문적인 역할을 고려하여, 우리는 직접적으로 개입하지 않기로 결정했습니다. 그러나 우리는 공동체 자원봉사 서클 진행자들에게 그들이 계속 진행하기로 결정한다면 우리의 개인적인 지지를 받을 것이라고 말했습니다. 결국, 아무도 서클을 소집하지 않았습니다. 법적 절차가 진행되었습니다. 그리고 결과적으로 커뮤니티는 더 양극화되었습니다.

1년 후, 우리는 케이를 다시 초대하여 원래 훈련을 받았던 일부 사람들을 다시 모을 수 있었습니다. 우리는 그들에게 훈련 이후 서클 방식에 대한 그들의 경험을 성찰해달라고 요청했습니다. 우리는 그들이 과정에 대한 그들의 인상과 그들이 그들 자신의 맥락에서 서클을 사용했던 방식들을 듣고 싶었습니다. 이 서클 모임은 우리에게 많은 통찰력을 주었습니다.

어떤 사람들은 우리가 거름 유출 문제에 대해 서클을 개최하지 못했던 것에 사료 공급지(대규모 축산 시설)는 지역사회에 여러 문제를 낳는다: 악취, 환경 오염, 축분 문제. 사료 공급지는 매우 논란이 많았으며 심하게 양극화되고 감정적으로 격앙된 분쟁을 야기해왔다. 이러한 분쟁의 심각성은 도시 계획가들에게 어려운 과제를 던진다.

대해 실망감을 느꼈습니다. 그들은 이전 서클들에서 발전했던 선의와 소통의 일부가 상실되었을 수도 있다고 우려했습니다. 다른 이들은 그들의 삶의 다른 영역에서도 서클 방식을 계속 사용하려고 노력하겠다는 헌신을 표현했습니다. 또 다른 이들은 수질 문제에 대해 이제 그렇지 않았을 때보다 더 건설적인 대화가 일어나고 있다고 관찰했습니다. 한 여성은 말했습니다. "많은 수질 문제의 근본에는 농촌 사람들이 세상을 보는 방식과 도시 사람들이 세상을 보는 방식에 진정한 차이가 있다는 것을 알게 되었습니다."

이러한 이슈들에 대해 이야기하기 위해 서클을 사용할 가능성은 여전히 남아 있습니다. 한 사람이 말했듯이, "우리는 사물을 같은 방식으로 보지 않으며, 왜 우리가 그렇지 않은지에 대해 이야기해야 합니다." 많은 사람들이 서클이 결코 끝나지 않는 지속적인 과정이라는 깨달음을 공유했습니다. 우리가 서로 가져야 할 가장 중요한 대화는 오랜 시간 동안 계속되어야 하는 대화입니다.

서클 방식을 이렇게 사용하는 것은 깊이 뿌리내리고 복잡한 커뮤니티 갈등에 대해 깔끔한 해결책을 가져오지 못했습니다. 대신, 많은 다른 수준에서 대화가 계속될 공간을 열었습니다. 그리고 그렇게 크게 열렸던 그 공간이 곧 좁아진 것처럼 보였을지라도, 훈련된 자원 봉사자들과의 후속 서클은 커뮤니티 내의 태도가 얼마나 많이 변했는지 보여주었습니다. 서클은 더 나은 대화를 위한 잠재력을 만들었습니다. 그 경험은 양측이 서로를 보는 방식에 변화를 가져왔습니다. 이제 커뮤니티 구성원들은 이슈의 양측에서 온 사람들을 단계적으로 어떻게 함께 모을지 알았습니다. 그리고 그들은 이 도구를 다른 우려와 그들 삶의 다른 영역에서도 사용할 수 있다는 것을 알았습니다. 1년 후의 그들의 성찰과 반응은 그들이 서클의 힘을 경험했음을 나타냅니다. 그것은 그들과 그들의 커뮤니티를 변화시켰고, 그들은 서클을 그들 삶의 중요한 부분으로 계속 사용하기를 원했습니다.

9

가능성 탐색:
기획에서 서클을 사용하는 잠재력

서클은 두 가지 중요하면서도 뚜렷한 방식으로 기획 관행에 기여할 수 있습니다. 첫째, 서클 방식은 커뮤니티를 참여시키는 혁신적인 방법을 제공합니다. 서클은 깊은 분열을 넘어 신뢰를 구축할 수 있습니다. 그리고 커뮤니티를 형성합니다. 모든 사람이 의사결정 과정에 참여하기 때문에, 모든 사람이 일이 어떻게 진행될지에 대한 책임을 공유합니다.

둘째, 서클 방식은 기획자들이 대중과 그들의 기획 역할을 상당히 다르게 생각하도록 유도합니다. 서클의 일부 측면은 보다 전통적인 접근 방식에 기여할 수 있습니다. 하지만 더 깊은 차원에서, 서클은 우리가 업무에 접근하는 방식에 철학적인 변화를 촉진합니다. 기획자들은 커뮤니티를 매우 다른 방식으로 보게 됩니다. 그 결과, 우리는 우리가 봉사하는 대상인 대중과 다르게 상호작용하게 됩니다.

그러나 서클을 사용하는 것은 전부 아니면 전무의 문제가 아닙니다. 서클 프로세스의 한두 가지 구성 요소만으로도 더 전통적인 맥락에서 대화를 심화시키고 많은 이점을 가져올 수 있습니다. 이 장에서는 기획자들이 서클 방식을 온전히 적용하거나 일부 요소를 차용하여 사용하는 방법을 설명합니다. 또한 이 두 접근 방식이 기획자들이 대중을 참여시키기 위해 사용하는 일부 전통적인 방법들을 어떻게 향상시킬 수 있는지 탐색합니다.

기획자들이 사용할 수 있는 서클의 스펙트럼

기획자들은 대중을 참여시키기 위해 많은 기술을 활용합니다. 법적 요건, 물류, 정치, 개인적 선호, 상황: 이것들은 우리가 대중을 기획 과정으로 끌어들이는 방법을 선택할 때 고려하는 요소들 중 일부입니다. 모든 경우에, 기획자들은 특정 필요나 상황에 가장 효과적이고 적절하다고 믿는 도구나 접근 방식을 찾아야 합니다. 대체로 기획자들은 이 목표에 동의합니다. 우리는 대중이 우리 모두에게, 어쩌면 여러 세대에 걸쳐 영향을 미칠 결정을 내리는 데 의미 있는 방식으로 참여하도록 돕고 싶어 합니다. 이것은 더 좋고, 모두에게 더 만족스러운 결과를 낳기 때문에 당연한 일입니다. 서클 방식은 기획자들이 널리 탐

계획 수립에 있어서 서클의 종류와 적용

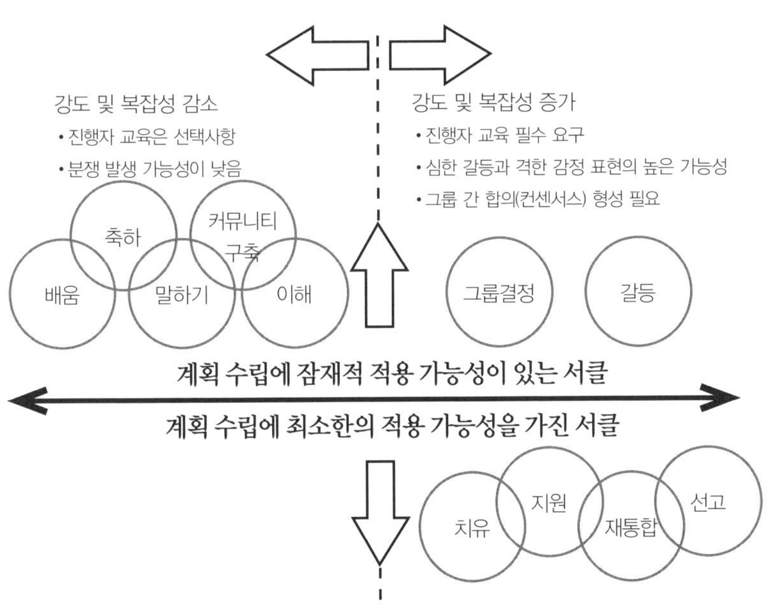

구하지는 않았지만, 매우 심오한 이점들을 가져올 약속을 가지고 있는 한 가지 기술입니다.

5장에서 우리는 몇 가지 다른 종류의 서클을 설명하고 그 사용 이유에 따라 어떻게 다른지 설명했습니다. 서클이 매우 유연하고 강력하다는 사실은 이러한 용도와 많은 다른 용도들을 가능하게 합니다. 왼쪽 도표는 11가지 다른 종류의 서클을 보여줍니다. 그중 7가지는 기획에 명확한 적용 가능성이 있습니다. 나머지 4가지는 기획 맥락에서 사용될 가능성이 적습니다.

이 그림은 또한 서클의 종류를 강도와 복잡성의 스펙트럼을 따라 정리합니다. 강도와 복잡성이 더 높은 서클은 갈등의 잠재력이 더 크기 때문에 더 많은 훈련과 경험을 가진 서클 진행자를 필요로 합니다. 훈련은 진행자에게 중재자로서 더 나은 기술을 제공하는 것이 아닙니다. 오히려, 그 목표는 그들이 서클 프로세스 자체가 어떻게 갈등을 해결하는지 이해하도록 돕는 것입니다. 본질적으로, 서클 진행자들은 서클을 신뢰하는 방법, 따라서 개인적인 중재자로 개입하지 않는 방법을 배웁니다.

우리가 덜 강렬하고 복잡하다고 설명하는 서클의 종류는 더 일상적인 이슈들을 다룹니다. 이러한 서클들은 예측 불가능한 것에 직면하거나, 갈등을 해결하거나, 동의 결정으로 나아가는 것을 목표로 하지 않습니다. 이러한 서클의 역학은 더 간단하고, 관련된 감정은 보통 덜 도전적입니다. 비록 서클 훈련이 항상 도움이 되지만, 이러한 서클의 진행자들은 공식적으로 훈련받을 필요가 없습니다.

결과적으로, 기획자들은 공식적인 서클 훈련 없이도 이러한 유형의 서클을 쉽게 진행할 수 있습니다. 당연히, 그들은 말하기 소품 사용, 가치 논의, 그리고 지침에 대한 동의와 같은 서클의 핵심 요소들에 기반을 두어야 합니다. 그리나 이러한 기본 사항만으로도, 기획자들은 서클을 사용하는 온갖 방법과 이 과정을 그들의 전문적인 관행에 통합하는 방법을 곧 발견할 수 있습니다. 그렇습니다, 12장에서 논의하겠지만, 도전 과제와 주의해야 할 점들이 있을 것입니다. 하지만 기획자들이 더 간단한 용도부터 시작한다면, 서클이 어떻게 작동하는지에 대한 이해는 자연스러운 방식으로 성장할 수 있습니다. 과정에 대한 자신감이 구축될 것이고, 이것은 더 도전적인 상황에서 서클을 사용하는 좋은 토대를 마련할 것입니다.

덜 강렬하거나 복잡한 서클

덜 강렬하고 복잡할 가능성이 있는 서클에는 축하, 이야기, 커뮤니티 형성, 학습, 그리고 이해 서클이 포함됩니다. 우리는 이러한 서클들을 별개의 것으로 설명하지만, 그들의 목적은 종종 겹칩니다. 한 가지 이유로 개최된 서클이 여러 목적을 달성하는 것으로 끝날 수 있습니다. 다음은 각 유형의 서클이 기획에 어떻게 사용될 수 있는지에 대한 몇 가지 예시입니다.

축하 또는 경의 표하기 서클 (Celebration or Honoring Circles). 축하 서클은 단연코 사용하기 가장 쉽습니다. 한 기획 사무소는 개인적인 성취, 누군가의 은퇴, 또는 상 수상을 축하하기 위해 서클을 개최할 수 있습니다. 기획자들은 또한 커뮤니티의 성취를 축하하기 위해 서클을 사용할 수 있습니다. 예를 들어, 오리건주에서 저소득층 가정을 위한 주택을 지은 후, 〈인간을 위한 숙소 Habitat for Humanity〉 자원봉사자들과 가족들은 이 성취를 축하하기 위해 서클에 함께 모였습니다. 집 열쇠를 말하기 소품으로 사용하여, 사람들은 그 경험이 그들에게 어떤 의미였는지 나누었습니다.

대화 서클 (Dialogue Circles). 대화 서클은 다양한 견해를 한데 모으고 사람들이 그들의 생각과 지식을 나눌 수 있는 안전한 공간을 제공합니다. 동네 계획을 개발하는 작업은 이 유형의 서클이 어떻게 사용될 수 있는지에 대한 좋은 예시를 제공합니다. 한 커뮤니티를 위한 계획을 만드는 초기 단계 동안, 기획자들은 주민들을 동료 공동체 구성원의 집으로 초대하여 일반적인 기획 이슈에 대해 이야기하도록 했습니다. 많은 회의가 커뮤니티 전체에서 열렸습니다. 주민들이 주방 테이블이나 거실에 앉아 그들의 커뮤니티가 어떻게 변했는지에 대해 이야기하고 미래에 대한 희망을 나누었습니다. 이러한 논의는 주민들이 기획 과정과 연결되고, 그 한계와 잠재력에 직면하며, 그것이 그들의 삶에 얼마나 많은 영향을 미치는지 깨닫는 데 도움을 주었습니다.

학습 서클 (Learning Circles). 기획 학교들은 서클을 사용하여 공공 맥락에서 이 프로세스가 어떻게 작동할 수 있는지 시연할 수 있습니다. 학습 서클은 기획에서 특히 중요한 역할을 할 수 있습니다. 커뮤니티 구성원들이 특정 기술적 또는 전문적 정보가 부족할 때, 그들의 지식 부족은 그들이 대화에 온전히 참여하는 것을 방해합니다. 학습 서클은 공정한 경쟁의 장을 만드는 데 도움을 줍니다. 기획자들은 이러한 서클을 사용하여 커뮤니티 구성원들에게 효과적으로 참여하는 데 필요한 정보를 제공할 수 있습니다. 예를 들어, 한 기획자는 환경 전문가를 초대하여 논의 중인 주제에 대한 몇 가지 기본 사항을 그룹에 가르치도록 할 수 있습니다. 그러면 참여자들은 새로운 정보를 성찰하고 그들 자신의 경험과 관련지을 수 있습니다. 서클은 또한 그룹의 자연적인 지혜를 이끌어낼 수 있습니다.

여기 학습 서클이 유용했을 예시가 있습니다. 한 농촌 커뮤니티에서, 한 소

학습 서클은 참여자들에게 공유된 정보 기반에서 작업할 수 있는 능력을 부여한다.

고기 농부가 여러 주택 부지 옆의 비어 있는 채소 밭에 소의 고체 거름을 방수포로 덮어 쌓아두고 있었습니다. 이웃들은 파리와 냄새에 대해 시 당국에 불평하기 시작했습니다. 커뮤니티 긴장이 고조되었습니다. 갈등은 농업 기술자가 불려와 상황을 검토한 후에야 해결되었습니다. 그는 농부가 거름으로 하고 있는 일이 적절하며, 그것이 퇴비화에 대한 합법적인 접근 방식이라고 설명했습니다. 학습 서클은 주민들에게 농업 관행에 대한 더 큰 이해를 제공했을 것이고, 긴장은 훨씬 더 일찍 해결될 수 있었을 것입니다.

기획자 랜디 프렌치Randy French는 학습을 촉진하기 위해 서클 방식을 사용한 또 다른 경험을 설명합니다.

제가 선주민 커뮤니티와 함께했던 한 경험은 오지브웨이Ojibway 원로와 한 환경 컨설팅 회사 사이의 회의를 진행하는 것이었습니다. 컨설팅 회사는 선주민 문화에 대해 더 배우고 싶어 했습니다. 서클 방식을 통해, 원로는 그들의 모든 질문에 답할 수 있었습니다. 이 그룹은 약 30~40명으로, 서클로서는 더 큰 편이었습니다. 하지만 끝날 무렵, 모든 질문에 답이 되었습니다

학습 서클은 또한 공공 기획 과정에서도 학생들이 자료를 소화하고 프로세스를 직접 경험하도록 돕기 위해 사용됩니다. 대화 서클과 학습 서클은 상당히 유사합니다. 학습 서클은 단지 더 명확하게 정의된 의제를 가지고 있을 뿐입니다. 학습 서클에서 학생들은 주제에 더 깊이 들어가고, 새로운 지식을 그들의 삶과 통합하려는 경향이 더 강합니다. 기획 맥락에서, 학습 서클은 초청 연사의 발표 후에 그룹이 말해진 것을 통합하도록 돕기 위해 사용될 수도 있습니다.

커뮤니티 형성 서클 (Community-Building Circles). 이 서클들은 기획에서 수많은 적용 사례를 가지고 있습니다. 예를 들어, 두 그룹이 서클에 함께 모여 환경 프로젝트의 성공을 평가했습니다. 자금 조달이 지속적인 문제였기 때문에, 그들은 또한 프로젝트와 함께 다음 단계를 어떻게 할지 알아내고 싶었습니다. 비록 두 그룹이 매우 다른 방향성을 가지고 있었지만, 서클은 그들이 그들의 업무에 대한 옵션과 잠재적 방향을 탐색할 수 있도록 해주었습니다. 시작하기 위해, 그들은 프로젝트의 성공과 현재까지의 효과성에 대해 동의에 도달했습니다. 그런 다음 그룹은 프로젝트를 계속 진행하는 방법에 대한 여러 실질적인 해결책들을 식별했습니다. 이 경우, 서클은 참여자들이 정보를 공유하고 프로그램을 개선하기 위한 아이디어를 생성하도록 해주었습니다. 그 이상으로, 그들은 공통의 노력으로 차이점을 연결하는 것이 어떤 것인지 경험했습니다. 서클 경험을 통해 그들의 커뮤니티 의식이 확장되었습니다.

이해 서클 (Circles of Understanding). 서클은 우리가 서로를 이해하도록 돕는 데 큰 역할을 할 수 있습니다. 사람들은 다른 공적인 또는 심지어 사적인 공간에서는 거의 일어나지 않는 솔직함과 진정성으로 서클에서 이야기합니다. 예를 들어, 한 사례에서 농민들과 별장 소유자들이 공동체로서 만나 그들이 공유하는 일부 환경 문제에 대해 이야기했습니다. 호숫가 주민들 중 몇몇은 서클 경험이 있었고, 그래서 그들은 그룹이 일부 더 중요한 농업 문제들을 탐색하기 위한 지속적인 이야기 서클을 만들 것을 제안했습니다. 특히, 그들은 가축 거름이 농경지에서 어떻게 처리되고 가공되는지, 그리고 이러한 관행이 환경에 어떻게 영향을 미치는지 논의하고 싶어 했습니다. 그들의 요청은 물고기 폐사를 초래한 거름 유출 사고 이후에 나왔습니다. 그들이 서클 개최를 제안했을 때, 별장 소유자 그룹은 또한 농업 커뮤니티가 정부로부터 더 많은 지원을 얻도록 돕기 위해 함께 일하겠다는 예상치 못한 제안을 했습니다. 서클이 가능하게 한 이해의 장소에서, 그룹들은 모든 당사자가 가진 필요를 충족시키기 위해 함께 일하기 시작했습니다.

더 강렬하거나 복잡한 서클

우리가 설명했듯이, 서클을 개최하는 일부 이유는 감정과 이슈의 본질 모두에서 더 높은 수준의 강도와 복잡성을 포함합니다. 이러한 서클들은 노골적인 갈등을 다루거나, 갈등으로 이어질 수 있는 긴장들을 살펴볼 수 있습니다. 그러한 경우에, 감정은 강렬합니다. 사람들 사이의 대립은 언제든지 표면화될 수 있고, 이슈들은 쉬운 해결책을 제공하지 않습니다. 어떤 종류의 공공 과정에서든 어려운 대화를 진행하는 것은 경험을 필요로 하며, 이는 이러한 유형의 서클에도 마찬가지입니다. 서클 훈련은 서클 진행자들이 과정과 그 뒤에 있는 철학이 고통스럽거나 어려운 갈등을 다루기 위한 "공간을 유지"하는 방법을 이해하도록 돕습니다. 훈련을 통해, 서클 진행자들은 그러한 상황을 다룰 수 있는 서클의 방법을 다시 만들어낼 필요가 없습니다.

기획자들은 이러한 서클이 엄청난 도움을 줄 수 있는 많은 상황에 직면합니다. 두 가지 영역이 두드러집니다: 갈등이 해결되어야 할 때, 그리고 그룹이 결정을 내려야 할 때입니다.

갈등 서클 (Conflict Circles). 갈등은 공공 기획에 내재되어 있습니다. 기획 이슈에 대한 갈등은 종종 법원이나 다른 법정에서 끝납니다. 그러나 이러한 공식적인 갈등 해결 방식은 보통 승패의 결과를 낳습니다. 근본적인 이슈는 해결되지 않은 채로 남습니다. 한쪽은 불행하게 떠나고, 어쩌면 복수에 대한 분노를 품고 있을 수도 있습니다. 그들은 종종 결정된 것이 실패하기를 바랍니다. 승패의 결과는 커뮤니티를 구축하거나 좋고 장기적인 관계를 촉진하는 좋은 방법이 아닙니다.

조정, 협상, 그리고 서클은 갈등을 해결하는 덜 공식적인 방법을 제공합니다. 이러한 방법들은 관계 구축을 과정의 중심에 둡니다. 이러한 초점을 통해, 모두를 만족시키는 윈-윈 결과와 해결책의 잠재력은 훨씬 높아집니다. 관계를 구축하고 갈등의 뿌리에 도달하는 것: 이것들은 서클 방식의 핵심 특징이며, 왜 그것이 가장 어려운 갈등 중 일부를 해결하는 데 그토록 강력한 이유입니다. 예를 들어,

커뮤니티는 그 이슈로 인해 분열되었습니다. 수십 년 동안, 모든 사람들은 해변이 공공 재산이라고 가정했습니다. 해변에 직접 위

치하지 않은 별장 소유자들은 공공 보행로를 사용하여 지나다니며 전체 해안선을 즐겼습니다. 그러나 법적 판결이 해안가 별장 소유자들이 만조선까지의 해변을 소유하며, 다른 사람들의 접근을 거부할 수 있다고 판결했습니다. 이 판결은 한때 평온했던 이 커뮤니티를 분열시켰습니다. 주州 정부가 개입하여 양측을 함께 모으고 해결책을 찾기 위해 50만 달러를 변호사와 조정에 지출했습니다. 하지만 효과가 없었습니다. 이러한 상황은 서클을 사용하기에 완벽한 기회입니다.

집단 의사결정 서클(Group Decision-Making Circles). 이것은 기획에서 서클 방식의 가장 복잡하고, 어쩌면 가장 많은 자원 투입이 필요한 적용 사례일 수 있습니다. 그러나 이는 또한 기획자들이 그들의 가장 높은 목표를 달성하도록 돕는 가장 큰 잠재력을 가지고 있습니다. 1969년에 셰리 아른스타인Sherry Arnstein은 기획 과정에서 의사결정 권한을 재분배할 것을 주장했습니다. 그녀는 공공 기획이 영향을 받을 시민들을 참여시킬 때 성공할 최고의 기회를 가진다고 주장했습니다. 시민들은 쉬운 결정뿐만 아니라 기획자들이 내려야 하는 복잡하고 어려운 선택에서도 목소리를 내야 합니다. 서클은 그러한 시민 참여를 위한 수단을 제공합니다.

10장은 한 기획 그룹이 서클을 의사결정 과정에서 사용하여 선주민First Nation의 가치와 방식을 기반으로 교정 시설을 만든 예시를 제공합니다. 캐나다 온타리오주의 한 커뮤니티는 그들의 커뮤니티를 위한 공식 계획을 수립하는 초기 단계 동안 서클을 사용했습니다. 또 다른 지역에서는, 커뮤니티 구성원들이 서클에 함께 모여 그들의 기획 과정에 대해 대중에게 자문을 구하는 접근 방식을

한때 이 지역의 중심적인 조직 역할을 했던 자동차 및 트럭 공장이 문을 닫고 있다. 지역사회는 일자리 상실, 잔존 독성 물질, 그리고 가치 있는 토지를 어떻게 활용할 것인지 등 많은 문제와 어려운 결정에 직면해 있다. 이는 계획학적 질문을 제기한다: 지역사회는 이러한 모든 영향과 기회를 고려하면서 이렇게 복잡한 결정을 어떻게 내릴 수 있을까?

개발했습니다.

서클은 또한 대규모 기획 제안을 개발하는 데 사용될 수 있습니다. 물론, 많은 사람들이 관련된 경우 서클은 물류적으로 어려울 수 있습니다. 그러나 주최자들이 대규모 서클 사용에 익숙하지 않더라도, 서클은 여전히 과정에서 역할을 할 수 있습니다. 그들은 동시 또는 보완적인 서클에서 더 자세한 논의를 위한 공간을 만들 수 있습니다. 그리고 그들은 공청회에서 커뮤니티를 의사결정에 참여시키는 데 사용될 수 있습니다. 여기 서클이 창의적이고 강력한 방식으로 어떻게 사용되고 있는지에 대한 한 가지 예시가 있습니다.

배리 스튜어트(Barry Stuart)는 서클 방식의 현대적 사용에서 선구자입니다. 그는 기업과 기관뿐만 아니라 공공 및 민간 부문 문제들을 다루는 데 서클의 많은 측면들을 사용했습니다. 그는 현재 브리티시 컬럼비아의 연어 어업에 대한 협력적 관리 접근 방식을 개발하기 위해 퍼스트 네이션, 연방, 주, 그리고 시 정부, 상업적 어업 종사자, 레크리에이션 이해관계 그룹, 환경 NGO[비정부 기구] 및 기타 모든 이해관계자들을 포함하는 다자간 프로세스의 필수적인 부분으로 서클을 사용하고 있습니다.

이 도전 과제들은 거대하고 복잡합니다. 연어에 대한 수요는 증가하고 있는 반면, 특히 개발과 기후 변화와 같은 수많은 문제들로 인해 공급은 감소하고 있습니다. 너무 많은 생계, 생활 방식, 헌법적 권리, 그리고 역사적 관행이 걸려 있는 상황에서, 물고기와 사람들에게 지속 가능한 방법을 찾기 위한 투쟁에는 강렬한 감정과 강하게 고수되는 견해들이 스며들어 있습니다.

서클에서 만나면서, 참여자들은 많은 서클의 가치와 그 프로세스에 참여했습니다. 이렇게 함께 모이는 것은 동의를 구축하는 데 필요한 대화를 위한 안전한 장소를 만드는 데 도움이 되었습니다. 이러한 대화는 매우 다른 이해관계를 가진 사람들 사이에서 어떻게 대화를 가질지에 대한 탐색으로 시작되었습니다. 그런 다음 참여자들은 그들이 직면한 실질적인 이슈들을 다루기 위한 프로세스를 설계하는 데 착수했습니다. 특정 중요한 이슈들을 다루는 데 초점을 맞춘 작업 그룹으로 나뉨으로써, 그룹 전체는 진정으로 새로운 접근 방식들을 내놓고 있습니다. 신뢰가 구축됨에 따라, 연어 어업의 기획과 관리가 협력적으로 이루어질 수 있도록 정부 프로세스를 바꿀 동의가 달성될 수 있기를 희망합니다.

이 프로세스는 이해, 신뢰, 그리고 상호 존중에 기반한 새 로운 관계들을 구축했습니다. 가장 중요한 것은, 당사자들이 함께 일할 필요성을 인식하고 있다는 것입니다. 혁신적인 아이디어들이 나오면서, 그들은 함께 일함으로써 겉으로 보기에 해결 불가능해 보이는 문제들을 해결할 수 있을지도 모른다는 희망을 얻고 있습니다.

서클의 요소들을 다른 기획 과정에 적용하기

서클은 이야기를 나누고 다양한 사람들이 서로를 이해하기 위한 기반을 구축할 공간을 제공합니다. 서클은 또한 기획자들이 시민들과 관계를 맺는 방식에 변화를 촉진합니다. 기획자와 커뮤니티 사이의 이러한 관계 변화는 모두를 위한 환경을 바꿉니다. 사람들은 좋은 방식으로 함께 모였을 때 무엇이 가능할지에 대한 성장하는 감각으로부터 희망과 격려를 얻습니다. 차이점이나 반대되는 견해를 두려워하는 대신, 참여자들은 균형 잡히고, 현명하며, 지속 가능한 결정을 형성하는 데 이러한 차이점들이 얼마나 가치 있는지를 이해하게 됩니다.

서클 프로세스의 몇 가지 요소만 통합하는 것도 변화를 만들 수 있습니다. 기획자들은 매일 해야 하는 그룹 진행자로서의 역할에서 온갖 기술을 사용합니다. 다음은 기획자들이 서클의 일부 요소를 사용해 볼 것을 고려할 수 있는 몇 가지 상황입니다.

- 토론을 진행하거나 이끌기; 브레인스토밍 세션을 수행하기; 패널에 참여하기; 또는 포커스 그룹을 조직하기: 이 모든 것은 서클의 다양한 요소를 사용하기 위한 훌륭한 기회입니다. 기획자들이 찾는 것은 유연하고 혁신을 위한 여지를 허용하는 그룹 프로세스입니다.
- 기획자들이 정부가 주도하는 공청회에서 전문가로서 기여할 때, 그들은

이 지역사회 기반의 서클 선도위원회(Circle initiative)는 서클 프로세스를 활용하여 지역사회를 강화하는 데 노력했다. 평소에는 절대 함께할 기회가 없었을 사람들을 모아 만남을 가능하게 했다. 이 프로세스를 통해 그들은 장기적이고 지속 가능한 관계를 형성하였다.

또한 서클의 요소들을 활용할 수 있습니다. 비록 선출된 공무원이 회의를 주재할지라도, 기획자들은 가치를 탐색하거나 우리가 이슈에 어떻게 접근하기를 원하는지에 대한 지침을 논의하는 데 청중을 참여시킬 수 있습니다. 때때로 기획자들은 회의나 대화의 전반적인 접근 방식에 대해 많은 발언권이 없을 수 있지만, 그들은 분명히 영향을 미칠 수 있습니다.

• 기획자들이 법률이나 일부 외부 기관에 의해 결정된 과정에 참여할 때조차도, 그들은 서클의 일부 요소들을 도입할 수 있습니다. 그러한 경우, 과정에 대한 기획자의 영향력은 매우 제한적입니다. 그럼에도 불구하고, 그들은 여전히 그들 자신이 어떻게 행동하고 회의에서 다른 사람들과 어떻게 교류할지에 대해 통제할 수 있습니다.

기획자들이 서클이 어떻게 작동하는지 더 많이 이해할수록, 그들은 서클의 요소들을 그들의 그룹 과정에 가져올 방법들을 더 많이 찾을 것입니다. 예를 들어, 말하기 소품을 사용하는 것은 각 참여자에게 동등한 목소리를 줍니다. 또한 회의를 주선하는 사람들이 모든 사람의 견해를 듣고자 한다는 것을 그룹에게 알려줍니다. 경청받기 위한 경쟁이나 힘겨루기는 이 과정의 본질이 아닙니다. 가치와 우리들의 약속을 논의하는 것은 회의를 지배하기 위한 긍정적이고 건설적인 틀을 만듭니다. 또한 주최자들이 과정을 관리하는 방식으로 결과를 통제하지 않을 것임을 그룹에게 알려줍니다. 그룹은 어떤 가치들이 좋은 결과에 도달하기 위한 최상의 수단을 제공할지 결정합니다. 공유된 가치와 지침의 이 기반이 있다면, 심지어 정기적인 회의 형식에서도 그룹의 구성원들은 그들이 결정한 것에 대해 서로를 책임지도록 하는 데 관여할 수 있습니다.

이러한 관행들은 다른 그룹 역학을 만듭니다. 그러나 그 이상으로, 그것들은 주최자의 의도에 대한 메시지를 보냅니다. 그것은 그들이 커뮤니티를 참여시키는 공정한 프로세스를 사용하기 위해 헌신하고 있음을 보여줍니다. 어떤 정도로든 서클 접근 방식을 사용하는 것은 참여자들에게 결정이 이미 내려진 것이 아니며, 하향식의 독재적인 방식으로 내려지지 않을 것임을 알려줍니다. 그것은 시민 참여에 대한 존중의 강력한 메시지를 보냅니다. 그리고 대화가 시작되기 전에도 공정하고 평등주의적인 프로세스에 대한 헌신을 보여줍니다.

여기서 핵심은 기획자들이 서클에 충분히 익숙해져서, 전체 과정을 수행하는 것이 불가능할 때도 그 요소들을 사용할 수 있게 되는 것입니다. 회의론자들에게는 무해해 보이는 작은 변화들이 표면적으로 명백한 것보다 더 큰 효과를 가질 수 있습니다.

이러한 관찰 가능한 요소들을 넘어, 서클은 대립적이고 승패를 가르는 접근 방식과는 상당히 다른 철학을 구현합니다. 차이점을 포용하고 존중하는 것, 마음으로 듣고 말하는 것, 개인적인 경험을 나누는 것, 그리고 동의를 추구하는 것 모두는 하나의 철학, 심지어 존재 방식을 반영합니다. 서클 철학으로부터 오려는 의도 자체가 중요합니다. 그리고 그것은 변화를 만들 수 있습니다. 이 철학은 우리가 이슈, 갈등, 그리고 서로에게 더 평화 조성적인 관점에서 반응하도록 영감을 줍니다.

서클의 이점을 아는 것은 기획자들이 그들의 관행에 여러 가지 방식으로 그것들을 가져올 수 있도록 합니다. 다음 도표는 전통적인 공공 과정과 함께 사용될 수 있는 서클의 주요 요소들을 보여줍니다. 이러한 요소들 중 일부는 다른 것들보다 더 가시적입니다.

시적 요소 사용하기

가치와 지침을 논의하기; 말하기 소품을 사용하기; 의식으로 시작하고 마무리하기; 그리고 원형으로 앉기: 이것들은 다른 과정에 통합될 수 있는 서클의 더 눈에 뛰는 요소들입니다.

가치(Values). 정직, 존중, 그리고 공정성과 같은 공유된 가치를 식별하는 것은 참여자들이 가장 중요하다고 생각하는 것에 대화의 기반을 둡니다.

우리들의 약속(Guidelines). "적극적으로 경청하기"와 ""끼어들지 않기"와 같은 지침들은 그룹이 더 높은 책임감의 기준을 지키도록 하는 역할을 합니다.

일단 설정되면, 이러한 지침들은 그룹에 의해 한 회의에서 다음 회의까지 사용될 수 있거나, 필요에 따라 변경될 수 있습니다.

말하기 소품(Talking Piece). 다시 말하지만, 말하기 소품을 사용하는 것은 주최자들이 모든 사람에게 동등한 발언 기회를 제공하기 위해 헌신하고 있다는

명확한 메시지를 참여자들에게 보냅니다. 또한 논의의 속도를 늦춥니다. 말하기 소품은 많은 회의 형식에서 도움이 될 수 있습니다. 기획자는 실제로 말하기 소품을 사용하지 않고도 말하기 소품의 측면들을 의식적으로 통합할 수 있습니다. 예를 들어, 기획자들은 회의가 모든 사람이 이야기할 기회를 가질 수 있도록 진행되거나 주재되도록 할 수 있습니다.

의식(Ceremonies). 회의 시작 시의 의식은 일상생활의 스트레스와 바쁨과 당면한 논의 사이의 전환을 제공합니다. 이 개념은 많은 공공 과정에 낯설지만, 대화에 대한 더 사려 깊은 접근 방식을 만드는 데 매우 효과적입니다. 예를 들어, 우리가 일부 농민들을 만났을 때, 우리는 그룹이 더 성찰적인 공간으로 이동하도록 돕고 싶었습니다. 이를 위해, 우리는 다양한 농업 관련 물건들작은 비료 포대, 표토 한 봉지, 옥수수 씨앗, 장난감 트랙터 등이 담긴 바구니를 가져와 농민들에게 하나를 골라 그것이 그들에게 어떤 의미인지 이야기해달라고 요청했습니다. 의식은 우리에게 한 발 물러서서 더 큰 관점, 우리가 공통적으로 가지고 있는 것, 또는 삶에서 가장 중요한 것이 무엇인지 고려하도록 초대합니다. 매우 간단할 수 있는 의식 후에, 우리는 더 넓은 관점에서 특정 이슈에 접근하려는 경향이 더 강해집니다.

원형 좌석 배치(Circle Seating). 원형으로 앉는 것은 개방적이고 상호작용적인 대화를 확립하는 데 많은 역할을 합니다. 사람들은 서로를 볼 수 있고, 눈을 맞추고, 직접적으로 이야기할 수 있으며, 그 결과 서로와 그룹에 대해 훨씬 더 책임감을 가질 수 있습니다.

우리는 이러한 가시적인 서클 요소들이 다른 과정들과 어떻게 섞일 수 있는지를 보여주는 세 가지 이야기를 공유하고 싶습니다.

두 농촌 마을이 지독한 경계 분쟁에 갇혀 있었습니다. 한 마을의 성장은 그 시 경계에 의해 제약되었습니다. 그 마을은 말 그대로 공간이 없어 더 이상 새로운 사업체나 주택을 수용할 수 없었습니다. 두 번째 농촌 마을은 첫 번째 마을이 가지고 있던 물과 하수도 서비스의 부재로 인해 동등하게 제약되었습니다. 두 시 당국 간의 대부분의 소통은 지역 신문에서 이루어졌습니다. 수개월 동안 이러한 종류의 논쟁이 계속된 후, 두 마을은 이 과정이 아무런 진전이 없다는 것을 깨달았습니다. 그들은 공정한 제3자에게 그 과정을 도와달라고 요청하는 데 동의했습니다. 한 기획자와 한 엔지니어가 그 문제를 해결하도록 돕기 위해 초빙되었습니다.

경계 분쟁을 해결하기 위한 과정은 각 마을에서 임명된 세 명의 참여자에 의해 대부분 규정되었습니다. 그들은 기획자와 엔지니어가 사실 확인과 촉진된 협상을 결합하여 분쟁을 해결할 것에 동의했습니다. 기획자의 첫 반응은 서클 프로세스에 대한 그녀의 지식에서 차용하는 것이었습니다. 그녀는 먼저 갈등 당사자들이 그룹의 과정에 가져오고 싶은 가치들을 식별하도록 도왔습니다. 그런 다음 그녀는 그들이 이러한 가치들을 그 과정에 대한 우리들의 약속을 설정하기 위한 발판으로 사용하도록 도왔습니다. 갈등을 다룰 때 그룹이 어떻게 행동하고 서로를 대하기를 원하는가?

그 과정은 다양한 정치적 이유로 결국 해결에 이르지 못했습니다. 아마도 가장 중요한 것은, 그룹이 기본적인 신뢰 부족을 극복하지 못했다는 것입니다. 그러나 협상 내내, 한 가지 긍정적인 특징은 참여자들이 그들이 그룹의 행동에 대해 설정했던 우리들의 약속들을 반복적으로 언급했다는 것입니다. 나중에 전체 경험에 대해 성찰하면서, 기획자는 그녀가 온전한 서클 프로세스를 사용할 수 있었다면 무엇이 가능했을지 궁금해하지 않을 수 없었습니다. 이 과정이 두 마을이 경계 분쟁을 해결하는 데 필요한 신뢰와 상호 이해를 구축하도록 도왔을까요?

주(州) 차원의 한 기획 기관은 퇴임하는 위원들에게 위원회에서의 그들의 경험에 대해 논평하도록 출구 조사를 실시했습니다. 위원들은 이사회 운영과 위원들이 서로를 대했던 방식 모두에 대해 여러 우려를 식별했습니다. 그들의 경험에 따르면, 의견이 항상 경청된 것은 아니었고, 논의가 항상 존중하는 것은 아니었으며, 어떤 사람들은 이슈에 대해 이야기할 시간이 없었습니다. 그들의 취임 회의에서, 새로운 위원회는 그들의 가치를 성찰하고 회의에서 서로 어떻게 함께할지에 대한 우리들의 약속을 개발하는 데 시간을 보냄으로써 대응했습니다. 놀라울 정도로 빠른 과정으로, 위원회는 다음 목록의 우리들의 약속에 동의했습니다. 그들은 또한 각 위원회 회의 시작 시 이 우리들의 약속들을 검토할 것을 약속했고, 모든 사람의 "이름표"(이름이 적힌 접힌 카드) 뒷면에 인쇄했습니다.

- 준비된 회의에 오세요.

- "큰 그림"에 초점을 맞추세요.

- 당신의 의제agendas가 아닌 당신의 아이디어ideas를 가져오세요.

- 모든 의견을 경청하고 가치 있게 여기세요.

- 중요한 문제에 대해 목소리를 내세요.

- 정직하세요.

- 예의 바르고 존중하세요.

- 공감하고 다른 사람들의 관점을 고려하세요.

- 객관적으로, 이슈에 초점을 맞추세요. 개인적인 감정을 제쳐두세요.

- 해결책 지향적이고 앞으로 나아가세요.
- 당신의 자원봉사 동료들을 지지하고, 위원회에서의 그들의 역할을 존중하세요.

유엔 인간주거정착센터(UNHABITAT)는 "지속 가능한 구호와 재건"에 대한 주요 국제 회의에서 회의를 진행하도록 우리를 초대했습니다. 논의를 위해 우리가 가진 시간(1.5시간)을 고려하여, 우리는 전통적인 진행 스타일을 사용하기로 결정했습니다. 그러나 우리는 또한 서클에서 배웠던 몇 가지 교훈을 활용했습니다.

우리는 회의실에 미리 도착했습니다. 그러나 컨퍼런스에서 종종 일어나는 것처럼, 이전 세션이 초과 근무 중이었습니다. 문이 마침내 열리고 방이 비워졌을 때, 우리는 서둘러 좌석을 재배열했습니다. 어떤 사람들은 시간 절약을 위해 기존의 배열(의자 열)로 그냥 진행해야 한다고 제안했습니다. 그러나 사람들이 힘을 합쳐, 우리는 60~70명의 국제 참여자들을 수용하기 위해 동심원 형태로 좌석을 배치할 수 있었습니다. 이렇게 하는 데는 오래 걸리지 않았습니다. 참여자들 중에는 많은 전문가들이 앉아 있었는데, 그들 각자는 입장 논문을 준비해왔습니다.

이미, 원형 좌석 배치를 선택하고 그룹이 공간을 만드는 데 참여하도록 하는 것은 협력적이고 긍정적인 분위기를 조성했습니다. 이는 거의 의식의 역할을 했습니다. 왜냐하면 사람들은 이 공간에서 일반적인 강연자-청중 형식과는 다른 무언가가 일어날 것이라는 것을 알 수 있었기 때문입니다.

우리가 논의를 시작했을 때, 우리 모두가 원형으로 앉아 있는 것이 얼마나 큰 차이를 만드는지 즉시 알 수 있었습니다. 물론, 전문가들은 논의에 많은 깊이를 더했습니다. 그러나 원의 일부로서 다른 참여자들 사이에 배치된 그들의 위치는 그룹의 역학을 변화시켰습니다. 전문가들은 참석자들과 분리된 것이 아니라 그룹의 일부로 보였습니다. 이것은 자유롭게 흐르는 논의를 촉진하는 데 도움이 되었습니다. 게다가, 참여자들은 서로 눈을 맞출 수 있었습니다. 이 국제 모임에서, 비언어적 의사소통은 대화의 풍부함에 크게 기여했습니다. 그룹은 쉽고 존중하는 정보 교환에 참여했고, 많은 참여자들이 의견과 이야기를 나누었습니다.

어떤 사람들은 그것을 컨퍼런스에서 최고의 세션이었다고 묘사했습니다. 그것은 분명히 정보를 공유하고 최선의 다음 단계가 무엇일지 숙고하기 위한 건설적인 공간을 만들었습니다.

진행자로서, 우리는 세션의 성공이 서클의 일부 요소를 사용한 덕분이라는 것을 크게 인식했습니다. 그것은 분명히 역학을 변화시켰습니다. 그렇지 않았다면 표준적이고, 비참여적이며, 일방적인 정보 다운로드가 되었을 것이, 아이디어, 지식, 그리고 경험의 진정한 교환이 되었습니다.

서클의 무형적 요소 사용하기

서클에는 여러 가지 덜 가시적인 특성들이 있으며, 이러한 특징들은 기획자들이 그룹과 상호작용하는 방식에 대한 철학적인 변화를 뒷받침합니다. 완전한 서클 프로세스에서, 이러한 무형적 특성들은 서클의 더 가시적인 요소들의 사용으로부터 자연스럽게 발전합니다.

그러나 말하기 소품을 돌리거나, 원형으로 앉거나, 가치와 지침을 논의할 수 없는 때도 있습니다. 그럼에도 불구하고, 우리는 여전히 이러한 덜 가시적인 특징들을 활용하고 대화에 대한 그들의 이점을 볼 수 있습니다. 이러한 덜 눈에 띄는 특징들은 "서클 안에 있는 것"이 그 핵심에서 물리적이거나 외적인 것이 아니라는 것을 시사합니다. 그것은 마음가짐mind-set입니다.

서클 마음가짐으로 공공 과정을 의도적으로 설계함으로써, 기획자들은 심지어 전통적인 공공 과정까지 심화시킬 서클의 잠재력을 활용하기 시작할 수 있습니다.

다음은 서클 마음가짐을 전달하거나 "씨앗을 심는" 데 사용될 수 있는 서클의 더 무형적인 요소들 중 일부입니다.

이야기 가치 부여하기(Valuing Stories). 이야기는 서클의 필수적인 부분입니다. 그러나 전통적인 기획 접근 방식은 이야기를 가치 있게 여기거나 사용하지 않는 경향이 있습니다. 그들은 좋지만 당면한 일과는 관련이 없습니다. 서클 마음가짐은 다른 관점을 취합니다. 개인적인 이야기는 사건과 삶의 경험에 있는 가치, 신념, 그리고 의미를 드러냅니다. 사람들이 그들의 이야기를 나눌 공간을 제공하고 다른 사람들이 그들이 나누는 것의 중요성을 존중하도록 하는 것은 이해를 구축하는 데 중요합니다. 이야기는 우리가 사람들과 이슈들을 훨씬 더 깊은 수준에서 이해하도록 돕습니다. 랜디 프렌치는 그의 경험에 대해 다음과 같이 씁니다.

이 지역의 물 흐름(유역) 투어와 같은 투어 및 집단 활동은 관계를 강화할 수 있으며, 이는 서클 프로세스에 필수적이다. 이는 실제로 서클에 앉지 않으면서도 서클의 원칙과 가치를 적용하는 사례이다. 계획가들은 종종 이러한 전통적 계획 기법을 서클 프로세스 및 그 기저에 있는 원칙과 가치와 결합하여 활용한다.

제가 '호수 계획'을 개발하는 일에서, 서클 참여자들에게 제시하는 질문 중 하나는 그들의 호수에 대한 기억을 나누도록 요청하는 것입니다. 이러한 기억들을 그룹과 나누는 것은 서클이 더 잘 상호작용하도록 돕습니다. 즉, 소통의 장벽을 허뭅니다.

안전한 공간(Safe Space). 우리 대부분은 편안하고 안전하다고 느끼는 것을 좋아하며, 이는 우리가 매우 논쟁적인 이슈들을 논의할 때 특히 그렇습니다. 우리가 안전하다고 느끼는지 아닌지는 물리적 환경과 감정적 분위기 모두와 관련이 있습니다. 만날 중립적인 공간을 마련하고, 적절한 소개를 제공하고, 사람들을 환영하고, 음식을 나누는 것 모두는 긍정적인 회의에 기여할 수 있습니다. 그들은 기본적인 물리적 우려를 충족시킵니다. 감정적인 측면에 관해서는, 가치를 논의하고 지침에 동의하는 것은 사람들이 어떤 식으로든 공격받거나 깎

아내려지지 않고 그들의 관점을 표현할 수 있다고 안심시킵니다.

모범 행동(Model Behavior). 존중과 포용의 원칙은 서클이 기능하는 방식의 중심입니다. 진행자가 이러한 원칙들을 지지하는 역할을 하는 한 가지 방법은 그것들을 반영하는 행동을 모범으로 보이는 것입니다. 진행자들은 그들이 자신을 어떻게 처신하는지를 통해 다른 사람들을 존중하고 포용적인 방식으로 대하는 방법을 보여줍니다. 그러나 진행자들은 이것을 하기 위해 서클에 있을 필요가 없습니다. 그들은 다른 회의 형식에서도 원칙적인 행동을 모범으로 보일 수 있습니다. 그들 자신의 개인적인 행동을 통해, 그들은 기준을 설정하는 데 도움을 줄 수 있습니다.

공유된 리더십(Shared Leadership). 서클에서, 리더십은 모든 참여자들 사이에 공유됩니다. 이 중요한 교훈은 다른 과정에도 통합될 수 있습니다. 커뮤니티 구성원들은 대화에 적극적으로 참여하도록 격려받을 수 있습니다. 그러나 그 이상으로, 그들은 과정을 이끄는 데 도움을 주고 그것이 어떻게 진행될지에 대한 책임을 공유할 수 있습니다. 리더십을 공유하는 것은 모든 사람의 소유 의식을 증가시킵니다. 공유된 리더십은 또한 과정에 다양한 의견을 개방합니다. 앞으로, 이는 기획자들이 커뮤니티가 선택한 방향을 훨씬 더 쉽게 구현하도록 만듭니다. 사람들은 그들이 결정을 내리는 데 중요한 역할을 했기 때문에 계획에 적극적으로 참여합니다.

정직한 피드백 메커니즘(Honest Feedback Mechanisms). 서클은 참여자들과 진행자에게 즉각적이고 지속적인 피드백을 제공합니다. 여기서 다시, 이것은 참여자들이 과정에 대한 소유권을 가지도록 합니다. 왜냐하면 그들은 다른 사람들의 아이디어, 우려, 그리고 이익이 발생할 때 그것들을 모니터링할 수 있기 때문입니다. 개방적이고 정직한 피드백을 위한 채널을 만드는 것은 항상 그룹 프로세스를 개선합니다. 그것은 투명성을 만들어서, 모두가 이슈가 무엇이고 누가 그것에 대해 무엇을 말하고 있는지 알 수 있게 합니다. 서클이 아닌 형식에서는, 이것을 효과적으로 하는 것이 어려울 수 있습니다. 그럼에도 불구하고, 기획자들은 이 방향으로 나아갈 수 있습니다. 그들은 회의 후에 평가 양식을 배포할 수 있습니다. 그들은 또한 회의 내내 피드백을 장려하는 개방적인 환경을 구축하기 위해 노력할 수 있습니다.

공정한 경쟁의 장 만들기(Level the Playing Field). 서클의 가장 기본적인 개념 중 하나는 모든 참여자가 동등하게 대우받는다는 것입니다. 각 사람은 동등한 발언 기회를 가지며, 각 의견은 가치 있게 여겨집니다. 지위, 계급, 직업 또는 소속과 같은 사람들 사이의 장벽은 최소화됩니다. 이 가치 있는 개념은 다른 공공 과정에서 목표로 작용할 수 있습니다. 기획자들은 가능한 한 많은 목소리가 듣고, 가치 있게 여겨지고, 기획 논의와 정책에 통합되도록 노력할 수 있습니다.

관계 구축(Building Relationships). 아마도 서클의 가장 중요한 측면은 관계에 대한 그들의 초점일 것입니다. 3장에서 설명했듯이, 서클 방식은 이슈들을 논의하고 행동을 계획하는 데 보내는 시간만큼이나 서로를 알아가고 이해를 발전시키는 데 많은 시간을 할애하게 합니다. 어떤 사람들에게는, 관계를 육성하는 것에 대한 이러한 초점이 비생산적으로 보일 수 있습니다. 그것은 시간이 걸리고, 프로젝트에 초점을 맞추거나 일정에 대해 우려하는 사람들에게는 시간

낭비처럼 보일 수 있습니다.

하지만 실제로는 정반대입니다. 좋은 관계를 기반으로 하면, 일이 훨씬 더 쉽고 효율적으로 이루어질 수 있습니다. 그룹이 어떻게 기능하는지; 그것이 내리는 결정의 질; 그 결정들이 결국 어떻게 구현되는지: 이 모든 중요한 측면들은 사람들이 초기에 좋은 관계를 구축할 수 있을 때 크게 개선됩니다.

전통적인 그룹 과정에서, 기획자들은 관계 구축이 어디에, 어떻게 들어맞을 수 있는지 보기 위해 당면한 상황과 함께 일해야 할 것입니다. 하지만 소개하는 시간을 갖거나 회의 시작 시, 휴식 시간, 그리고 끝에 간식을 준비하는 것과 같이 간단한 것도 도움이 될 수 있습니다. 음식은 비공식적이고 친근한 대화를 촉진하는 방식이 있습니다. 관계를 구축하기 위한 더 정교한 전략은 여러 이해 관계자들을 함께 모으는 버스 여행을 계획하는 것일 수 있습니다. 기획자들이 그들의 업무 성공에 좋은 관계가 얼마나 중요한지 인식할수록, 그것들을 강화하기 위한 온갖 창의적인 방법들이 나타날 것입니다.

한 기획 부서는 지속 가능한 삶의 방식을 위한 계획을 개발하기 위해 공동체의 다양한 이해관계를 한데 모으는 목표를 세웠습니다. 시작하기 위해, 여러 기관과 공동체 대표들이 함께 모여 각자의 부문을 과정에 어떻게 끌어들일지 논의했습니다. 초대된 사람들은 모두 영향력 있는 사람들이었습니다. 점심시간 동안, 프로그램은 "지속 가능성 보물찾기Sustainability Scavenger Hunt"를 포함했습니다. 이것은 두 가지 목적에 기여했습니다. 그것은 사람들을 당면한 주제에 집중시켰습니다. 하지만 또한 관계 구축에도 기여했습니다. 그것은 사람들에게 함께 일할 기회를 주었는데, 그들은 나중에 더 넓은 커뮤니티를 참여시키고, 계획을 개발하고, 그 구현을 촉진하기 위해 그렇게 해야 할 것입니다.

10

치유의 집Healing Lodge 기획

제인 밀러-애쉬튼(Jane Miller-ashton)의 경험

캐나다 교정국(CSC)의 제인 밀러-애쉬튼은 캐나다에서 연방형을 선고받은 선주민 여성들을 위한 특별 교도소를 기획하는 데 서클을 활용한 이야기를 우리와 공유했습니다. 이 이야기는 제인이 교정국(CSC; Correctional Service Canada)를 대표하여 이 과정에 깊이 관여했기 때문에 그 경험에 대한 그녀의 관점을 반영합니다.

1989년, 캐나다 정부는 캐나다에서 연방교도소형을 살고 있는 여성들을 위한 환경을 개선하기 위해 연방 태스크포스를 구성했습니다. 이 태스크포스는 정부, 캐나다 엘리자베스 프라이 소사이어티Canadian Elizabeth Fry Society , 그리고 선주민 여성 단체 대표들 간의 실무 파트너십을 형성했습니다. 이 세 그룹은 광범위하게 다른 세계관을 가지고 있었고 매우 다른 방식으로 접근했습니다. 선주민 여성들은 선주민 사람들이 다른 인구 집단보다 훨씬 높은 비율로 교도소에 보내지기 때문에 태스크포스에서 핵심적인 역할을 했습니다. 이 과정은 상당히 도전적인 것으로 판명되었습니다. 정부 기관인 CSC는 비정부 단체와 그렇게 동등한 파트너십으로 일하는 데 익숙하지 않았습니다. 또한 그들에게 의사결정에서 그렇게 중요한 역할을 주는 것에도 익숙하지 않았습니다.

처음부터 태스크포스는 역사와 문화의 충돌로 어려움을 겪었습니다. 선주민 여성 중 한 명이 원로Elder가 과정과 선주민의 문화적 현실을 이해하는 방법에 도움을 줄 수 있다고 제안했습니다. 그래서 한 선주민 원로가 태스크포스에 합류했고, 그녀는 선주민의 삶의 방식에 대한 가르침을 공유하기 시작했습니다. 그녀는 '의료 바퀴Medicine Wheel'의 가르침과 선주민 사람들이 일을 해결하기 위해 어떻게 함께 모이는지에 대해 설명했습니다.

그녀의 지지 덕분에, 태스크포스는 오래된 교도소를 폐쇄하는 것에 대한 동의를 구축할 수 있었습니다. 그들은 또한 연방형을 선고받은 선주민 여성들을 위한 선택지로 치유의 집Healing Lodge을 짓고, 연방형을 살고 있는 여성들을 위한 네 개의 다른 지역 교도소를 건설함으로써 여성 재소자 인구를 분산시키는 것에 동의했습니다. 치유의 집은 선주민 사람들의 가르침과 문화적 관행에 따라 운영될 것이었습니다.

정부는 이 권고사항들을 이례적인 속도로 받아들였습니다. 제인이 과정에서 CSC의 역할을 책임지는 국가 이행 위원회가 구성되었습니다. 연방형을 선고받은 선주민 여성들을 위한 치유의 집을 구체적으로 기획하기 위한 두 번째 그룹이 만들어졌습니다. 구성원들은 주로 비정부 선주민 여성들과 일부 정부 대표자들이었습니다. 결국, 이 과정의 지지를 위해 세 명의 원로가 그룹에 포함되었습니다. 처음부터 선주민의 가르침에 따라, 그룹은 함께 일하는 가장 좋은 방법으로 서클 방식을 사용했습니다. 이 그룹은 "치유의 집 기획 서클"로 알려지게 되었습니다. 제인도 이 그룹의 일원이었습니다.

치유의 집 기획 서클은 시설의 위치를 선정하기 위한 기준을 개발했습니다. 많은 가능한 부지를 검토한 후, 서클은 한 장소를 추천했습니다. 그런 다음 그룹은 치유의 집에 대한 비전을 설계하고, 그것과 함께 운영 계획을 만들었습니다. 이 계획에는 시설의 물리적 구조, 여성들을 위한 프로그램, 그리고 보안 및 통제를 위한 메커니즘이 포함되었습니다.

원로들의 주도로, 그룹은 기획 과정의 모든 측면에 대해 여러 다른 유형의 서클을 사용했습니다. 그들은 내용 이슈를 논의하기 위해 이야기 서클을 사용했습니다. 과정이 고통스러운 기억이나 경험을 불러일으켰을 때는 치유 서클을 개최했습니다. 그리고 그룹이 막혔을 때 핵심 가치와 원칙과 다시 연결될 필요가 있을 때는 학습 서클을 사용했습니다. 원로들은 또한 서클 의식을 사용하여 구성원들이 그들의 깊은 자아에 접근하고 공유된 비전에 봉사하도록 돕기도 했습니다.

때로는 그룹이 의견 불일치에 갇히기도 했습니다. 그러면 원로들은 모두를 긴 회의실 끝이나 일반적인 작업 공간과 떨어진 곳에 모이게 했습니다. 그룹이 서클로 서서, 원로들은 '정화 의식smudging ceremony'을 진행했습니다. 그들은 의식용 식물을 태우고 그 연기를 각 사람에게 씻어내렸습니다. 이것은 부정적인 에너지를 걷어내고 각 사람을 정화하는 역할을 했습니다. 연기정화 후, 원로들은 각 사람에게 그 또는 그녀가 왜 이 과정에 참여하고 있는지 표현하도록 요청했습니다. 이것은 필연적으로 사람들을 연방형을 선고받은 선주민 여성들을 위한 치유의 집이라는 공유된 비전으로 되돌아오게 했습니다. 공유된 비전의 힘과 에너지는 그룹에게 함께 계속 일하려는 의지를 주었습니다. 다른 관점과 어려운 주제에도 불구하고, 그룹은 공통점을 찾는 데 끈질기게 노력했고, 이것은 그들이 공유된 비전을 향해 계속 나아가도록 도왔습니다.

이 전반적인 그림은 기획 프로젝트와 과정에서 서클이 가졌던 핵심적인 역할을 설명합니다. 서클이 그룹을 어떻게 이끌고 좋은 결과를 가능하게 했는지 모든 방식을 묘사하기는 어렵습니다. 그룹이 직면했던 몇 가지 구체적인 상황들은 서클의 본질과 운영을 보여주는데, 이는 분명히 표준적인 CSC 절차와는 달랐습니다.

예를 들어, 그룹이 부지를 선택하는 작업을 할 때, 서클은 선주민 사람들과 정부교정국 양쪽의 우려를 고려했습니다. 협력적인 과정으로서, 서클은 선주민과 교정국의 고려 사항을 모두 포함하는 부지 기준을 개발했습니다. 선주민의 기준은 시설 주변에 충분한 토지와, 땅에 흐르는 물강이나 시내의 형태를 요구했습니다. 교정국의 주요 우려는 물론 보안이었습니다. 기획 서클은 공동체들이 그들의 지역에 집을 짓기 위한 모든 신청서를 검토했습니다. 그런 다음 서클은 그룹이 동의를 통해 한 장소를 선택할 수 있도록 하는 의사결정 과정을 사용했습니다. 최종 결정이 내려질 무렵에는 모두가 그 선택에 동의했습니다.

부지가 선택되자, 치유의 집 기획 서클은 건물뿐만 아니라 프로그램과 그 운영을 설계할 준비가 되었습니다. 그러나 지역 수준에서 누가 참여할 수 있는지에 대한 질문이 제기되었습니다. 공동체 사람들이 기획 과정에 참여할 수 있을까? 서클의 원칙에 따라, 원로들은 오고 싶어 하는 누구에게나 개방되어야 한다고 제안했습니다. 주요 CSC 조직자인 제인과 그녀의 동료들은 처음에 수백 명의 사람들이 나타나 참여하기를 원할까 봐 걱정했습니다. 그러나 그룹은 이 문제에 대해서도 동의에 도달했고, 원로들에게 동의했습니다. 이 과정은 목소리를 내고 싶어 하는 누구에게나 개방되어야 했습니다. 선주민 구성원들을 포함시키는 것은 매우 현명한 선택으로 판명되었습니다. 일부 지역 사람들은 실제로 그들의 공동체에 교도소가 있는 것이 지역에 부정적인 영향을 미칠까 봐 걱정하고 있었습니다.

그래서 기획 서클은 공개 초대를 했습니다. 치유의 집이 지어질 선주민 보호구역의 누구에게나, 그리고 근처 마을의 누구에게나 기획 그룹의 일부가 되도록 초대되었습니다. 약 200명의 사람들이 첫 모임에 왔습니다. 원로들은 서클 방식과 말하기 소품을 사용하여, 각 사람이 이야기하고 의견을 낼 기회를 가질 수 있도록 했습니다. 시간이 지나면서 모임에 나타나는 사람들의 수는 줄어들었습니다. 사람들은 그들의 의견이 경청되었다고 느꼈고, 핵심 구성원들이 그들의 이익을 마음에 두고 있다고 신뢰했습니다.

기획 서클의 규모는 결국 약 20명의 구성원으로 정착되었습니다. 이 숫자에는 시설 부지로 선택된 보호구역 출신 구성원뿐만 아니라 일부 비–선주민 지역 사람들도 포함되었습니다. 때때로 정부 및 공공 사업 담당자, 건축가 또는 건설업자와 같은 전문 지식을 제공하기 위해 새로운 구성원들이 합류했습니다. 모든 컨설턴트들은 원로들의 가르침을 받았고, 기획 과정을 구성하는 이야기 서클과 치유 서클의 일부로 포함되었습니다. 모든 결정은 동의를 통해 이루어졌습니다.

과정 내내, 그룹은 의식을 위해, 모든 사람이 이야기할 수 있도록 하는 이야기 서클을 위해, 그리고 그룹의 감정적이고 개인적인 필요를 돌보는 치유 서클을 위해 필요한 만큼의 시간을 가졌습니다. 특히 초기에, 제인이 CSC 본부에 보고할 때, 그녀는 종종 표준적인 진행 보고서를 제공할 수 없었습니다. CSC 사람들은 그룹이 동의를 구축하기 위해 서클에서 보내야 하는 시간 때문에 비전통적인 접근 방식의 사용에 대해 불안해하기 시작했습니다. 치유의 집이 실제로 지어질까? 건설이 심하게 지연될까? 그룹이 과정에 갇혀 결정을 내리거나 일을 처리하지 못할까?

이 과정이 그녀에게도 새롭고 낯설었기 때문에 제인도 때때로 이러한 불안감을 느꼈습니다. 그럼에도 불구하고, 제인은 이 접근 방식에 깊이 끌렸고, 치유의 집이 선주민 사람들을 수용할 것이기 때문에 그녀가 함께 일하는 개인들의 방식을 존중할 의무가 있다는 것을 이해했습니다. 여성들을 위한 다른 지역 교도소들은 동시에 병렬적인 과정으로 기획되고 있었고, 그들은 더 전통적인 정부 기획 방식을 사용하고 있었습니다. 결과적으로, 치유의 집은 모든 시설들 중에서 가장 먼저 문을 열었습니다. 결국, 서클 방식은 표준적인 과정보다 시간이 덜 걸렸습니다.

이것은 우연이 아니었습니다. 서클 방식은 깊이, 폭, 그리고 철저함을 가진 대화를 만듭니다. 그것은 모든 면에서 이슈를 다룹니다. 그것은 그룹이 장기간에 걸쳐 집단 작업을 지속하는 종류의 관계를 구축하도록 돕습니다. 그리고 그것은 나쁜 감정이 남지 않도록 갈등을 진정으로 해결하는 방식으로 대응합니다. 결과적으로, 서클 프로세스에서 나오는 결정들은 더 오래갑니다. 치유의 집 기획 서클이 동의 결정을 내렸을 때, 재고하거나 앞으로 나아가는 것에 대한 저항이 없었습니다. 아무도 나중에 요점을 증명하기 위해 결정에 대해 불평하지 않았습니다. 동의 결정이 내려진 후, 서클은 그룹의 모든 에너지를 일관되고 한마음으로 그 결정이 작동하도록 만드는 데 집중했습니다.

서클 방식은 기획 그룹의 수명 내내 사용되었습니다. 치유의 집의 구조, 프로그램, 그리고 보안에 대한 모든 결정은 서클에서 이루어졌습니다. 그러나 서클은 또한 치유를 위해, 즉 감정을 처리하고 상처나 떠오른 기억들을 치유하기 위해 사용되었습니다. 학습 서클은 선주민의 방식에 대한 이해를 심화시키고 참여자들 사이의 유대를 강화하기 위해 과정 내내 계속되었습니다. 서클 방식은 특히 이러한 영역들에서 어려움이 발생했을 때, 그룹의 물리적, 정신적, 감정적, 그리고 영적인 필요를 다루었습니다.

예를 들어, 교정국을 대표하는 유일한 고위 연방 공무원으로서, 제인은 무거운 짐을 느꼈습니다. 원로들은 의식을 사용하여 그녀가 그 짐을 덜어내고 정부를 대신하여 과정을 통제할 필요가 없다는 것을 깨닫도록 도왔습니다. 그녀는 그 짐을 혼자 짊어질 필요가 없었습니다. 실제로, 이 의식은 나머지 그룹이 그녀와 함께 이 책임을 지고, 정부의 우려를 다루는 유일한 책임자로 그녀를 보지 않도록 격려하는 역할을 했습니다. 그룹의 집단 지혜는 서클 방식의 힘입니다. 모두는 정부의 우려가 다루어져야만 프로젝트가 막히지 않을 것이라는 것을 알았습니다. 의식 후에, 전체 그룹은 정부가 제시하는 모든 것에 효과적으로 대응할 방법을 찾기 위해 헌신했습니다. 제인은 더 이상 이것을 혼자 해결하거나 일을 처리해야 한다고 느끼지 않았습니다.

공유된 리더십은 서클 방식의 매우 중요한 부분입니다. 어떤 개인도 모든 것을 알거나 모든 기술을 갖출 필요가 없습니다. 어떤 누구도 결과에 대해 혼자 책임지지 않습니다. 서클의 모든 구성원은 일이 어떻게 진행되고 궁극적인 결과가 무엇인지에 대한 책임을 공유합니다.

서클 결정은 더 오래갈 뿐만 아니라, 더 창의적이기도 합니다. 서클은 모든 참여자들의 지혜를 활용합니다. 여러 면에서, 치유의 집은 연방형을 살고 있는 여성들을 위해 지어진 다섯 시설 중 가장 창의적인 곳이었습니다.

기획 서클은 또한 과정 내내 축하를 사용했습니다. 이러한 축하들은 중요한 단계들을 기리고 그룹의 헌신에 활력을 불어넣었습니다. 예를 들어, 원로들이 선택된 땅을 걸은 후, 큰 잔치가 있었고, 수백 명의 사람들이 참석했습니다.

제인에게 이것은 삶을 바꾸는 경험이었습니다. 쉬운 일은 아니었습니다. 그러나 개인적으로나 직업적으로 얻은 보상은 거대하고 오래 지속되었습니다.

11

서클이 훌륭한 아이디어인 이유:
기획에서 서클을 사용하는 이점과 잠재력

서클은 공공 기획에 사용될 엄청난 잠재력을 가지고 있습니다. 그 사용은 여러 수준에서 온갖 이점을 가져옵니다. 우리는 이미 서클이 어떻게 작동하는지의 핵심에서 비롯되는 가장 명백한 세 가지 이점을 설명했습니다. 서클 프로세스의 이 세 가지 유익한 측면은 다음과 같습니다.

서클은 포용적입니다

첫째, 모든 사람이 과정에 참여할 수 있습니다. 아무도 배제되지 않습니다. 서클은 모든 당사자가 포함되어야 한다는 전제에서 시작합니다. 모든 사람의 관점은 존중될 뿐만 아니라 좋은 결과를 위해 필요합니다. 서클은 각 사람의 역할이 전체에 어떻게 들어맞는지 우리에게 인식시킵니다. 이것은 엄청난 이점입니다. 왜냐하면 사람들이 배제될 때 항상 문제가 발생하기 때문입니다.

도미닉 바터Dominic Barter는 브라질의 가장 가난한 공동체들 중 일부에서 "회복적 서클Restorative Circles"을 진행해왔습니다. 미네소타주 세인트 폴에서 열린 세미나에서 그는 우리가 가능한 한 포용적이려고 노력하는 한, 누군가를 잊어버리는 것에 대해 너무 걱정할 필요가 없다고 언급했습니다. "만약 당신의 표현된 의도가 포용적이고 사람들을 빠뜨린다면," 그는 말했습니다. "그들은 당신의 문을 두드릴 것입니다."

서클은 동의에 따라 운영됩니다

둘째, 결정은 동의에 의해 이루어집니다. 동의에 도달하는 것이 일반적으로 다른 형태의 의사결정보다 시간이 더 오래 걸리지만, 동의 결정을 이행하는 데는 시간이 덜 걸립니다. 이는 장기적으로 더 효율적입니다. 치유의 집을 만들기 위해 서클을 사용한 경우가 그러했습니다. 다른 네 개의 여성 교도소보다 먼저 문을 열었습니다. 서클 프로세스는 전통적인 기획 및 이행 과정보다 더 효율적인 것으로 판명되었습니다. 동의에 도달하는 것은 모든 사람이 존중받고, 모든 관점이 경청되며, 모든 당사자의 관련 필요가 어떤 식으로든 충족되어야 하기 때문에, 좋은 관계를 구축하는 이점이 있습니다. 또한, 이 과정은 반대 목소리를 중요하게 여기므로, 일반적으로 초기에 제기되지 않지만 나중에 의심할 여지 없이 나타날 수 있는 이슈들을 다룹니다. 이 모든 것을 해결하기 위해 노력하는 것은 시간이 걸리지만, 더 나은 결정으로 이어질 수 있습니다. 동의가 요구하는 노력은 결실을 맺습니다.

서클은 갈등을 해결합니다

셋째, 서클은 온갖 종류의 갈등을 해결하는 데 광범위하게 사용되었습니다. 서클의 강점 중 하나는 관계의 붕괴에 대한 근본적인 원인을 파악하려고 노력한다는 것입니다. 서클은 복잡하고 심각한 갈등에도 매우 적합합니다. 갈등의 근본 원인을 다루는 것이 가장 중요할 때, 관계에 중대한 변화가 이루어져야 할 때, 또는 혁신적인 해결책을 찾기 가장 어려울 때, 서클이야말로 사용해야 할 과정입니다. 서클은 복잡성을 다루고, 창의성을 자극하며, 동의를 생성하니다. 그들은 아무도 상상하지 못했던 변화를 고안할 뿐만 아니라, 이러한 변화를 지속하고 장기적으로 효과를 보게 할 수단을 제공합니다.

서클이 그룹 역학을 변화시키는 다른 이점들

서클의 이러한 핵심 역학은 본질적으로 유익합니다. 이로부터 많은 다른 장점들, 즉 기획에서 특히 가치 있을 수 있는 긍정적인 효과들이 생겨납니다. 이러한 추가적인 이점들은 서클이 그룹, 조직, 그리고 기관의 역동성을 어떻게 변화시키는지 설명합니다. 사람들은 서로에게 다르게 반응합니다. 그들은 갈등을 다르게 봅니다. 그리고 이러한 변화의 효과는 계속해서 파급됩니다. 예를 들어:

서클은 상향식the Bottom Up으로 작동합니다.

본질적으로, 서클은 아래로부터 위로 결과를 생성합니다. 모든 참여자들이 결정을 내리거나 해결책을 만드는 데 기여합니다. 사실상 과정의 모든 측면에서, 서클은 위로부터 아래로 무언가를 강요하지 않습니다. 심지어 과정의 요소들, 즉 가치와 지침도 아래로부터 위로 생성됩니다. 상황을 다루기 위해, 서클은 모든 우려를 통합하려고 노력합니다. 모든 요인과 모든 관점들이 현재 상황에 대한 전체적인 견해와 어떤 행동 방침이 가장 좋은지 개발하는 데 들어갑니다.

서클은 개인과 집단 사이의 균형을 이룹니다

이와 관련하여, 서클은 개인과 집단 사이의 균형을 유지합니다. 서클은 개인의 필요와 재능을 존중하며, 동시에 집단에 도움이 되는 것에 주의를 기울입니다. 모든 사람이 서클에 가져오는 것을 통합하는 것은 각 사람이 재능을 가지고 있고 그 또는 그녀의 재능이 집단에 기여한다는 것을 인식하는 것을 포함합니다.

서클은 소통을 심화시킵니다

서클은 심오한 소통의 도구입니다. 서클에서 일어나는 말하기와 듣기의 질은 다른 과정에서는 드뭅니다. 사람들은 서클에서 할 수 있는 것처럼 그렇게 깊은 곳에서 이야기하는 경우가 거의 없습니다.

서클은 인적 자원을 최대한 활용합니다

서클은 인적 자원을 극대화하는 데 탁월합니다. 서클은 사람들을 그들의 자산이 서로 경쟁하기보다는 보완하고 지지할 수 있는 방식으로 한데 모읍니다. 이것은 좋은 기획에 필수적입니다. 모든 집단 작업은 대인 관계 기술을 요구합니다. 서클은 사람들과 잘 지내지 못한다고 생각하는 사람들까지도 모두를 위해 이것을 발전시킵니다. 그 이유는 과정이 좋은 관계를 특징짓는 가치에 뿌리를 두고 있기 때문입니다. 서클의 모든 사람이 이러한 가치에 의식적으로 헌신할 때, 그들은 서로를 존중, 정직, 인내, 이해, 그리고 연민으로 대할 가능성이 훨씬 더 높습니다. 이 환경에서, 사람들은 그들 자신의 타고난 능력에 더 많이 접근할 수 있음을 발견합니다. 대인 관계 기술, 기술적 전문성, 개방성, 그리고 창의성이 자연스러운 방식으로 흐릅니다. 아무도 이것을 꾸며낼 필요가 없습니다.

서클은 사람들에게 동기를 부여합니다

충분한 동기를 생성하는 것은 모든 기획 노력의 성공에 중요합니다. 서클 프로세스는 여러 방식으로 사람들에게 동기를 부여하는 데 도움을 줍니다. 서클은 모든 사람의 기여를 중요하게 여깁니다. 그들은 또한 공유된 목적의 감각을 강화합니다. 무엇보다도, 그들은 사람들을 온전한 존재로 인정하는 관계를 구축합니다. 이러한 긍정적인 방식으로 지지받는, 고도로 동기 부여된 그룹은 어려움에 대한 해결책을 더 빨리 찾을 것입니다. 사람들은 거의 감독 없이 그들의 헌신을 이행할 것이고, 그들에게 기대되는 것 이상을 할 기회를 잡을 것입니다. 이 모든 것은 기획자의 일을 훨씬 더 쉽게 만드는 추진력을 구축합니다.

서클은 일이 더 쉽게 진행되도록 합니다

서클은 모든 종류의 방식으로 기획의 일상적인 업무를 지원합니다. 이 과정은 심지어 행정적으로도 매우 실용적인 이점을 가져옵니다. 서클에 투자된 시간은 여러 번의 시간을 절약할 수 있습니다. 프로젝트를 지원하는 지속적인 서클이 있으면, 작업이 거의 힘들지 않게 완료되는 것처럼 보일 수 있습니다.

예를 들어, 공통의 목적을 명확히 하고 사람들이 정보를 더 쉽게 공유하도록 함으로써, 서클은 모든 사람이 더 많은 열정과 어떤 일이 일어나야 하는지에 대한 더 나은 이해로 업무에 참여하도록 준비시킵니다. 문제 해결에 대한 창의성과 헌신을 이행하는 것에 대한 책임감이 높아집니다. 작업 그룹의 구성원들은 과정의 훨씬 더 큰 일부라고 느끼고, 이는 그들에게 힘을 실어줍니다.

서클 프로세스가 주입하는 공유된 리더십은 업무 부담을 분산시키고 기획 전문가의 부담을 줄입니다. 그룹 구성원들이 공유된 목적에 대해 명확하고 그들 자신의 작업이 그것에 어떻게 기여하는지 이해하기 때문에, 리더는 다른 사람들을 세세하게 관리해야 할 필요성을 훨씬 덜 느낄 가능성이 높습니다. 신뢰, 자신감, 그리고 좋은 감정들이 모두에게서 구축됩니다.

긍정적인 분위기에서, 일은 가장 쉽고 효율적으로 이루어질 수 있습니다. 일이 모두 끝난 후에도 사람들이 여전히 서로에게 말을 할 뿐만 아니라, 특별한 유대감을 느낍니다. 이것은 아무리 어려웠더라도 좋은 방식으로 함께 일을 해결해 나갔기 때문에 오는 것입니다.

서클은 문제들을 건설적으로 다룹니다

서클에서, 모든 사람은 각 구성원이 다른 사람들과 그룹 전체에 어떻게 영향을 미치고 있는지 볼 수 있습니다. 이는 그 사람의 그룹에 대한 영향이 긍정적이든 부정적이든 마찬가지입니다. 만약 그 영향이 부정적이라면, 서클은 비난이나 고발로 대응하지 않습니다. 오히려, 서클은 문제 해결에 초점을 맞춥니다. 그러한 경우, 서클은 사람들에게 어떤 일이 일어나고 있는지, 어쩌면 더 깊은 수준에서 초점을 맞춤으로써 역학을 존중할 것입니다. 그 사람에게 이슈는 무엇인가? 그 또는 그녀는 무엇을 생각하거나 느끼고 있는가? 이 경험이 다른 모든 사람에게 어떤 이슈들을 제기하는가? 그 사람이 그룹의 주의를 끌고 있는 것이 중요하지만 지금까지 눈에 띄지 않았던 것인가? 부정적인 영향이 진정성 있고 건설적인 방식으로 어떻게 되돌려질 수 있는가?

이러한 형태의 책임감은 일반적으로 구조적 권위의 힘을 사용하여 사람을 바로잡거나, 부끄럽게 하거나, 처벌하여 줄을 서게 만드는 것보다 훨씬 더 도움이 됩니다. 그러한 대응은 보통 대립적입니다. 그것은 나쁜 감정과 판단을 만듭니다. 무슨 일이 일어났고 사람들이 무슨 일이 일어났어야 한다고 생각하는지에 대해 논쟁하는 데 에너지가 들어가면서 파벌이 형성됩니다. 프로젝트

자체는 뒷전으로 밀려납니다. 이 모든 것은 그룹 전체에 부정적인 영향을 미치고 함께 일할 수 있는 그들의 능력을 방해합니다. 게다가, 애초에 진짜 이슈가 무엇이었든 간에, 그것을 밝혀내고 균형 잡힌 방식으로 다루는 것이 더 어려워질 것입니다.

서클은 혁신적인 사고를 촉진합니다

다른 견해를 포용함으로써, 서클은 사물에 대한 전체론적인 관점을 육성하고, 이 전체적인 견해는 혁신적인 사고를 유도합니다. 각 사람은 그 또는 그녀 자신의 퍼즐 조각을 가지고 서클에 옵니다. 대화를 통해, 참여자들은 이 조각들이 어떻게 함께 들어맞고 예상치 못한 방식으로 서로를 보완할 수 있는지 봅니다. "사고의 전환: 돌파구를 위한 전략적 대화"라는 기사에서 후아니타 브라운Juanita Brown과 셰린 베넷Sherrin Bennett은 이것이 어떻게 작동하는지에 대한 또 다른 은유로 사진을 사용합니다. "다양한 관점 포용하기""라는 제목 아래, 그들은 이렇게 썼습니다.

사진작가가 상황을 탐색하는 것처럼, 각 발언은 전체 이야기를 말하려는 노력의 일환으로 다른 유리한 지점에서 사진을 제공합니다. 부드럽게 초점을 맞춘 전체 그림은 단편적인 부분들의 상세한 그림보다 더 나은 이해를 가져옵니다. 각 사람은 그들 자신의 관점에서 증명하거나 설득하려 하기보다는 공통의 아이디어 저장소에 더합니다. 대화의 파트너들은 그들의 다양한 관점에 대한 일관된 해석을 찾도록 도전받습니다. 각 발언은 그 자체로 진실하고, 전체의 미스터리를 드러내는 데 필수적인 가치 있는 단서로 간주됩니

다. 이러한 기대하는 태도는 혁신을 가져오는 통찰력의 불꽃을 점

화할 수 있습니다.

서클은 변화에 잘 대응합니다

서클은 사람들이 예상치 못한 변화에 적응하도록 돕는 데 매우 효과적입니다. 때때로 최고의 계획이 부적절하거나 완전히 틀린 것으로 판명될 수 있습니다. 변화가 이루어져야 할 때, 참여자들은 때때로 그것을 받아들이고 조정하는 것을 어려워합니다. 서클은 그들에게 그들의 좌절감이나 경로를 바꾸는 데서 보는 어려움들을 표현할 기회를 줍니다. 또한 사람들이 변화를 그들에게 더 쉽게 만들기 위한 전략들을 식별하도록 돕습니다.

도전 과제가 무엇이든 간에, 서클은 변화의 시기에 표면화되는 긴장을 완화합니다. 만약 변화가 필요하다면, 서클은 조정 과정을 정상화할 수 있습니다. 그 이상으로, 그것은 변화에 대한 자연스러운 저항을 창의성으로 변화시키는 데 도움을 주어, 모든 사람이 새로운 상황을 최대한 활용할 수 있도록 합니다.

서클은 유기적으로 기능합니다

서클은 그 접근 방식에서 유기적입니다. 그것은 사람들이 대화에 가져오는 이슈들을 위해 열린 공간을 유지하고 논의를 제한하려고 하지 않습니다. 예를 들어, 특정 사건을 관련 경험과 분리하려고 하지 않습니다. 서클 대화는 참여자들이 서클의 목적을 다루기 위해 관련이 있다고 믿는 모든 것을 논의하는 데 개방적입니다. 이 접근 방식은 상황에 대한 전체론적인 시각으로 이어집니다. 또한 예상치 못한 통찰력과 창의적인 가능성이 나오도록 문을 열어둡니다.

서클은 조직 학습을 촉진합니다

서클은 조직 내 사람들이 서로에게서 배울 기회를 제공합니다. 시간이 지나면서, 이것은 구성원들이 팀으로서 함께 배우는 그룹 학습으로 발전합니다. "누가 누구보다 더 많이 아는가?"는 모두에게 동기를 부여하는 공유된 학습 과정으로 바뀝니다. 서클은 특히 이 역학을 육성하는 데 좋습니다. 왜냐하면 과정이 존중하고 성찰적이기 때문인데, 이 두 가지는 협력적 학습을 지원하는 특징입니다. 말하기 소품의 사용은 일반적으로 조용한 사람들을 이끌어내어, 그들의 지혜가 그룹에 기여하도록 합니다. 한 그룹의 사람들이 지속적으로 그들의 통찰력과 관점을 공유할 때, 그들은 서로를 신뢰하기 시작하고, 이 신뢰는 학습도 지원합니다.

서클은 우리의 온전한 본성^{Our Whole Nature}을 기릅니다

서클은 우리가 우리의 온전한 존재를 우리의 일에 가져오도록 돕습니다. 여기에는 우리가 누구인지의 정신적, 물리적, 감정적, 그리고 영적, 의미 기반 차원이 포함됩니다. 우리가 우리의 삶의 이 모든 측면을 더 많이 통합할수록, 우리는 우리가 하는 일에서 더 유능하고 효과적일 것입니다. 대부분의 사람들에게, 서클 프로세스의 가치는 그들의 의미와 영성에 대한 감각과 밀접하게 일치합니다. 우리의 가치 기반 "최고의 자아^{best selves}"를 육성함으로써, 서클은 어떤 특정 형태의 영성을 강요하지 않고 우리의 일하는 삶을 우리의 영적인 삶과 일치시킵니다.

서클은 사회 정의를 촉진시킵니다

더 큰 틀에서, 서클은 우리가 사회를 어떻게 조직할지에 대한 핵심 질문들을 다릅니다. 우리는 어떻게 가장 효과적으로 우리 자신을 통치할 수 있는가? 우리는 함께 우리의 삶을 어떻게 기획할지에 대해 어떻게 좋은 결정을 내릴 수 있는가? 그 본질상, 서클 프로세스는 사회 정의를 위한 힘입니다. 왜냐하면 그것은 핵심적으로 민주적이기 때문입니다. 그것은 목소리가 들리지 않았던 사람들에게 목소리를 줍니다. 그리고 그것은 모든 당사자를 동등하게 대우합니다. 서클은 어떤 사람들에게 이렇게 말하지 않습니다. "당신들은 졌어. 안됐지만, 슬퍼도 어쩔 수 없어. 잊어버려. 우리가 힘을 가졌고, 당신들은 없어. 이제 우리가 결정을 내려. 익숙해져."

대신, 서클은 각 구성원에게 이렇게 말합니다. "당신이 누구인지는 중요합니다. 당신이 사물을 어떻게 보는지는 중요합니다. 당신이 당신의 삶과 당신의 자녀를 위해 원하는 것은 중요합니다. 당신이 한 민족으로서 무엇을 하기로 선택하는지는 중요합니다. 이곳은 당신이 당신의 이야기를 말하고 경청될 수 있는 곳입니다. 이곳은 우리가 존중과 진정성으로 서로에게 귀 기울이는 곳입니다. 우리 각자는 이 과정의 필수적인 부분입니다. 각 사람의 우려는 결과에서 다루어질 것입니다. 우리 모두는 이 과정이 어떻게 진행될지에 대한 책임이 있습니다. 우리 모두가 받아들이고 함께 살아갈 수 있는 해결책을 찾을 때까지 우리는 이 과정을 함께 할 것입니다." 이것은 공공 과정이 보낼 새로운 메시지입니다.

서클은 변화를 유도합니다

마지막으로, 서클은 변혁적인 효과를 가집니다. 사람들이 변하고, 그들의 관계가 변하며, 그들의 커뮤니티와 조직도 그들과 함께 변합니다. 커뮤니티에 서클 접근 방식을 통합하는 데는 시간이 걸립니다. 그러나 시간과 사용을 통해, 서클은 이 모든 수준에서 이점들의 파문을 보내고, 이는 함께 변혁을 가져옵니다. 변화에 대한 우리의 잠재력을 활용하는 것이야말로 서클을 사용하는 것이 가져올 수 있는 가장 위대하고 장기적인 이점일 수 있습니다.

12

순조롭지 않은 항해: 도전과 주의사항

서클을 사용하는 것은 공공 기획 과정에 분명히 큰 이점을 제공합니다. 그러나 기획 부서나 심지어 프로젝트에 서클을 도입하는 것은 그 자체로 일련의 도전 과제들을 가지고 있습니다. 어떤 문제, 장애물, 그리고 반대가 있을 수 있는지 아는 것이 도움이 되므로, 우리는 우리 자신의 경험을 바탕으로 몇 가지 주의사항을 공유하고자 합니다.

먼저, 우리는 지배적인 사회가 서클의 원칙과 관행에 익숙하지 않다는 것을 염두에 두어야 합니다. 따라서 사람들이 서클 프로세스가 너무 이상하거나 너무 단순해서 별 도움이 되지 않는다고 느끼는 것은 자연스러운 일입니다. 이러한 반응은 우리 모두가 어떻게 훈련받았는지를 반영합니다. 그것은 개인적인 것이 아닙니다. "일을 처리하는" 방법에 대한 서클 철학은 주류의 접근 방식과 상당히 다릅니다. 서클 프로세스가 실제로 얼마나 큰 패러다임 전환인지 아무리 강조해도 지나치지 않습니다. 서클은 매우 단순하고 간단해 보이며, 실제로 그렇습니다. 그러나 그것은 우리 대부분이 자라고, 교육받고, 훈련받은 방식과는 정반대의 방식으로 서로와 이슈에 참여하도록 우리를 초대합니다.

전통적인 관리 모델은 보통 명령 계통에 의존합니다. 이는 계층적이고 하향식 통제입니다. 우리의 교육 구조는 사업, 정부, 그리고 전문적인 세계에서 일하도록 우리를 준비시키기 위해 이 모델을 반영합니다. 우리가 일하러 갈 때,

우리는 묻습니다. 누가 나에게 월급을 주는가? 내 상사는 누구인가? 조직의 흐름도에서 내 위치는 어디인가? 그리고 내 일을 잘하기 위해 어떤 지식을 숙달해야 하는가? 만약 어떤 것이 내 책임이 아니라면, 그것은 내 관심사가 아닙니다. 전체론적 관점은 가치 있게 여겨지거나 육성되지 않습니다. 실제로, 하향식 구조는 전체론적 관점을 억누릅니다. 우리가 전체론적 관점에서 일하지 못하는 것은 인식되지 않는 해악을 초래합니다. 더 나쁜 것은, 그 결과 사람들이 무의식적으로 해로운 과정에 참여하게 되어, 그들이 의식하고 있다면 선택하지 않았을 해악을 초래한다는 것입니다.

수십 년 동안, 경영 과학 분야의 사상가들은 우리가 이 전통적인 모델을 넘어설 것을 촉구해왔습니다. 마거릿 위틀리Margaret Wheatley는 그러한 사상가 중 한 명입니다. 우리는 그녀의 기사 "현실 세계를 위한 리더십 교훈Leadership Lessons for the Real World"의 서두를 공유하고 싶습니다.

사람들이 종종 제가 제안하는 새로운 리더십이 "현실 세계"에서는 작동할 수 없다고 논평합니다. 이 "현실 세계"는 효율성과 복종을 요구하고, 관료주의에 의해 관리되며, 정책과 법률에 의해 통치됩니다. 그것은 시키는 대로 하는 사람들, 수동적으로 지시를 기다리는 사람들로 가득 차 있으며, 혼란이 발생하고 상황이 통제 불능일 때조차도 모든 상황에 대한 표준 운영 절차에 의존합니다.

이 현실 세계는 서구 사상에 의해 발명되었습니다. 우리는 사람, 조직, 그리고 세계가 기계이며, 안정된 세계에서 시계처럼 작동하도록 거대한 시스템을 조직할 수 있다고 믿습니다. 리더의 역할은 안정성과 통제를 만드는 것입니다. 왜냐하면 인간의 개입 없이는 질서에 대한 희망이 없기 때문입니다. 대부분의 사람들은 둔하고, 창의적이지 않으며, 사람들이 지시를 받아야 하고, 새로운 기술은 훈련을 통해서만 발전한다고 가정됩니다. 사람들은 두려움과 보상을 사용하여 동기 부여되고, 연민과 관대함과 같은 내적 동기 부여는 무시됩니다.

이것은 현실 세계가 아닙니다. 진정한 현실 세계는 우리가 혼란에 대처하는 법을 배우고, 인간에게 동기를 부여하는 것이 무엇인지 이해하며, 더 많은 혼란이 아닌 질서로 이어지는 전략과 행동을 채택할 것을 요구합니다.

여기에 새로운 과학이 묘사하는 현실 세계가 있습니다. 그것은 상호 연결된 네트워크의 세계이며, 시스템의 한 부분에서의 미미한 교란이 그 기원으로부터 멀리 떨어진 곳에 주요한 영향을 만듭니다. 이 고도로 민감한 시스템에서, 가장 사소한 행동도 거대한 혼란과 혼돈으로 폭발할 수 있습니다. 그러나 그것은 또한 질서를 추구하는 세계이기도 합니다. 혼란이 발생할 때, 그것은 현재의 구조를 파괴할 뿐만 아니라, 새로운 질서가 출현할 조건을 만듭니다. 변화는 항상 모든 것이 무너지는 어두운 밤을 수반합니다. 그러나 이 해체의 기간이 새로운 의미를 창조하는 데 사용된다면, 혼란은 끝나고 새로운 질서가 출현합니다.

이것은 명령과 통제 또는 카리스마 없이 스스로를 조직하는 방법을 아는 세계입니다. 모든 곳에서, 삶은 관계의 네트워크로서 스스로 조직됩니다. 개인이 공통의 관심사나 열정을 발견할 때, 그들은 스스로를 조직하고 일이 일어나도록 하는 방법을 알아냅니다.

자기 조직화는 창의성을 불러일으키고 결과로 이어지며, 강하고 적응력 있는 시스템을 만듭니다. 놀라운 새로운 힘과 능력들이 출현합니다.

이 세계에서, 삶의 "기본 구성 요소"는 개인이 아니라 관계입니다. 그 자체로 존재하는 것도 없고, 최종적이고 고정된 정체성을 가진 것도 없습니다. 우리는 모두 "잠재력의 다발"입니다 (한 과학자가 양자 입자를 묘사했듯이). 관계는 이러한 잠재력들을 불러일으킵니다. 우리는 다른 사람들을 만나거나 다른 상황에 있을 때 변합니다.

이 역사적인 순간에, 우리는 더 이상 작동하지 않는 기계론적 세계관과 우리가 포용하기를 두려워하는 새로운 패러다임 사이에 갇혀 살고 있습니다. 그러나 이 새로운 패러다임은 우리의 가장 해결 불가능한 도전 과제들에 대한 해결책을 제공할 수 있다는 약속과 함께 옵니다.

긴급 상황을 제외하고 심지어 그때조차도 논쟁의 여지가 있지만, 하향식 접근 방식은 일을 처리하는 가장 현명하거나 가장 효과적인 방법으로서 많은 사람들에게 신뢰를 잃고 있습니다. 한 가지 이유는, 그것이 의사결정이 이루어지는 지식과 경험의 풀을 심각하게 좁히기 때문입니다. 또 다른 이유는, 그것이 수백만 또는 수십억 사람들의 삶에 영향을 미치는 거대한 시스템들을 정상에 있는 소수의 결정에 극도로 취약하게 만들기 때문입니다. 전체론적 관점을 소수의 배타적인 영역으로 유지하는 것은 거대한 남용을 허용했습니다. 또한 치명적인 결과를 초래하는 나쁜 판단으로 이어졌습니다.

그럼에도 불구하고 경영 컨설턴트들이 "섬기는 리더십," "팀 학습," "공유된 비전," 그리고 "전체 시스템 사고"의 이점을 오랫동안 그리고 열심히 주장함에도 불구하고, 하향식 의사결정이 최선의 방법이라는 가정에 빠지기 쉽습니다. 그것은 "가장 효율적인" 방법, 즉 "일을 처리하는" 방법처럼 보일 수 있습니다.

이러한 문화적 맥락을 고려할 때, 사람들이 처음 서클 프로세스를 경험할 때 서클의 많은 측면들이 이상하게 보이는 것은 당연합니다. "누가 모든 의자를 옮겼지?" "테이블들은 다 어디 갔지?" "왜 말하기 위해 무언가를 잡고 있어야 하지?" "왜 우리는 가치에 대해 이야기하는 데 이 모든 시간을 보내야 하지?" "이 사람의 조상에 대한 이 이야기가 새로운 쇼핑몰을 어디에 지을지 결정하는 데 정말 필요한가?"

이러한 즉각적인 반응을 넘어, 신참들에게 가장 이상하게 보일 수 있는 것은 서클이 진정으로 평등하고 민주적인 대화를 위해 만드는 공간입니다. 많은 사람들은 이전에 그러한 공간에 있어본 적이 없습니다. 적응하는 데 시간이 걸립니다. 우리는 무엇을 해야 할지 지시받거나 다른 사람들에게 무엇을 해야 할지 지시하는 데 익숙합니다. 항상 누군가가 통제합니다. 불확실하고 결정을 내리지 못하는 곳에서 시간을 보내는 것? 모든 측면의 이야기를 듣는 것? 그룹의 모든 사람이 어떤 경로에 동의할 때까지 결과가 무엇일지 모르는 것? 이것은 익숙해지는 데 시간이 걸립니다. 서클의 참여자들은 함께하는 다른 방식에 적응해야 하고, 과정이 할 만한 가치가 있다고 신뢰해야 합니다.

만약 우리가 서클을 기획 과정에 도입하고 싶다면, 우리는 사람들이 어디에서 오고 있는지 고려해야 합니다. 그들은 직장에서든 커뮤니티에서든 이전에 일을 처리하는 것에 대해 어떤 경험을 해왔는가? 그 결과 그들은 무엇을 가정하고 기대하고 있는가? 우리는 서클이 가장 잘 받아들여질 가능성이 있도록 서클 프로세스를 좋은 방식으로 어떻게 제시할 수 있을까? 다시 말해, 서클에 대한 사람들의 경험 부족과 다른 패러다임에서의 수십 년간의 조건화를 어떻게 연결하여, 그들이 서클이 제공하는 것을 이해하기 시작하고 기꺼이 참여하도록 할 수 있을까?

용어에 대해 유연하기

우리가 새로운 것을 경험할 때, 처음에는 불편함을 느낍니다. 용어나 단어 사용에 반대하는 것은 우리의 불편함을 표현하는 쉬운 방법입니다. 서클을 홍보할 때, 우리는 서클 용어에 대한 사람들의 반응에 민감할 수 있습니다. 아마도 그 용어들이 과거의 경험에서 고통스러운 무언가를 촉발하거나, 사람들이 최신 중재 기술처럼 보이는 것에 대해 냉소적으로 느끼고 있을 수도 있습니다. 그들의 반응은 또한 패러다임 전환을 겪는 데서 오는 불편함을 반영할 수도 있습니다.

이유가 무엇이든, 서클의 선주민 기원을 반영하는 언어가 과정에 대한 신참들에게 걸림돌이 될 필요는 없습니다. 우리는 다른 용어들을 사용할 수 있습니다. "서클," "의식," 또는 "말하기 소품"과 같은 용어들이 장애물이 된다면, 우리는 우리가 하는 일을 다르게 설명할 수 있습니다. 서클 프로세스의 성공은 우리가 사용하는 단어에 달려 있지 않습니다. 중요한 것은 서클의 근본적인 원칙들을 실천하려는 의도입니다. 각 목소리를 가치 있게 여기고, 리더십을 공유하며, 서로를 상호 책임지도록 하고, 동의에 의해 결정을 내리며, 공통적으로 가진 가치로 돌아가는 것 말입니다. 용어는 이러한 근본적인 원칙들을 실천하는 데 장벽이 될 필요가 없습니다. 만약 우리가 사용하는 용어를 조정하는 것이 일부 전문적이거나 조직적인 맥락에서 이러한 원칙들을 더 접근하기 쉽게 만드는 데 도움이 된다면, 우리는 그렇게 해야 합니다.

우리는 또한 한 번에 한 단계씩 과정을 도입하고 싶을 수도 있습니다. 우리는 과정의 다른 부분들을 사용하지 않고 첫 단계로 사람들이 서클형태로 앉도록 마련할 수 있습니다. 그 기하학에는 힘이 있습니다. 그것은 사람들을 오래된 패러다임에서 벗어나게 합니다. 말하기 소품을 사용하는 것도 비슷한 효과를 가집니다. 이 두 요소는 전통적인 상호작용 모델에서 벗어나 변화를 촉진하는 내재적인 힘을 가집니다. 이 요소들은 우리를 서클의 잠재력으로 완전히 이끌지는 못하지만, 사람들을 새로운 방향으로 가리킬 만큼 충분히 강력합니다. 우리가 이러한 변화들을 만들 때, 우리는 "서클"이나 "말하기 소품"이라는 용어를 사용할 필요가 없습니다. 온전한 서클 프로세스를 활용하지 않고도, 회의에서의 그러한 간단한 변화들은 사람들이 소통하는 방식에 근본적인 변화에 기여할 수 있습니다. 그룹 역동성이 변할 것입니다.

대중적, 정치적 수용으로 가는 길

우리의 사회는 우리에게 익숙한 공공 및 정치적 과정을 가지고 있습니다. 비록 우리가 그것들을 비판할 수도 있지만, 그것들은 특정 기준의 기대를 제공합니다. 예를 들어, 우리가 의회 회의나 공청회에 참석할 때, 우리는 무엇을 기대해야 할지 압니다. 우리는 우리가 정치인으로 왔든, 직원으로 왔든, 대중의 일원으로 왔든 우리의 역할을 압니다. 우리는 누가 무엇에 대한 권한을 가지고 있는지 압니다. 우리가 말할 수 있는지 아닌지 압니다. 그리고 말할 수 있다면, 언제 그렇게 할 수 있는지 압니다.

반대로, 서클 프로세스는 대부분의 비선주민들에게는 새롭습니다. 그것은 자연스럽게 느껴지기 시작하기 전에 설명, 시간, 그리고 경험을 필요로 합니다. 처음에는, 실제 경험이 불쾌하지는 않더라도 불안하게 느껴질 수 있습니다. 예를 들어, 권력의 위치에 있는 사람들에게, 서클의 평등은 위협적으로 느껴질 수 있습니다. 정치인들은 그들의 역할을 연사에서 청취자로, 권위 있는 인물에서 동등한 참여자로 바꾸는 것을 좋아하지 않을 수 있습니다. 반대로, 대중의 구성원들은 권위 있는 인물들 앞에서 이야기하고 진지하게 받아들여지는 데 익숙하지 않을 수 있습니다.

이러한 이유들 때문에, 주최자들이 사람들에게 참여를 요청하기 전에 서클 프로세스를 철저히 설명하는 것이 중요합니다. 그때조차도, 우리는 약간의 초기 불편함이나 노골적인 저항에 대비해야 합니다. 기획에 서클을 사용하는 것은 과정에 대한 다양한 단계의 교육을 필요로 할 것입니다. 우리는 서클이 어떻게 작동하는지, 무엇을 할 수 있는지, 그리고 왜 그렇게 효과적인지에 대한 일반적인 인식을 구축해야 합니다.

우리는 서클에 대한 인식이 변할 것이라고 믿습니다. 왜냐하면 우리는 그것이 일어나는 것을 보았기 때문입니다. 물론, 거의 모든 것이 과정에 대해 다르기 때문에, 어떤 사람들에게는 다른 사람들보다 더 많은 시간이 걸립니다. 예를 들어, 우리가 어떤 과정이 "효과적"이라고 말할 때, 우리는 무엇을 의미하는가? 그것이 우리가 가능한 한 빨리 계획을 추진하도록 가능하게 한다는 것을 의미하는가? 아니면 많은 관점을 통합하고, 그리하여 광범위한 커뮤니티 지지를 창출하는 계획을 개발하도록 가능하게 할 때 과정이 "효과적"인가? 더 많은 사람들이 서클 프로세스를 경험할수록, 서클을 사용하기 위한 추진력이 구축될 것입니다. 시간이 지나면서, 우리는 서클이 더 널리 이해되고 받아들여질 것이라고 예상합니다.

위험에 맞서기

우리 중 많은 사람들이 배웠듯이, 새로운 아이디어를 도입하는 것은 개인적으로나 직업적으로 어느 정도의 위험을 수반합니다. 한 사람의 성격, 위치, 그리고 조직 내에서의 권위는 우리가 기꺼이 감수하거나 감수할 수 있는 위험의 양에 영향을 미칩니다. 서클을 사용하는 일부 상황은 다른 것들보다 덜 위험합니다.

예를 들어, 실직한 청소년들과 서클을 사용하는 것에 대해 흥분했던 젊은 기획자는 지역 시의회와 서클을 사용하는 것에 대해 훨씬 더 주저했습니다. 그녀는 아마도 많은 기획자들의 공감을 살 만한 논평을 했습니다. "저는 기획자로서 신뢰를 얻기 위해 정말 열심히 일했습니다. 만약 제가 서클을 제안했다면 '무대에서 비웃음을 샀을 것'이라고 느낍니다." 기획자들은 이러한 위험들을 사례별로 평가해야 합니다.

새내기 기획자에게 너무 위험해 보이는 상황조차도, 더 확고한 위치의 기획자들은 그들에게 위험이 덜하기 때문에 수용적일 수 있습니다. 그들의 지위는 그들에게 어느 정도의 권위와 보호를 줍니다. 사실, 그들은 새로운 과정을 배우고 혁신적인 것을 도입하는 도전을 즐길 수도 있습니다.

일부 기획자들은 서클을 사용하여 대중을 참여시키는 것이 "나쁜" 결과의 위험을 증가시킬 수 있는지 궁금해할 수 있습니다. 예를 들어, 우리 모두는 도시 난개발urban sprawl이 형편없이 기획된 커뮤니티의 결과라는 것을 깨닫습니다. 그럼에도 불구하고, 많은 사람들은 그것이 그들이 아는 것이기 때문에 도시 난개발을 선호합니다. 만약 우리가 기획 전문가가 아니고 현명하지 않고 지속 가능하지 않은 토지 이용 패턴에서 자란 많은 사람들을 데려온다면, 우리는 결국 더 많은 동일한 결과로 끝날 것인가? 우리는 현명하게 기획하고, 예를 들어, 에너지 소비와 환경이 우리에게 만들 것을 촉구하는 변화들을 만들 수 있을까? 이것들은 고려해야 할 중요한 질문들입니다.

때때로 결정이 최선이 아닐 수도 있습니다. 그러나 서클은 기획자와 다른 전문가들을 포함한 다양한 사람들과 관점들을 한데 모으기 때문에, 서클의 사용은 모든 견해가 경청될 가능성을 더 높입니다. 게다가, 커뮤니티의 기존 습관을 뒤엎는 전문적인 관점에서 볼 때 바람직한 변화가 있다면, 서클은 제안된 변화의 가치에 대한 공공 교육과 대화를 위한 장을 제공할 수 있습니다. 서클은 새로운 설계가 필요로 하는 공동체 지지를 생성하는 데 도움을 줄 수 있습니다. 그리고 그들은 가장 철저한 기획자조차 놓칠 수 있는 고려 사항들, 즉 정당한 우려들을 기획자들이 신중하게 생각하도록 도울 수 있습니다. 다른 공공 과정들과 달리, 서클은 발언의 평등에 따라 운영됩니다. 이것은 한 사람찬성이든 반대든이 의제를 밀어붙이기 위해 지배하거나 과시하는 것을 막습니다.

예상치 못한 일: 자신의 경험 부족에 대처하기

5장과 7장에서 설명했듯이, 일부 유형의 서클은 공식적인 훈련 없이도 상당히 성공적으로 진행될 수 있습니다. 만약 당신이 이런 식으로 시작하기로 결정했다면, 즉 서클 훈련에 참석할 기회를 갖기 전에 서클을 조직하기로 결정했다면, 상대적으로 쉬운 서클로 시작할 것을 제안합니다. 갈등의 잠재력이 명확한 주제는 피하세요. 친구들과 동료들 사이에서 또는 당신의 사무실 내에서, 즉 "안전한" 그룹 내에서 서클을 개최하는 것도 시작하기 쉬운 방법입니다.

그러나 가장 예측 가능하고 무해해 보이는 서클조차도 놀라움을 가져올 수 있습니다. 서클은 사람들이 마음으로 이야기하는 안전한 공간을 만들기 때문에, 예상치 못한 정보나 강렬한 감정이 나올 잠재력은 항상 있습니다. 우선, 이것은 서클이 작동하지 않는다는 신호가 아니라, 작동하고 있다는 신호입니다. 서클은 참여자들이 그들의 삶에서 절박한 이슈들을 다룰 공간을 제공하고 있습니다. 아마도 그들은 서클이 가능하게 하는 깊이로 이러한 이슈들을 다루거나 이러한 감정을 표현할 다른 장소가 없을 것입니다.

하지만 그런 경우에 당신은 어떻게 해야 하는가? 서클 훈련을 받지 않은 진행자들에게그리고 훈련받았지만 경험이 제한적인 사람들에게조차도, 상황은 무섭게 느껴질 수 있습니다. 또한 당신이 스스로를 의심하거나 애초에 서클을 개최하는 것이 좋은 생각이었는지 의문을 품게 만들 수도 있습니다. 우리 자신이 그곳에 있었기 때문에, 우리는 다음 사항들을 염두에 둘 것을 제안합니다.

- 서클은 발생하는 감정을 만들지 않습니다. 그것은 사람들이 이전에 알지 못했을 수도 있는 감정들을 인식하고, 다른 사람들의 목격을 통해 그것들로부터 배우도록 허용합니다.
- 모든 공공 과정은 강한 감정이 표현될 수 있는 위험을 수반합니다.

이러한 고려 사항들을 염두에 두고, 당신은 무엇을 할 수 있는가?

- 사람들을 시작 시에 설정했던 가치와 지침으로 되돌아가게 하세요.
- 상황이나 이슈를 서클 그룹에게 되돌려 어떻게 진행할지에 대한 지침을 구하세요. 당신이 과정을 통제해야 한다고 생각하는 기본값에 빠지지 마세요. 당신은 또한 이슈를 해결하거나 해결책을 찾으려고 노력할 필요가 없습니다. 현재 그곳에 있고, 계속 진행되어야 할 모든 과정에 대해 안전한 공간을 유지하는 것이 당신이 해야 할 전부입니다. 그리고 당신은 이것

을 혼자 하는 것이 아닙니다. 서클의 모든 사람은 서클이 어떻게 펼쳐지는 지에 대한 책임을 공유합니다.

- 어떤 일이 일어났든 서클이 적절하게 대응할 충분한 시간이 있는지 확인 하세요. 더 오래 머무르거나 다른 날 다시 만나도록 준비하여, 논의가 미결 상태로 남지 않도록 하세요.

- 논의가 어떤 참여자에게 이전의 피해 경험즉, 편견, 차별, 또는 폭력의 경험의 이슈를 촉발했다면, 그들을 상담 자원이나 다른 형태의 도움과 지지로 안내할 준비를 하세요. 이슈를 서클에 되돌려놓는 것은 또한 외부 자원에 대한 그룹의 지식과 경험을 활용합니다.

- 서클 프로세스에 더 경험이 많은 사람에게 연락하여 피드백, 통찰력, 그리고 지지를 구하세요.

- 만약 당신이 서클을 더 자주 그리고 점점 더 다양한 환경에서 사용하기로 결정했다면, 서클 훈련에 참석하고 더 많은 독서를 하고 싶을 수도 있습니다. 부록 2와 3 참조

그리고 서클이 모든 경우에 적합한 것은 아니라는 것도 사실입니다. 만약 당신이 서클을 사용하기로 선택했고, 그것이 최선의 선택이 아니라고 느낀다면, 당신은 언제든지 그렇게 말하고 그 결정을 그룹에게 맡길 수 있습니다. 랜디 프렌치는 그러한 경험을 회상합니다.

한번은 제가 논란이 되는 개발에 대한 회의를 진행하고 있었고, 서클을 사용하고 있었습니다. 하지만 느낌이 좋지 않아서, 저는 멈추고 사과해야 했습니다. 저는 서클 프로세스를 사용하려 한 것에 대

한 책임을 지고, 비록 이슈가 중요하지만, 서클을 사용하여 해결하기에는 적절하지 않다고 제안했습니다.

다시 말하지만, 서클은 기술 이상입니다. 그것들은 철학, 마음가짐, 그리고 삶의 방식을 구현합니다. 서클의 방식이 우리 존재의 일부가 될수록, 우리가 과정을 신뢰하고 서클 기반의 방식으로 직관적으로 반응하는 것이 더 쉬워집니다.

서클 진행자 및 참여자로서의 기획자: 새로운 역할

기획자들이 위험하다고 느낄 수 있는 서클에 대한 또 다른 차이점은 진행자로서 우리가 우리의 통제권 일부를 포기해야 한다는 것입니다. 그룹 과정을 진행하는 더 전통적인 스타일에서, 진행자는 무슨 일이 일어나는지에 대해 주요한 역할을 하고 따라서 결과 또한 결정하는 데 중요한 역할을 합니다. 이와 대조적으로, 서클 진행자의 역할은 단순히 안내하고 방향을 제시하는 것입니다. 진정한 통제는 참여자들 사이에 공유됩니다.

전문 기획자로서, 우리는 우리에게 부여된 명확한 기대들을 가지고 있습니다. 이것은 우리 업무의 일부입니다. 그렇다면 기획자들이 우리의 통제권 일부를 포기하는 것의 현명함에 대해 매우 신중하게 고려하는 것은 전혀 불합리하지 않습니다. 이것은 현명한 움직임인가? 그것이 전반적인 결과에 어떻게 영향을 미칠 것인가? 우리가 서클을 사용하고자 한다면 이러한 질문들을 피할 수는 없습니다.

양다리를 걸치는 것은 작동하지 않습니다. 우리는 서클을 사용하면서 동시에 동일한 수준의 통제를 유지할 수 없습니다. 우리가 서클을 통제하려고 더 많이 시도할수록, 그것은 다른 어떤 촉진된 과정과 더 비슷해질 것입니다. 우리가 통제권을 더 많이 포기하고 서클을 신뢰할수록, 우리는 서클이 제공하는 완전한 잠재력을 더 많이 경험할 것입니다.

그러나 이것은 연습이 필요합니다. 왜냐하면 그것은 우리가 우리의 개인적이고 직업적인 프로그램의 많은 부분을, 적어도 한동안은, 제쳐두어야 한다는 것을 의미하기 때문입니다. 우리 중 너무 많은 사람들이 가능한 한 많이 통제하도록 양육되었을 뿐만 아니라 전문적으로 훈련받았습니다. 우리는 모든 해답을 가지고 있지 않으면 우리가 무능하거나 우리의 책임을 다하지 못하고 있다고 느낍니다. 아마도 우리의 일은 문제를 해결하고 해결책을 제공하는 것입니다. 이것을 놓아주고 다른 사람들을 과정에 초대하는 것은 새로운 일입니다.

서클에서, 기획자들은 우리가 진행자로서든 서클 구성원으로서든 동등한 참여자입니다. 다른 모든 사람들과 마찬가지로, 우리는 우리의 아이디어, 우려, 지식, 그리고 전문 지식을 대화에 가져오도록 기대됩니다. 우리는 우리의 "객관적이고" 합리적인 마음에서만이 아니라 우리의 마음에서 이야기하도록 초대됩니다. 많은 전문가들에게, 그리고 확실히 기획자들에게는, 이것은 낯선 영역입니다. 우리는 전문적인 거리를 유지하고 지적으로 운영하도록 훈련받았습니다. 무엇보다도, 기획자들은 많은 기획 이슈들을 부채질하는 열정과 감정으로부터 멀리 떨어져 있도록 기대됩니다. 의심할 여지 없이, 서클은 기획자들에게 도전 과제를 제시합니다. 그러나 그것들은 또한 우리에게 새로운 실천 방식을 배울 기회를 줍니다. 그리고 그들은 진정으로 존중하고 협력적인 방식으로 대중을 참여시킬 방법을 우리에게 줍니다.

진행자의 역할 중 하나는 서클이 초대하는 대화의 종류를 모범으로 보여주는 것입니다. 예를 들어, 서클은 참여자들이 개인적인 경험에서 이야기하고 그룹에게 훈계하는 것을 피하도록 격려합니다. 진행자가 가지는 가장 중요한 역할 중 하나는 이러한 종류의 소통을 모범으로 보이는 것입니다. 즉, 그들의 마음에서 이야기하고 그들의 발언을 그들 자신의 경험에 뿌리두는 것입니다.

만약 기획자들특히 진행자 역할을 하는 사람들이 이 역할에 불편함을 느낀다면, 그들은 초연한 전문성에서 이야기하는 것으로 되돌아갑니다. 그러나 그렇게 함으로써, 그들은 과정을 통제하려고 시도하는 것처럼 보일 수 있습니다. 게다가, 대화는 지적인 수준을 넘어설 가능성이 적습니다. 그 경험은 다른 전통적인 촉진된 과정과 비슷해질 것입니다.

이와 대조적으로, 진행자들이 더 경험적이고, 마음 중심적인 표현을 모범으로 보일 때, 그들은 다른 사람들도 따라하도록 허용합니다. 사람들은 그들에게 가장 의미 있는 것에 대해 이야기함으로써 위험을 감수하기 시작합니다. 그들은 그들이 강하게 느끼는 것을 나누고, 그들을 이러한 견해로 이끈 개인적인 이야기들을 들려줍니다.

마지막으로, 진행자의 역할에는 모든 참여자의 안녕을 돌보는 것에 대한 헌신이 포함됩니다. 이것은 서클 후에 일부 구성원들을 추적하는 것을 의미할 수 있으며, 특히 당신이 그 과정이 그들에게 어려웠다는 것을 관찰했다면 더욱 그렇습니다. 그들이 괜찮은지 확인하기 위해 연락하고 싶을 수 있습니다. 이 수준에서 공동체 구성원들과 교류하는 것은 일부 기획자들에게 새롭고 낯설 수 있지만, 서클이 유지할 수 있는 안전한 공간을 구축하는 데 기여합니다.

시간과 효율성: 제약에 대처하기

물론, 우리 사회의 가치를 고려할 때, 우리 모두는 일을 시기적절하고 효율적인 방식으로 처리해야 한다는 일정한 압박을 느낍니다. 보고서는 작성되어야 하고 계획은 설계되고 승인되어야 합니다. 시간 관리와 효율성은 중요합니다. 그러나 그것들은 종종 커뮤니티와 사회를 함께 묶는 관계보다 더 가치 있게 여겨집니다. 이것들은 장기적으로 어떤 결정이든 작동하게 만드는 바로 그 관계들입니다. 시간과 효율성에서 절약된 것은 기획자들과 계획에 가장 영향을 받는 사람들 사이에 견고한 관계가 형성되지 않았기 때문에 잃어버릴 수 있습니다.

서클은 과도한 양의 시간을 소비할 필요가 없습니다. 그것들은 사용 가능한 시간으로 제한될 수 있습니다. 그러나 과정이 길고 시간이 많이 소요될 때조차도, 더 넓은 의미에서, 서클은 궁극적으로 시간을 절약합니다. 오랫동안 서클을 진행해온 사람들은 이 점을 증명하는 온갖 예시들을 줄 수 있습니다. 결과는 더 많은 관점을 엮어 넣기 때문에 더 균형 잡혀 있습니다. 그 결과, 서클 프로세스에서 나오는 결정들은 보통 더 많은 "동의buy-in"를 얻습니다. 이것은 결과에 전적으로 동의하지 않았던 구성원들에게도 마찬가지입니다. 그들의 견해가 실질적인 방식으로 경청되고 고려되었다는 바로 그 사실이 차이를 만듭니다. 그리고 그들의 견해가 결과에 반영되지 않았다 하더라도, 그들은 그 이유를 이해합니다.

랜디 프렌치는 컨퍼런스 환경의 시간 제약 내에서 참여자들로부터의 의견을 극대화하기 위해 서클 프로세스를 어떻게 사용했는지 설명합니다.

> 최근 슈피리어 호수를 위한 '호수 기획' 컨퍼런스에서, 저는 네 가지 주요 질문에 대해 모든 사람의 의견을 듣고 싶었고, 그래서 24명으로 구성된 그룹을 각각 6명씩의 소그룹으로 나누어 각 질문에 하나씩 배정했습니다. 각 그룹은 그들 자신의 서클을 형성하여, 모든

사람이 질문에 답하는 것에 대한 그들의 의견을 표명할 수 있었습니다. 결국, 모든 사람이 네 가지 질문 모두에 대해 그들의 의견을 말했고 그들의 의견을 제공할 수 있었습니다. 저는 슈피리어 호수를 위한 호수 계획을 개발하는 것에 대한 60페이지 분량의 아이디어와 제안을 가지고 떠났습니다. 이 문서는 회의록처럼 정적이지도 않습니다. 그것은 유동적이며, 사람들이 다른 아이디어에 대해 성찰함에 따라 추가되고 확장될 수 있습니다. 저는 이 과정을 좋아합니다. 왜냐하면 그것은 사람들이 소유권을 가지고 아이디어에 동의하도록 만들기 때문입니다.

결과를 문서화하기

기획자들이 관여하는 공공 과정의 종류는 종종 문서화될 필요가 있습니다. 예를 들어, 우리는 무슨 일이 일어났고, 만약 어떤 것이 결정되었다면, 무엇이 결정되었는지 설명하는 회의록을 작성해야 합니다. 서클을 사용하는 한 가지 도전 과제는 서면 보고서를 제공하는 가장 좋은 방법을 알아내는 것입니다. 그룹의 의견을 서면 문서에 어떻게 통합할 수 있을까? 실제로, 우리는 여러 가지 옵션이 있습니다. 다른 맥락에서 사용되는 많은 서클들은 공식적인 동의를 개발해야 합니다. 예를 들어, 서클은 피해자와 가해자 사이에 발생한 해악을 다루는 데 종종 사용됩니다. 이러한 맥락에서, 법원은 서클이 해악을 다루고 치유하는 방법에 대해 특정 동의즉, 사회적 협약 또는 실제 형량를 만들 것을 요구합니다. 기획자들은 이 작업의 더 공식적인 측면들을 대부분의 기획 서클의 덜 공식적이고 더 대화적인 구조에 통합할 수 있습니다.

구체적으로, 회의가 어떻게 기록될 것인지 모든 사람에게 미리 알리는 것이 중요합니다. 예를 들어, 플립차트를 사용하는 것은 서클이 진행됨에 따라 의견들을 기록하는 한 가지 방법입니다. 그러면 참여자들은 그들의 의견이 어떻게 기록되고 있는지 볼 수 있고, 최종 형태에 대해 동의에 도달할 수 있습니다. 또 다른 방법은 누군가에게 메모를 작성하는 일을 맡기는 것입니다. 끝에, 이 메모들은 서클에 다시 읽어질 수 있습니다. 그런 다음 그룹은 무엇을 공개하고 어떻게 말할지에 대해 동의할 수 있습니다. 서클이 공식적인 공공 과정의 일부라면, 진행자는 누가 참석했는지와 어떤 의견들이 있었는지에 대한 공개 기록을 유지해야 할 필요성을 설명해야 할 것입니다.

기밀성은 특별한 우려를 제기합니다. 그것은 많은 서클에서 공유되는 가치이며, 무엇이 말해졌는지 기록하는 것에 대해 도전 과제를 제기합니다. 기밀성이 이슈가 될 때, 참여자들은 보고서에 무엇이 들어가고 무엇이 빠질지에 대해 논의해야 할 것입니다. 공개 기록을 만들면서 개인 정보가 어떻게 보호될 수 있을까? 각 서클이 결정해야 합니다.

얼마나 많은 사람들이 참여할 수 있는가?

서클에 너무 많거나 너무 적은 사람이 있을 수 있는가? 커플들은 이제 그들의 소통을 향상시키기 위해 서클이나 그 원칙들을 사용하므로, 두 사람이 너무 적은 것은 아닙니다. 서클의 최적 크기는 서클의 목적에 달려 있습니다. 주최자들이 참여자들을 개인적으로 초대할 때, 그룹의 크기는 예측 가능합니다. 목표는 이슈와 그 결과에 대해 우려나 관심이 있거나 자원으로 봉사할 수 있는 사람들을 포함하는 것입니다. 대부분의 서클은 5명에서 20명 사이의 사람들을 포함합니다.

그러나 공공 포럼에서는, 주최자들이 시간이 될 때까지 얼마나 많은 사람들이 참석할지 확신할 수 없습니다. 그러한 경우에, 우리는 모든 사람이 참여할 기회를 가질 수 있도록 우리의 절차를 변경할 준비가 되어 있어야 합니다. 진행자 역할을 할 수 있는 충분한 사람들이 있다면, 모든 사람을 수용하기 위해 하나 이상의 서클이 사용될 수 있습니다. 서클은 200명만큼 많은 사람들과 함께 사용되었지만, 이 크기는 분명히 각 사람이 할 수 있는 의견 제공을 제한합니다.

많은 수의 사람들이 나타날 때, 진행자들은 모든 사람에게 말하기 소품을 전달할 수 없더라도 서클의 요소들을 통합할 수 있습니다. 예를 들어, 우리는 그룹을 시작 의식에 참여시키고 가치와 우리들의 약속에 대한 논의를 초대할 수 있습니다. 우리는 모든 사람이 고려할 질문들을 내놓을 수 있고, 그런 다음 이슈의 모든 측면이 존중하는 방식으로 대표되도록 할 수 있습니다. 예를 들어, 우리는 지금까지 그들의 관점이 표현되지 않았던 사람들에게 이야기하도록 초대할 수 있습니다. 특히 많은 수의 참여자들과 함께할 때는, 모든 사람이 이야기할 기회를 얻지 못할 것이므로, 우리는 관점의 다양성과 균형이 표현되도록 하는 데 특히 주의를 기울여야 합니다. 무슨 일이 일어나든, 우리는 무슨 일이 있었는지에 대한 긍정적인 감각으로 회의를 마무리할 수 있습니다. 기획자들은 성취된 것을 인정하는 데 그들의 창의성을 사용해야 할 것입니다.

서클이 헛된 희망을 불러일으킬까?

기획자들에게, 서클은 그들의 업무에 대한 새롭고 다른 접근 방식을 제공합니다. 그들은 우리에게 다른 전문가들, 정치인들, 그리고 일반 대중과 협력하여 우리의 미래를 형성할 방법을 줍니다. 서클을 통해, 우리는 그들에게 중요한 이슈들에 대해 사람들로부터 의견을 받습니다. 우리는 다른 방법으로는 우리가 할 수 없는 방식으로 그들의 이야기를 듣습니다. 서클은 대립과 대립적인 역동성이 공동의 노력으로 바뀌는 공간을 만듭니다. 사람들이 서로의 우려를 들으면서, 그들은 그들의 초점을 더 깊은 이슈들로 옮깁니다. 그런 다음 그들은 모두에게 효과가 있을 해결책을 찾기 위해 그들의 창의성을 결집하기 시작합니다.

이 과정은 큰 약속을 가지고 있습니다. 그러나 우리의 개인적인 경험에서, 우리가 서클 원칙들을 우리의 기획 관행에 더 많이 통합할수록, 우리는 더 많이 걱정하기 시작했습니다. 우리가 사람들의 희망을 너무 높게 불러일으킬까? 대중이 이 과정이 제공할 수 있는 것에 대해 비현실적인 기대를 발전시킬까? 사람들은 이 모든 훌륭한 의견을 제공할 기회를 가집니다. 만약 아무것도 변하지 않는다면?

이러한 우려들을 다루는 한 가지 방법은 서클 참여자들을 당면한 작업에 집중하게 하는 것입니다. 각 서클의 시작 시, 진행자들은 서클의 특정한 목적을 정의할 수 있습니다. 우리는 우리가 달성하고자 하는 것이 무엇인지, 그리고 서클이 전반적인 의사결정 과정에서 어떤 역할을 할 것인지 상세히 설명할 수 있습니다. 기획 과정은 항상 통제되거나 변경될 수 없는 더 큰 시스템 내에서 발생합니다. 우리의 업무의 일부는 사람들에게 서클을 통해 우리가 바꿀 수 있는 것이 무엇인지, 그리고 우리의 힘 밖에 있을 수 있는 것이 무엇인지 미리 이해하도록 돕는 것입니다. 이것은 커뮤니티가 그렇게 진정성 있는 방식으로 과정에 참여한 후 배신감을 느낄 위험을 줄입니다.

비록 기획 맥락에서 서클이 최종 결정을 내리지 않을 수도 있지만, 그것들은 여전히 결정에 영향을 미칠 수 있습니다. 예를 들어, 모든 사람이 사전에 동의한다면, 어떤 서클 프로세스의 결과든 기획의 다음 단계들을 위한 의견으로 사용될 수 있습니다. 또 다른 옵션은 의사결정자들을 서클에 초대하여, 그들이 모든 정보뿐만 아니라 이슈에 대한 다양한 관점들을 들을 수 있도록 하는 것입니다. 이것은 의사결정자들, 특히 선출된 공무원들에게 서클을 직접 경험하고 과정에 헌신할 기회를 줍니다. 서클에 앉아 여러 관점들을 듣는 것은 그들이 미래에 내리는 결정에 정보를 줄 수 있습니다.

이것들은 우리가 공공 기획에 서클을 도입하면서 경험했던 더 구체적인 도전 과제들 중 일부이며, 이러한 도전 과제들을 해결하는 방법에 대한 몇 가지 제안들입니다. 일반적으로, 가장 좋은 대응은 서클 원칙과 가치, 즉 그 철학으로 돌아가서, 이 틀이 어떻게 가이드 역할을 할 수 있는지 탐색하는 것입니다.

분명히, 배타적이고, 무례하고, 편파적이거나, 통제하는 것은 서클 기반의 대응을 만들지 않을 것입니다. 반면에, 우리가 어떻게 가장 포용적이고, 존중하며, 평등하고, 공유된 리더십에 개방적일 수 있는지 항상 명확한 것은 아닙니다. 더 통제적인 패러다임에서의 우리의 평생 경험은 우리가 가장 예상하지 못할 때 종종 발동될 것입니다. 우리는 실수를 하고 다르게 처리했기를 바랄 것입니다.

그러나 더 큰 그림에서, 이 모든 것은 자연스러운 일입니다. 그것은 새로운 과정을 배우고 패러다임 전환을 만드는 것의 일부일 뿐입니다. 유일한 진정한 위험은 이러한 경험들 때문에 우리가 서클 사용을 포기하도록 허용하는 것입니다. 우리가 서클의 기본으로 계속 돌아가고 우리가 할 수 있는 어떤 방식으로든 그것들을 우리의 업무와 통합하는 한, 이러한 도전 과제들은 스스로 해결되는 경향이 있습니다.

우리가 민주주의를 감행할 수 있을까?

이 시점에서, 우리는 한 발 물러서서 서클을 사용하는 것에 대한 마지막 도 전 과제, 즉 철학적인 도전을 고려하고 싶습니다. 서클은 민주주의를 심오한 수준으로 실천하는 방향으로의 패러다임 전환을 나타냅니다. 우리가 실제로 서클만큼 민주적일 수 있을까? 우리는 서론에서 제기했던 민주주의에 대한 이 슈들로 돌아옵니다.

역사에서 민주주의의 예시를 찾는다면, 성공적이고 오래 지속된 완전 참여 민주주의를 찾을 수 있습니다. 오렌 라이언스 추장Chief Oren Lyons이 설명했듯이, 북아메리카 북동부의 하우데노사우니Haudenosaunee 6개 부족 연맹은 헤아릴 수 없는 세대 동안 심오한 민주주의를 실천해왔습니다. 모든 결정이 그들의 미래 에 영향을 미치기 때문에, 심지어 아이들도 결정에 투표합니다. 실제로, 벤저 민 프랭클린과 다른 미국 건국자들이 그 당시 유럽 대부분에 존재했던 것보다 더 민주적인 형태의 정부를 추진하도록 영감을 준 것은 하우데노사우니 모델이 었습니다. 균형을 유지하는 세 가지 정부 부처를 가진 미국 헌법은 하우데노사 우니 모델에서 많은 부분을 차용했습니다.

유럽에서는, 스위스가 종종 완전 참여 민주주의의 모델로 지적되며, 1291년 부터 이 모델을 사용해왔습니다. 뉴잉글랜드의 타운 홀 미팅은 직접 민주주의 의 또 다른 형태를 제공합니다. 직접 민주주의에서 시민들은 의사결정에 직접 참여합니다. 대표 민주주의에서 사람들은 의사결정에서 시민들을 대표하도록 선출되거나 임명됩니다.

서클은 직접 민주주의의 실천을 크게 심화시키고 확장할 수 있는 도구를 제공합니다. 그러나 우리가 좋은 결정에 도달하도록 직접 민주주의를 신뢰할 수 있을까? 이것은 동서양의 정치 철학자들이 씨름해왔던 매우 오래된 질문입니다. 다시 한번, 우리는 질문에 직면합니다. 직접 민주주의가 정말로 작동할 수 있을까?

인간 본성의 문제

서구에서, 직접 민주주의의 실행 가능성에 대한 우려는 인간 본성에 대한 다른 견해들에서 비롯되었습니다. 인간 본성을 탐욕과 이기심에 의해 크게 통제된다고 본 사람들은 당연히 정의롭고, 공정하며, 공평한 사회가 직접적인 시민 참여로부터 나올 것이라고 의심했습니다.

예를 들어, 17세기 영국 정치 철학자 토마스 홉스Thomas Hobbes는 인간을 이기적이고, 탐욕스러우며, 권력에 의해 움직이는 종으로 묘사한 것으로 알려져 있습니다. 그의 해결책은 거의 절대적인, 하향식 권위와 통제를 가진 군주제를 설치하는 것이었습니다. 홉스는 그러한 절대 권력이 필연적으로 남용으로 이어질 것이라는 것을 잘 알고 있었기 때문에, 군주제가 제한적인 형태의 대표 민주주의에 의해 견제될 수 있기를 바랐습니다.

중국의 고전 법가 철학자 한비자韓非子, Han Fei Tzu는 홉스보다 거의 2천 년 전에 유사하게 주장했습니다. 그는 우리를 서로 착취하고 해치는 경향이 있게 만드는 인간의 측면을 억제하기 위해 전능한 국가를 주장했습니다. 국가는 모든 사람에게 적용되는 법률을 제정함으로써 이것을 수행합니다. 2008년과 2009년의 금융 붕괴로 이어진 결정과 행동 패턴들은 인간 본성에 대한 이러한 우려들이 시대에 뒤떨어진 것이 아님을 시사합니다.

그렇다면 이것이 철학적인 도전 과제입니다. 만약 우리의 본성이 타인에게 희생을 요구하며 사적 이익을 추구하는 경향이 있다면, 일반 시민들이 좋고, 균형 잡히고, 공평하며, 정보에 입각한 결정을 내리도록 신뢰될 수 있을까? 다시 말해, 서클이 실천하는 수준의 민주주의가 정말로 작동할 수 있을까?

배제의 결과

이 문제에 대한 서구의 대응은 경제적, 사회적, 교육적, 정치적, 그리고 직업적 이점을 가진 한 그룹의 사람들에게 특권을 부여하는 것이었습니다. 이 특권 그룹은 사회의 나머지 부분에 영향을 미치는 결정들을 위임받을 수 있었습니다. 이것이 대부분의 유럽 주도 현대 국가들이 직접 민주주의 대신 대표 민주주의를 가지고 있는 이유입니다. 우리가 서론에서 언급했듯이, 미국 건국 시에는 땅을 가진 백인 남성들만이 투표할 수 있었습니다. 모든 유색인종, 모든 여성, 모든 아이들, 모든 가난한 백인 남성, 그리고 확실히 모든 비인간 종들은 의사결정 과정에서 배제되었습니다.

그러나 의사결정에서 전체 민족들을 배제하는 것은 막대한 해악으로 이어졌습니다. 우리의 역사는 이러한 이슈들이 얼마나 심오하고, 기획에 관련된 사람들이 포용적이지 않은 의사결정 과정을 사용할 때 무엇이 위태로울 수 있는지를 보여줍니다. 기획자들이 예리하게 인식하듯이, 기획의 기능은 사회의 필수적인 부분이며, 그것은 "현장"에서 일어나는 일을 강력하게 형성합니다.

기획 정책이나 결정에 가장 영향을 받는 사람들이 의사결정 과정에서 목소리를 얻지 못할 때, 그 결과는 커뮤니티에 상당한 해악을 초래할 수 있습니다. 가장 넓은 사회적 의미에서의 기획은 일부 맥락에서, 이후 세대들에게 고통과 해악을 초래한 불의를 만들어냈습니다. 비록 이러한 해악들 중 다수가 발생했을 때 기획이 직업으로서 존재하지 않았지만, 한 발 물러서서 이것들을 고려하는 것이 도움이 될 수 있습니다. 이러한 역사적 예시들은 사회가 그들의 삶에 가장 영향을 받을 사람들을 포함시키거나 그들의 동의를 먼저 얻지 않고 주요하고 장기적인 기획 결정을 내릴 때 무슨 일이 일어날 수 있는지를 보여줍니다. 예를 들어:

- 미국에서, 어떤 체로키, 다코타, 디네, 아파치, 촉토, 샤이엔, 또는 다른 어떤 선주민들도 그들의 고향에서 "강제 이주Forced Removal"에 동의하지 않았을 것입니다. 침략하고 점령한 "정착민 사회"는 이 "토지 이용" 및 "기획" 결정을 일방적으로 내렸습니다.

- 미국과 캐나다 양쪽에서, 선주민들과 선주민들은 그들의 아이들을 키우기 위해 기숙학교를 선택하지 않았을 것입니다. 이것은 선주민 문화를 근절하고 유럽 중심 사회의 지배를 확립하기 위해 설계된 또 다른 장기 기획 정책이었습니다.

- 선주민들, 아니 실제로 들소들 자신도 소 목장과 밀 생산이 중부 평원을 지배할 수 있도록 4천만에서 6천만 마리의 들소를 몰살하는 것에 동의하지 않았을 것입니다. 이 "토지 이용 정책"은 들소에 대한 그들의 의존성을 고려할 때, 선주민들의 몰살도 촉진했습니다.

- 아프리카계 미국인들은 플랜테이션 노예제, 산업 노예제, 짐 크로Jim Crow 법률, 또는 기준 미달의 주택과 교육에 동의하지 않았을 것입니다. 인종 분리도 사회를 위한 또 다른 핵심 기획 이슈였습니다.

- 남아프리카 흑인들은 그들의 조상들의 땅에서 아파르트헤이트를 최상의 통치 형태로 선택하지 않았을 것입니다. 다시 말해, 토지 이용과 기획이 중심적인 사회적 이슈였습니다.

- 저소득층 사람들은 그들의 동네가 젠더화gentrified되는 것을 선택하지 않았을 가능성이 높습니다. 더 부유한 사람들이 동네로 이주하는 것과 관련된 더 높은 재산 가치, 임대료, 그리고 세금은 경제적 수단이 적은 사람들이 떠나도록 강제하는 경향이 있습니다.

이 모든 목소리들은 이러한 기획 정책들이 만들어지고 실행되도록 하기 위해 의사결정에서 배제되어야 했습니다. 결정들이 가장 영향을 받은 사람들그리고 극도로 부정적으로 영향을 받은 사람들의 목소리를 배제했기 때문에, 정책들은 종종 무력 사용을 통해 이행되어야 했습니다.

우리는 가장 큰 사회적 맥락에서 기획 기능의 힘을 강조하기 위해 이러한 예시들을 인용합니다. 이러한 예시들은 또한 사람들을 의사결정 과정에서 포함하거나 배제하는 선택이 얼마나 중대하고 파괴적일 수 있는지를 보여줍니다.

분명히, 이러한 불의들 중 다수는 20세기 초에 기획 직업이 설립되기 전에 일어났습니다. 그러나 많은 경제적으로 불우한 공동체들이나 유색인종 공동체들에게, 의사결정에서의 배제 패턴은 오늘날에도 계속됩니다. 그 결과, 불의도 계속됩니다. 에단 고프만Ethan Goffman은 기사 "산업과 환경 정의: 역사적인 흑인 동네가 보존될 수 있는가?Industry and Environmental Justice: Can a Historic Black Neighborhood Be Preserved?"에서 진행 중인 상황을 묘사합니다.

> 수십 년 전으로 거슬러 올라가는 이러한 산업 침해는 아프리카계 미국인 동네에 대한 전형적인 예시라고 클라크 애틀랜타 대학교의 환경 정의 센터 소장인 로버트 불라드(Robert Bullard)는 말합니다. 환경 정의 운동의 아버지로 알려진 불라드는 정치적으로 영향력 있는, 주

로 백인 동네들이 오랫동안 바람직하지 않은 개발에 저항해 왔고, 그 결과 그 개발이 지방 정부에서 목소리가 없는 동네들로 끝나는 그림을 그립니다.

'고속도로든, 버스 차고든, 디젤 버스든, 아니면 지하철 정류장에 접근하기 위해 싸우든, 아프리카계 미국인 지역들은 항상 부족하게 대우받았습니다.'라고 불라드는 말합니다. '세금과 교통비는 결국 흑인 지들의 참정권을 박탈합니다.'

링컨 공원 주민이자 시민 협회 회원인 윌마 벨(Wilma Bell)은 불라드의 정서를 반복합니다. 흑인 동네에서, 산업 침해는 '역사적으로 일어나는 일'이라고 그녀는 말합니다. '우리는 항상 싸워야 합니다.'

그들의 고향을 보존하기 위한 선주민들의 투쟁은 전 세계에서 계속됩니다. 미국에서, 선주민들이 보유한 땅의 대부분은 조약이 만들어질 당시 백인들에게 가치가 없는 것으로 여겨졌습니다. 이 동일한 땅들은 이제 자본주의 상품 시스템에서 석유, 석탄, 우라늄, 광물, 그리고 다른 부의 원천들로 풍부한 것으로 발견되었습니다. "토지 이용 및 기획" 싸움은 계속됩니다.

기획자 역할의 매개변수

비록 공공 기획의 범위가 방대하고 그 결과가 파괴적일 수 있지만, 기획자로서 우리가 더 큰 과정에서 가지는 역할은 제한적입니다. 사회에서의 기획의 넓은 기능은 누가 무엇을, 언제, 어디서, 그리고 어떻게 할 수 있거나 지을 수 있는지를 결정합니다. 결과적으로, 기획 정책은 누가 어디에 살고, 자원이 어떻게 사용될지, 그리고 누가 토지와 자원에 접근할 수 있는지를 결정합니다. 비록 선출된 공무원들이 일반적으로 의사결정과 넓은 정책들을 수립하는 것에 책임이 있지만, 우리 기획자들도 그 과정의 일부입니다. 우리의 일은 기획 정책들 우리가 종종 개발하는 것들과 정부의 공무원들이 채택하는 것들 모두을 이행하는 것입니다.

정책들을 이행하는 우리의 업무의 일부는 대중의 의견을 구하는 것입니다. 그런 다음 우리는 이행될 정책들과 관련하여 이 의견을 평가하는 데 참여합니다. 커뮤니티로부터 피드백을 수집하는 것은 우리가 하는 일의 근본적인 부분입니다. 만약, 공공 기획 정책을 이행하는 과정에서, 우리가 명확한 대중의 반대를 발견한다면, 기획자로서 우리의 일은 이러한 우려들과 함께 일하고, 해결책과 정보를 찾으며, 의사결정자들을 교육하기 위해 노력하는 것입니다.

우리 경력의 어느 시점에서, 우리 대부분은 우리가 동의하지 않는 정책들을 이행해야 하는 어려운 위치에 있었고, 이는 때때로 우리를 옹호자 역할로 이끌었습니다. 그러나 그러한 어려운 상황에서도, 비록 우리의 일이 공공 정책 입안자들이 설정한 방향을 따르도록 지시하지만, 우리는 그럼에도 불구하고 정책들이 어떻게 작성되는지에 영향을 미칠 수 있고, 우리는 권고 사항들을 만들 수 있습니다.

시스템적 관점에서, 시스템의 일부가 되는 것은 우리에게 그것을 바꿀 힘을 주고, 따라서 이 힘을 어떻게 사용할지에 대한 선택권을 줍니다. 우리가 종종 가지는 한 가지 선택은 공공 자문을 위한 과정을 선택하는 것입니다. 이 선택은 결국 우리의 의사결정 과정이 얼마나 포용적일 수 있는지에 대한 더 깊은 선택을 반영합니다.

변화, 성장, 그리고 학습을 포함하는 시스템에서, 피드백은 중요한 역할을 합니다. 기획에서, 피드백은 좋은 계획관련된 모든 사람들에게 효과가 있는 계획을 개발하는 데 필수적입니다. 그래서, 기획자로서, 우리는 정기적으로 질문에 직면합니다.

우리는 어떤 주어진 계획이나 정책에 대한 피드백을 구할 때 얼마나 포용적이어야 하는가? 우리는 만약 과거의 부당한 "기획" 정책들에 가장 영향을 받은 사람들로부터 피드백을 들을 수 있었다면, 우리 사회가 그처럼 심각하고 장기적인 불의를 저지르는 것을 피할 수 있었을 것이라고 상상할 수밖에 없습니다.

포용으로의 패러다임 전환

의심할 여지 없이, 인간 본성은 복잡합니다. 우리 모두는 서로를 해치는 우리의 능력을 목격했습니다. 우리는 인간이 할 수 있는 것에 대해 두려워할 이유가 있습니다. 그리고 우리가 평화로운 공존을 누리기 위해서는 어떤 종류의 긍정적인 틀이 필요하다는 것은 당연합니다.

그러나 우리가 인용한 것과 같은 불의의 역사적 예시들은 사람들을 의사결정에서 배제하는 것이 해결책이 아니라는 것을 시사합니다. 그것은 존중하는 공존을 낳지 않습니다. 강력한 독재자들이나 절대적인 국가 통제는 서로를 해치는 우리의 능력을 줄이지 않습니다. 특권층 그룹들은 모두의 최선의 이익을 위해 결정을 내리지 않습니다. 비록 이 그룹들이 의도적으로 선의를 가졌더라도, 그들이 어떻게 다른 사람들에게 무엇이 최선인지 알 수 있을까?

우리는 이러한 이슈들을 제기합니다. 왜냐하면 우리에게 대중을 의심하고 가능한 한 그들을 의사결정 과정에서 배제하라고 조언하는 사고방식 때문입니다. 사람들을, 즉 커뮤니티, 보통 사람들을 기획 과정으로 초대하는 것은 우리의 조건화의 특정 경향에 거의 반합니다. 이러한 결정들은 전문가와 권위자들에게 맡겨져야 하는 것이 아닌가? 너무 많은 사람들이 개입하면, 우리는 문제를 자초하는 것이 아닌가? 우리의 일부는 서클이 실제로 그렇게 좋은 아이디어인지 정말로 궁금해할 수 있습니다.

이러한 우려들이 제기될 때, 우리의 대응은, 그렇다, 서클은 진정한 패러다임 전환을 제기한다는 것입니다. 이 전환은 우리가 인간 본성을 어떻게 이해하고 갈등에 어떻게 대응하는지 둘 다 변화시킵니다. 서클 접근 방식의 전제는 우리의 본성이 완전히 좋지도 완전히 나쁘지도 않다는 것입니다. 우리는 잠재력의 스펙트럼에 걸쳐 있습니다. 우리는 분명히 나쁘게 행동하고 서로를 해칠 수 있지만, 우리는 그 이상일 수도 있습니다. 이것은 권력을 가진 사람들과 대중, 특권을 가진 사람들과 억압받는 사람들 모두에게 해당됩니다. 서클은 우리 모두가 가진 더 나은 본성이 표현되고 지지를 찾을 수 있는 공간을 만드는 것에 관한 것입니다. 우리의 차이점과 우리의 잠재력으로부터 가장 많은 이점을 얻기 위해, 우리는 포용적이고 우리 안의 최선을 불러일으키는 공공 과정이 필요합니다. 서클은 둘 다 하도록 설계되었습니다.

갈등을 가치 있게 여기고 최대한 활용하기

갈등에 관해서는, 서클 철학은 그것들을 삶의 일부로 봅니다. 갈등은 우리에게 삶이 우리가 깨달았던 것보다 더 복잡하다는 것을 알려줍니다. 그것들은 우리가 이전에 보지 못했던 방식으로 차이점들을 볼 기회를 줍니다. 우리는 갈등을 사용하여 더 넓은 기반 위에서 우리의 삶을 재배열할 수 있습니다. 그렇다면 물어볼 흥미로운 질문들은 다음과 같습니다.

- 우리가 아직 보거나 파악하지 못한 어떤 차이점들이 드러나고 있는가?
- 우리는 차이점들로부터 어떻게 배우고 그 결과 더 나은 공존을 만들 수 있는가?
- 갈등을 어떻게 바꾸어, 그것이 우리의 상호 이익에 기여하도록 할 수 있는가?

• 우리가 우리 자신의 더 많은 부분이기적이고, 두려워하며, 다른 모든 것 이상을 표현하도록 서로를 어떻게 지지할 수 있는가?

다시 말하지만, 서클은 우리가 이러한 질문들기획자들이 항상 직면하는 질문들을 개방적이고, 긍정적이며, 창의적인 방식으로 탐색하도록 돕기 위해 설계되었습니다.

우리가 싸우는 모드로 우리를 놓는 잠재력의 스펙트럼 끝에서 갈등에 대응할 때, 이러한 질문들에 창의적이거나 건설적인 방식으로 대응하기가 더 어렵습니다. 양극화된 입장이 지배합니다. 양측 모두가 상대방으로부터 배우기가 더 어려워집니다. 또한 갈등을 바꾸어, 그것이 어떤 상호 이익에 기여하도록 하기가 더 어렵습니다. 대립적인 대응은 확대되어, 싸움을 더 큰 규모로 옮기는 경향이 있습니다.

누가 이기든, 결과는 한쪽 편향적입니다. 공동체는 사람들의 지식과 경험은 결과에서 배제됩니다. 그들이 갈등에 가져온 것은 더 나은 결과를 구성하는 데 사용되지 않습니다. 갈등이 전체론적인 방식으로그것을 발생시킨 모든 복잡성에 대해 이야기하는 방식으로 다루어지지 않았기 때문에, 갈등 뒤에 있는 에너지는 다시 나타날 가능성이 높습니다.

우리 존재의 더 많은 부분에 접근할 공간 만들기

갈등이 싸움 반응을 촉발하는 것은 자연스러운 일입니다. 그리고 때때로 싸움이 우리가 할 수 있는 전부입니다. 강력한 이해관계가 그들의 자원을 위해 또는 폐기물을 처리할 장소로서 한 커뮤니티를 대상으로 삼을 때, 풀뿌리 조직을 통한 싸움이 주요한 방어 수단입니다. 싸우라는 요구는 존중받을 만합니다. 아마도 일부 권리와 우려들이 적절하게 인정되지 않았을 것입니다. 어떤 해악이나 불의가 진행 중일 수도 있습니다. 싸움은 우리의 주의를 이슈로 이끌지만, 그것은 우리를 여기까지밖에 데려갈 수 없습니다. 어딘가에서, 갈등 당사자들은 다른 대응을 내놓기 위해 서로의 이야기를 들을 필요가 있습니다.

다행히도, 갈등에 대한 대응을 만들 수 있는 인간 본성의 전체 스펙트럼이 있습니다. 사람들이 이러한 시기에 인간 본성의 다른 어떤 부분들을 불러일으킬 수 있는지는 그들이 어떻게 "유지되는지held"와 관련이 있습니다. 만약 사람들이 안전하고 존중받는다고 느낀다면, 그들이 싸움을 넘어선 옵션들을 탐색하는 것이 더 쉽습니다. 우리는 우리의 능력의 더 넓은 범위를 발휘할 수 있습니다.

서클 프로세스는 참여자들이 바로 그것을 하도록, 즉 우리 존재의 더 많은 부분에 접근하도록 하는 안전한 맥락을 형성합니다. 서클은 우리의 감정이 스펙트럼의 어디에 있든 상관없이 우리가 우리의 온전한 자아와 연결되도록 돕는 관계의 그물을 구축합니다. 그들은 또한 갈등이 발생할 때조차도, 우리가 우리의 최고의 가치들로부터 이야기하고 행동할 기회를 줍니다.

다른 사람들의 이야기를 들으면서, 우리는 우리가 얼마나 많은 공통점을 가지고 있고 어떻게 연결되어 있는지 보기 시작합니다. 비록 우리가 다른 방식으로 다를지라도, 인간으로서의 우리의 본성은 그렇게 다르지 않습니다. 예를 들어, 우리 모두는 우리에게 가까운 사람들을 사랑하고, 우리 모두는 우리의 자녀들이 좋은 미래를 갖기를 원합니다. 우리 모두는 우리의 행성이 건강하기를 원합니다. 인간으로서의 이러한 공통점은 우리에게 함께 일할 동기를 줄 수 있습니다.

그렇다면, 서클의 방식은 우리에게 싸움을 멈추라고 말하는 것이 아닙니다.

오히려, 서클은 싸움을 동기 부여하는 이유들이 인정될 수 있는 공간을 만듭니다. 일단 그것이 성취되면 피상적으로가 아니라 깊고 전체론적인 방식으로, 싸우고자 하는 욕구는 해결책을 향해 함께 일하고자 하는 욕구로 바뀝니다. 에너지는 자연스럽게 움직입니다. 이 과정은 조작되거나 강요되지 않고 유기적입니다. 우리는 우리가 가지고 있지만 싸우고자 하는 충동이 표면화되도록 허용하지 않았던 다른 능력들을 불러일으키기 시작합니다.

갈등을 내면에서부터 변혁하기

따라서 서클은 한비자, 홉스, 그리고 다른 정치 철학자들이 제기했던 문제들을 외부로부터 질서와 통제를 강요함으로써가 아니라, 내면에서부터 역동성을 변화시킴으로써 다룹니다. 가치를 논의하고 지침에 동의하는 것이 성공적인 것은 이 이유 때문입니다. 그것들은 내면에서부터 작동합니다. 서클 프로세스의 다른 많은 측면들도 마찬가지입니다. 서클은 우리의 내면의 도덕적 나침반과의 연결을 강화합니다. 그런 다음 그들은 좋은 경로를 차트화하기 위해 우리의 도덕적 나침반들을 함께 모읍니다.

일부 선주민 가르침은 우리의 강점 우리의 온전한 본성에 접근하는 우리의 능력이 우리가 함께 접근할 수 있을 때 강화된다고 관찰합니다. 한 개의 화살은 쉽게 부러질 수 있지만, 함께 묶인 많은 화살들은 더 큰 스트레스를 견딜 수 있다는 은유를 고려해 보세요. 예를 들어, 미국에서는 이 선주민 이미지가 "대봉인 Great Seal"에 통합되었는데, 이는 모든 미국 1달러 지폐의 뒷면에 있습니다. 마찬가지로, 한 사람의 지식이나 도덕적 나침반은 잘못될 수 있습니다. 그러나 많은 사람들의 도덕적 나침반이 한 방향을 가리킬 때, 그 결정이 좋은 결정일 가능성이 있습니다. 그 결정은 한 사람만이 내린 결정보다 더 강하고, 더 균형 잡히며, 더 지속 가능할 가능성이 높습니다.

만약 우리가 이 추론을 한 단계 더 나아가면, 다양한 사람들의 그룹이 내린 결정은 사물을 거의 같은 방식으로 보는 사람들의 그룹이 내린 결정보다 더 많은 지혜를 구현할 것입니다. 서클 마음가짐에게, 차이점은 자산이며, 이것이 갈등이 그토록 가치 있는 이유입니다. 서클은 우리가 우리의 차이점들로부터 최대한 배우도록 하는 수단을 줍니다. 우리는 그것들을 사용하여 더 나은 공존을 만들고, 그 과정에서 우리 존재의 더 많은 부분을 표현할 수 있습니다.

만약 우리의 가장 나쁜 모습이 대중을 의사결정 과정에 포함하지 않는 이유라면, 서클은 이 이슈를 다룰 수 있습니다. 서클은 우리가 우리의 온전한 자아를 대화에 가져오도록 돕는 방법에 대한 수천 년의 지혜를 구현합니다. 그들은 우리가 복잡하고 감정적으로 충만한 이슈들을 해결해 나갈 때조차도 사람들을 좋은 방식으로 유지합니다.

기획에서, 이것은 서클이 우리에게 아직 알려지지 않은 수준으로 민주주의를 할 방법을 준다는 것을 의미합니다. 이것은 좋은 일입니다. 왜냐하면 우리가 우리의 기획 과정에서 더 포용적일수록, 관련된 모든 사람들에게 공정하고 정의로운 선택을 할 우리의 기회가 더 좋기 때문입니다. 공통선ommon Cause의 설립자인 존 W. 가드너John W. Gardner는 이렇게 말했습니다. "공유된 목적의 틀 안에서 갈등하는 이해관계의 상호작용은 자유 사회의 드라마입니다." 이 아이디어에 뿌리를 두고, 서클은 우리에게 셰리 아른스타인이 수십 년 전에 기획자들에게 했던 "시민 참여"라는 요구에 문을 열어줄 수단을 줍니다.

13

커뮤니티 강화:
서클이 커뮤니티 건강을 증진하는 방법

커뮤니티와 기획은 함께 갑니다. 커뮤니티는 좋은 기획이 필요하고, 좋은 기획은 건강하고 정의로운 커뮤니티를 만듭니다. 서클은 커뮤니티 기반의 과정이기 때문에, 그것도 아주 심오하게 그러하기 때문에 자연스럽게 잘 맞습니다. 결과적으로, 서클은 기획자들이 우리가 봉사하는 커뮤니티를 강화하도록 돕는 데 중요한 역할을 할 수 있습니다.

서클은 여러 가지 방식으로 이것을 합니다. 일반적으로, 서클은 커뮤니티가 그들 자신의 일을 관리하고 규제하는 데 필요한 기술을 구축합니다. 이 과정은 공동체에 힘을 실어주어, 그들이 그들 자신의 진로를 결정할 수 있도록 합니다. 사람들이 전문가나 정부 리더십으로부터 그들의 힘을 되찾을 때, 그들은 그들의 삶에서 일어나는 일에 대해 더 큰 주인의식을 느낍니다.

커뮤니티 기술 구축

이 공동체 구축은 개인으로부터 시작합니다. 서클은 우리가 공동체를 구축하는 데 필요한 개인적인 기술을 개발하도록 돕습니다. 예를 들어, 서클은 우리의 경청 기술을 향상시킵니다. 건강하고 기능하는 공동체를 만들기 위해서는 우리가 서로의 말을 듣고, 진정으로 깊이 듣는 능력을 가져야 합니다. 서클은 또한 서로의 필요에 대한 우리의 인식을 심화시키고, 건강하고 존중하는 방식으로 서로를 돌보는 방법을 배우도록 돕습니다. 우리는 돕는 과정에서 우리 자신을 잃지 않고, 즉 우리 자신의 안녕을 희생하거나 도움이 필요한 사람들에게서 힘을 더 빼앗지 않고 서로를 돕는 방법을 배웁니다. 서클에서, 우리는 우리 자신의 필요를 소통하고 우리의 재능을 그룹에 제공할 책임을 집니다. 그리고 모든 사람은 제공할 필요와 재능을 모두 가지고 있습니다.

차이점을 넘어 관계를 구축하도록 우리를 도움으로써, 서클은 소위 "사회적 자본social capital"이라는 것을 만듭니다. 다시 말해, 강한 공동체는 개인과 가족이 그들의 일상적인 어려움에 도움이 필요할 때 자원을 이용 가능하게 만듭니다. 공동체는 사람들이 지지와 도움을 주고받으러 갈 수 있는 은행 역할을 합니다. 사람들은 서로를 위해 거기에 있을 준비가 되어 있습니다. 여기서 다시, 서클은 우리가 다른 공동체 구성원들의 필요를 충족시키는 것과 우리 자신의 필요를 충족시키는 것 사이의 균형을 찾는 방법을 배우도록 돕습니다.

구성원들이 서로의 필요와 이익에 대해 더 잘 인식하도록 도움으로써, 서클은 우리가 공통점을 찾는 것을 더 쉽게 만듭니다. 이것은 어떤 공동체에서든 발생하는 갈등이 생겼을 때 필수적입니다. 서클은 우리에게 갈등에서 나올 수 있는 좋은 것들을 보도록 돕고, 이는 우리가 더 개방적으로 그리고 더 균형 잡힌 방식으로 그것들에 대응하도록 영감을 줍니다. 이것은 또한 갈등을 억누르거나 회피하려는 경향을 줄입니다. 그러한 대응은 종종 상황을 악화시킬 뿐만 아니라, 갈등이 관련된 모든 사람에게 가져올 수 있는 좋은 것을 우리에게서 빼앗습니다.

이것들은 서클이 우리를 공동체 구성원으로서의 역할로 나아가도록 개인적으로 어떻게 준비시키는지를 보여주는 몇 가지 방법들입니다. 기획 맥락에서,

서클 경험을 가진 공동체 구성원들은 큰 자산이 될 수 있습니다. 한 기획자가 서클을 마련할 때, 이러한 공동체 구성원들은 그 이슈가 그들에게 개인적으로 관련이 없더라도 참여하도록 불려질 수 있습니다. 서클에 대한 그들의 지식을 모범으로 보여줌으로써, 그들은 과정에 익숙하지 않은 사람들이 서클 접근 방식에 적응하도록 도울 수 있습니다.

사실, 공동체 구성원들"'3자"은 서클에서 매우 귀중한 역할을 할 수 있습니다. 그들은 대화의 균형을 맞추어, 직접적인 갈등에 있는 사람들만이 이야기하는 것이 아니게 합니다. 그들은 또한 진행자로서 봉사할 수 있으며, 이는 공동체의 힘을 보여줍니다. 공동체는 외부 전문가가 와서 서클을 운영하는 것에 의존하지 않습니다.

공동체 구성원들의 역할은 수질에 관한 블루워터 사례8장 참조에서 중요한 요인이었습니다. 갈등 당사자들이 과정을 신뢰할 수 있었던 것은 부분적으로 공동체 구성원들이 서클의 진행자와 조직자 역할을 할 수 있었기 때문입니다. 또한, 이 공동체 구성원들은 과정의 옹호자 역할을 했습니다. 그들은 다른 사람들이 그것을 배우고 서클에 참여하도록 격려할 만큼 과정에 충분히 편안했습니다. 그 경험은 공동체의 힘이 어떻게 보이고 기능할 수 있는지를 모두에게 보여주었고, 공동체의 붕괴가 수리 불가능한 것을 넘어선 것은 아니라는 희망을 고취시켰습니다.

민주적 의사결정 실천하기

서클은 또한 우리의 집단적 관행을 변화시킬 수 있습니다. 우리가 민주주의를 이해하고 실천하는 방식을 확장함으로써, 서클은 공동체 목소리를 위한 강력한 동맹자 역할을 합니다. 서클은 각 목소리가 동등한 주의와 존중을 받으며 경청되는 공간을 만듭니다. 결정은 동의에 의해 이루어지며, 이는 어떤 이익이나 관점도 무시되지 않는다는 것을 의미합니다. 서클에서 내려진 결정은 토론과 투표에 의한 다수결로 내려진 결정보다 훨씬 더 민주적입니다. 투표 시스템에서, 다수는 소수의 필요나 이익에 무관심할 수 있습니다. 그들은 소수의 우려를 이해하거나 다루기 위한 노력을 전혀 하지 않고 넘어갈 수 있습니다.

이와 대조적으로, 동의에 의해 내려진 결정은 모든 사람의 관점을 통합합니다. 비록 단 한 사람만이 다르게 보더라도, 그 또는 그녀의 견해는 중요합니다. 동의는 모든 이익이 경청되고 존중받을 것을 요구하기 때문에, 그것은 의사결정에 고려됩니다. 이것은 물론 좋고 정의로운 방식이지만, 이런 방식으로 일하는 것에는 실용적인 이유도 있습니다. 각 사람은 과정에 풍부한 지식과 경험을 가져옵니다. 우리는 어떤 누구의 기여도 무시할 여유가 없습니다. 그 또는 그녀의 관점은 다른 누구도 보지 못했던 해결책의 열쇠를 쥐고 있거나, 우리가 중요한 것을 간과하는 것을 막을 수 있습니다. 분명히, 반대 의견은 우리에게 전체 상황을 다르게 보도록 도전하게 하고, 이것이 바로 우리가 필요로 하는 것일 수 있습니다. 그 결과, 동의 결정은 그들의 지지를 얻기 위해 모든 참여자들의 필요를 충족시켜야 합니다. 한 공동체가 동의 의사결정을 더 많이 사용할수록, 그 공동체는 더 완전한 민주주의를 실천하게 될 것입니다.

사람들은 종종 그룹 동의에 도달하는 것이 너무 어렵거나 시간이 많이 걸린다고 가정합니다. 그리고 일부 사람들은 나쁜 경험을 했습니다. 동의에 이르려는 시도는 사람들이 동의할 수 없기 때문에 실제로 마비를 초래하기도 했습니다. 간단한 투표에 의한 결정은 더 빠르고 쉽습니다. 의심할 여지가 없습니다. 그러나 그 결과는 그렇게 좋지 않습니다. 관련된 사람들 중 거의 절반이 그 선택이 최선이 아니라고 확신할 수 있습니다. 그들이 그 결정을 지지할 수 있을까, 아니면 옆으로 서서 그것이 실패하기를 기다리고 싶은 유혹을 받을까? "패자"가 어떻게 대응하든 간에, 다수결 의사결정은 공동체를 분열시킬 위험이 있습니다. 시간이 지나면서, 동일한 다수가 이기고, 동일한 소수가 지는 경향이 있습니다.

과정의 실행 가능성에 관해서는, 서클에서 동의에 도달하는 것은 실제로 상당히 쉽게 이루어질 수 있습니다. 많은 사람들이 생각하는 것만큼 어렵지 않습니다. 예를 들어, 배리 스튜어트가 캐나다 유콘에서 판사로 봉사할 때, 그는 수백 건의 형사 사건에 대해 서클을 사용했습니다. 이러한 사건들 중 일부는 살인, 강간, 그리고 아동 성학대를 포함하는 매우 심각한 것이었습니다. 범죄와 관련이 있는 모든 사람들^{피해자, 가해자, 그들의 가족 구성원, 공동체 구성원, 그리고 사법 관계}자들이 이 서클들에 참여했습니다. 사람들은 모든 측면에서 강렬한 감정과 깊은 차이점을 가지고 있었습니다. 그러나 이러한 서클들은 적절한 형량이 무엇인지에 대해 정기적으로 동의에 도달했습니다.

서클이 이것을 할 수 있는 것은 참여자들이 동의를 향해 노력하기 전에 기반을 다지는 데 시간을 할애하기 때문입니다. 구체적으로, 서클은 가치에 기반한 공유된 비전 내에 결정을 포함시킵니다. 그들은 관계를 구축하는 데 시간을 보내고, 모든 관점을 온전히 경청하는 것에 전념합니다. 이러한 강력한 공동체 관계의 기반이 주어지면, 반대 의견이 단지 요점을 만들기 위해 결정을 막거나 고착화될 가능성이 서클에서는 훨씬 적습니다. 사람들은 서로를 충분히 이해하고 서로를 충분히 배려하여 함께 일하고 싶어 합니다. 서클 구성원들은 안전하고 존중받는다고 느끼며, 이는 그들이 서로에게 다가가기 위해 위험을 감수하도록 허용합니다. 그들은 필요할 때 양보할 수 있고, 또한 창의적일 용기를 가질 수 있습니다.

지역사회의 주택 프로젝트는 복잡한 계획 결정을 수반합니다. 미네소타주 세인트폴에 위치한 와일더 스퀘어(Wilder Square, Inc.)는 저소득층 및 중산층 성인과 가족을 위한 163세대 규모의 다문화 협동조합 가족 주거 커뮤니티입니다. 저소득층 및 중산층 주택 프로젝트는 종종 반대에 직면하며, 계획가들은 이를 해결하기 위한 건설적인 방법을 찾아야 합니다.

그렇다면, 서클 구성원들은 함께 미지의 것, 즉 상황 하에서의 최상의 결과를 향해 접근합니다. 서클은 사람들이 모든 참여자의 이익을 충족시키는 해결책을 찾도록 강요할 필요가 없습니다. 참여자들 자신이 이것을 원합니다. 왜냐하면 그들이 함께 하나의 공동체가 되었기 때문입니다. 서클에서, 대립적이고 갈등적인 입장은 상호적인 선善을 위한 탐구로 변형됩니다. 가치로서, 포용은 인간에게 깊이 뿌리내려 있습니다. 잘 기능하는 공동체에서, 누군가 또는 어떤 관점을 배제하는 것은 매우 불편합니다. 기분이 좋지 않습니다. 일단 공동체의식이 자리 잡으면, 사람들은 모두에게 좋은 방식으로 일을 해결하고 싶어 합니다.

서클이 모든 이익을 충족시키는 해결책을 찾지 못할 때조차도, 그것은 여전히 동의에 이를 수 있습니다. 서클은 그룹이 막혔을 때 발동하는 가치들을 주입

합니다. 첫째, 서클 구성원들은 각 사람의 안녕을 배려하는 것에 헌신합니다. 둘째, 서클은 어떤 누구도 소외되지 않도록 주장합니다. 이 두 가지 가치는 함께 공동체에 대한 헌신을 만듭니다. 이 환경에서, 참여자들은 그들이 반드시 가져야 하는 것에 대해 더 유연하고 덜 고정됩니다.

결과적으로, 서클 구성원들은 이것이 필요하다고 보일 때 그들 자신의 이익을 수정하거나 심지어 제쳐둘 것입니다. 만약 다른 누군가의 이익이 그 사람에게 해를 끼치지 않고는 제쳐질 수 없다면, 다른 사람들은 관련된 현실들을 이해합니다. 그들은 그 이유를 압니다. 그들 자신의 이익을 양보할 때, 그들은 그럼에도 불구하고 그들의 견해가 경청되었고, 다른 사람들이 그들의 우려를 이해했으며, 다른 사람들이 그들의 이익을 배려하고, 그룹이 그들을 지지할 모든 기회를 잡을 것이라는 것을 압니다.

다시 말해, 서클은 우리의 우선순위를 분리된 개인으로서 우리가 원하는 것을 얻는 것에서, 우리 모두가 이점을 얻도록 공동체로서 서로를 지지하는 것으로 바꿉니다. 우리 모두가 우리가 희망했던 모든 것을 얻지는 못할 수도 있습니다. 그러나 각 사람은 결과가 그룹의 집단 지혜에 따라 가능한 한 최상의 방식으로 모두의 이익의 균형을 맞출 것이라고 확신할 수 있습니다.

요컨대, 서클은 우리가 사회로서, 특히 공동체 수준에서, 더 많은 결정을 동의에 의해 내리는 것을 가능하게 합니다. 심지어 매우 복잡한 현대 공동체에서도, 서클은 더 직접적인 민주주의를 촉진할 수 있습니다. 기획자들이 서클을 공공 영역에 계속 도입함에 따라, 시민들은 공동체 구성원으로서의 그들의 기술을 구축할 수 있습니다. 그런 다음 그들은 이러한 기술들을 그들의 삶의 다른 영역으로 가져갈 수 있습니다. 서클의 단순함을 통해, 훨씬 더 깊은 민주주의가 자리 잡고 퍼져나갑니다. 모든 우리의 목소리가 과정에서 중요한 역할을 할 수 있기 때문에, 그것은 우리에게 변화에 대한 희망을 줍니다.

상호 보살핌 육성하기

분명히, 민주주의를 실천하는 서클의 방식은 전략적인 정치적 또는 경제적 동맹을 형성하는 것을 훨씬 넘어섭니다. 그것은 모든 목소리가 결정에서 경청되고 대표되도록 하는 것 이상을 포함합니다. 우리가 방금 동의에 이르는 역학에서 보았듯이, 우리가 더 큰 공동체에 속해 있다는 것을 아는 것은 우리가 행동하는 방식을 변화시킵니다. 우리의 우선순위는 "나"에서 "우리"로 바뀌고, "I"에서 "we"로 바뀝니다. 우리는 더 큰 공동체가 각 구성원을 보살핀다는 느낌, 즉 우리에게 일어나는 일이 다른 사람들에게 중요하다는 느낌을 가질 필요가 있습니다. 서클은 여러 가지 방식으로 이러한 집단적인 보살핌을 육성합니다. 그런 다음 그들은 이 보살핌을 의사결정 과정에 불어넣습니다.

시작으로, 서클은 사람들이 온전한 인간으로서 나타나도록 초대합니다. 우리의 어떤 부분도 대화에서 배제되지 않습니다. 예를 들어, 우리는 강한 감정을 느끼는 것에 대해 부끄러워할 필요가 없습니다. 우는 것은 괜찮습니다. 또한 우리가 다른 사람들에게 우리의 견해를 강요하지 않는 한, 우리의 영성에 의존하는 것을 낙담시키지 않습니다. 서클에서, 우리는 "완성된 제품"으로 우리 자신을 제시할 것으로 기대되지 않습니다. 경험을 나누는 "진행 중인 작업work in progress" 접근 방식은 다른 사람들이 가장 유사하게 느낄 방식과 연결하는 데 훨씬 더 효과적입니다.

서클은 집단적인 지혜를 모으기 위해 개인적인 이야기 나누기를 사용합니다. 우리의 어려움을 공유함으로써, 우리는 우리의 최고의 자아가 출현할 공간을 만듭니다. 이 공간의 안전함 속에서, 사람들은 종종 그들의 가면과 방어막을 내리고 다른 사람들과 연결되는 것에 자신을 엽니다. 참여자들은 서로에게서 자신을 보고 친족 관계의 유대감을 느낍니다. 서클이 내리는 결정은 보살핌과 염려의 분위기 속에서 이루어집니다.

보살핌과 관대함은 인간에게 자연스러운 것입니다. 표현되기를 기다리는 많은 보살핌이 밖에 있습니다. 불행하게도, 우리는 커뮤니티에서 보살핌을 억눌러왔습니다. 두려움, 스트레스, 또는 단순히 바쁨 때문에, 우리는 우리의 분리된 세계로 물러납니다. 그럼에도 불구하고, 보살핌은 공동체에 잠재되어 있습니다. 많은 사람들은 어려움을 겪는 다른 사람들을 돕고 싶다는 욕구를 표현하지만, 종종 손을 내밀기를 두려워한다고 말합니다. 그들은 누군가의 필요에 압도될까 봐 또는 그들이 제공할 수 있는 것이 변화를 만들기에 충분하지 않을까 봐 두려워합니다. 이러한 내적 장애물들을 다룸으로써, 서클은 커뮤니티가 서로를 보살필 우리의 잠재된 힘에 접근할 방법을 줍니다.

서클에서, 돕는 책임은 공유되므로, 어떤 누구도 압도되었다고 느끼지 않습니다. 서클의 역동성은 각 기여가 중요하다는 것을 명백히 합니다. 작은 노력들이 큰 차이를 만들 수 있습니다. 서클은 도움을 제공하는 것을 장려하지만, 또한 돕는 사람들이 그들이 하는 일에 대해 합리적인 한계를 설정하도록 허용하는 구조를 제공합니다. 서클은 다양한 기술, 배경, 그리고 이익을 가진 사람들을 한데 모으기 때문에, 서클은 여러 출처로부터의 지지 조각들을 유기적인 방식으로 통합합니다. 도움은 그룹으로부터 자연스럽게 성장합니다. 그 결과는 그 부분들의 합보다 더 큰 전체적인 돕기 네트워크입니다.

모든 종류의 공동체 구성원들은 어려움을 겪는 사람들을 돕기 위해 기다리는, 아직 활용되지 않은 선의와 지혜의 큰 보고가 있다는 것을 인정합니다. 서클은 이 잠재력을 활용합니다. 서로 돕는 것은 강한 공동체를 구축하는 가장

골든 타임 커피(Golden Thyme Coffee)는 미네소타주 세인트폴에서 아프리카계 미국인 마이클 (Mychael)과 스테파니 라이트(Stephanie Wright) 부부가 소유한 지역사회 기반 비즈니스입니다. 정기적으로 연사 초청 행사와 커뮤니티 이벤트를 개최하고, 회의 및 지역사회 조직 활동을 위한 친근하고 편안한 공간을 제공함으로써, 골든 타임 커피는 이웃과 지역사회 활성화에 중요한 역할을 해왔으며 현재도 계속하고 있습니다. 이러한 요소들은 계획가들에게 중요한 고려사항이며, 서클(Circles)은 지역사회 생활의 이러한 차원들을 지원하는 혁신적인 방법입니다.

좋은 방법 중 하나입니다.

책임 공유하기

서클은 다른 방식으로도 공동체를 구축합니다. 참여자들은 그들이 하는 일에 대해 서로에게 책임을 묻습니다. 가혹한 방식이 아니라 보살피는 방식으로 말입니다. 어떤 누구도 비난하거나, 부끄럽게 하거나, 탓하지 않고, 서클은 구성원들에게 그들의 행동이 다른 사람들과 그룹 전체에 어떻게 영향을 미치는지 보여줍니다. 서클에서, 우리의 삶의 심오한 상호 연결성은 일반적으로보다 훨씬 더 눈에 보이게 됩니다. 서클의 가치는 사람들이 그들의 행동을 변화시키도록 지지하여, 그들이 더 이상 다른 사람들, 특히 그들과 가장 가까운 사람들을 해치지 않도록 합니다.

　동시에, 서클은 더 큰 공동체가 각 개인에게 어떻게 영향을 미치는지 보여줍니다. 서클의 가치는 공동체가 이러한 영향에 대한 책임을 지도록 격려합니다. 만약 그 영향이 부정적이라면, 공동체는 기꺼이 변화해야 합니다. 서클은 그렇게 다양한 그룹을 한데 모으기 때문에, 발생해야 하는 어떤 변화든 만들 수 있는 집단적 접근 방식을 제공합니다. 모든 참여자들의 모든 재능과 창의성이 모여들어 변화를 만들고 그것들을 끝까지 이행합니다. 좋고 건강한 결혼에서처럼, 책임을 공유하는 관행은 우리가 공동체라는 직물을 짜는 베틀이 됩니다.

　민주적 의사결정; 상호 보살핌; 책임 공유: 이것들은 사람들이 공동체를 구축하는 데 필요한 핵심 기술들이며, 서클은 우리가 그것들을 육성하도록 돕습니다. 서클을 사용함으로써, 기획자들은 건강한 공동체를 위한 토대를 마련합니다. 서클이 공동체의 성장을 지지함에 따라, 창의성을 위한 공간이 열립니다. 이전에 아무도 상상하지 못했던 아이디어와 해결책들이 나옵니다. 서클에서, 사람들은 그렇지 않았다면 표현되지 않았을 공동체에 대한 관대함을 표현합니다. 이는 서클이 평범한 공공 과정에는 존재하지 않는 주고받기를 위한 공간을 만들기 때문입니다. 서클은 건강한 관계를 정의하는 가치에 뿌리를 두고 있기 때문에, 그들은 기존의 관계를 강화할 뿐만 아니라 새로운 관계도 구축합니다. 이러한 관계들이 공동체를 그 자체로 만듭니다. 서클을 사용함으로써, 기획자들은 보통 그들의 일이 특정 프로젝트의 목표를 훨씬 넘어서는 공동체의 삶에 기여했다는 것을 발견합니다.

14

새로 갱신된 주류 판매 허가가
베어 뷰트의 신성함을 침해하다

발레리 탈리만(VALERIE TALIMAN)

다음 이야기는 저명한 선주민 언론인이 작성하여 인디언 법률 자원 센터(Indian Law Resource Center) 웹사이트에 게시된 글입니다. 이 사건은 선주민들에게 신성한 장소와 관련된 수많은 다른 사건들처럼, 우리의 현재 기획 관행이 복잡한 이슈들을 다루기에 얼마나 심오하게 부적절한지를 보여줍니다. 이 극적인 토지 이용 갈등은 땅에 대한 다른 관계, 문화적 및 역사적 차이, 양극화된 관계, 오랫동안 해결되지 않은 역사적 불만, 그리고 기본적인 인간의 필요와 권리를 방어하기 위한 투쟁에서 비롯됩니다. 우리의 현재 관행은 이 경우에 효과가 없으며 앞으로도 없을 것이고, 그 결과 정의는 실현되지 않고 있습니다.

사우스다코타주 베어 뷰트 선주민들의 문화적, 영적 권리를 무시하고, 미드 카운티 위원회는 최근 베어 뷰트Bear Butte와의 근접성 때문에 논란을 일으킨 네 개의 바에 대한 주류 판매 허가를 갱신 승인했습니다.

인디언 부족들과 그들의 지지자들은 작년에 50만 명 이상이 참석한 스터지스 모터사이클 랠리Sturgis Motorcycle Rally를 대상으로 하는 사업주들에 맞서 이 신성한 장소를 보호하기 위한 투쟁을 계속할 것임은 의심의 여지가 없습니다.

그러나 스터지스가 마을이 되기 수천 년 전부터, 30개 이상의 부족들이 금식하고, 기도하고, 약초를 채취하고, 전통적인 의식 방식을 영속시키는 중요성을 그들의 가족에게 가르치기 위해 베어 뷰트로 영적인 여행을 해왔습니다.

라코타, 다코타, 나코타, 북부 및 남부 샤이엔, 북부 및 남부 아라파호, 폰카, 오세이지, 그리고 카이오와 부족들은 전통적으로 여름철에 베어 뷰트에서 의식을 거행합니다. 그러나 최근 몇 년 동안, 이러한 의식들은 근처 스터지스 모터사이클 랠리의 침해와, 독한 술을 팔고 외로운 기도를 시도하는 선주민들이 있는 산을 향해 시끄러운 음악을 틀어대는 대규모 야외 원형 극장의 건설로 방해받아 왔습니다.

개발업자들은 베어 뷰트에서 2마일 이내에 야외 콘서트를 위한 거대한 원형 극장과 3만 명의 바이커들을 수용할 수 있을 만큼 큰 캠프장과 함께 "지구상에서 가장 큰 바이커 바"를 건설할 것을 약속합니다.

인디언 부족들, 교회들, 시민 인권 단체들, 심지어 스터지스 주민들의 지속적인 항의에도 불구하고, 미드 카운티 위원회는 다시 한번 논란의 여지가 있는 네 개의 사업체에 대한 주류 판매 허가를 갱신했습니다.

베어 뷰트는 선주민들이 사적으로 그리고 방해받지 않고 그들의 영적 신념을 실천할 권리에 대한 전국적인 수많은 공격들 중 한 예입니다. 이것은 단순히 문화적이고 영적인 우려의 문제가 아닙니다. 그것은 유엔 선주민 권리 선언, 유엔 시민적 및 정치적 권리에 관한 국제 규약, 그리고 국제 노동 기구의 선주민 및 부족민에 관한 협약ILO 협약 제169호에서 인정된 인권의 문제입니다.

유엔 선주민 권리 선언 제7조는 "선주민들은… 그들의 종교적 및 문화적 장소에 사적으로 접근하고, 그것을 유지하며, 보호할 권리를 가진다"고 규정합니다. 또한, 제25조는 "선주민들은 그들의 전통적으로… 점유하고 사용한 땅…과의 독특한 영적 관계를 유지하고 강화할 권리를 가지며, 이와 관련하여 미래 세대에 대한 그들의 책임을 옹호할 권리를 가진다"고 규정합니다.

사진: 발레리 탈리만(Valerie Taliman)
Copyright @ 2009 Indian Law Resource Center, www.indianlaw.org, 허가 재인쇄.

유엔 선언은 미국을 포함한 국가들이 선주민들의 인권, 특히 그들의 영적 및 문화적 장소에 사적으로 접근하고, 그것을 유지하며, 보호할 권리를 존중하고 증진할 법적, 도덕적 의무를 명시하고 있습니다. 이 기본적인 인권은 베어 뷰트에서 일어나고 있는 최신 알코올 및 콘서트 홀 개발로 인해 위험에 처해 있습니다. 유엔 선언은 이러한 권리들을 인정하며, 선주민들은 미국이 베어 뷰트에서 그들의 영적 관행을 계속할 선주민들의 권리를 보호할 의무를 이행할 것을 촉구합니다.

나바호 부족에 등록된 시민인 발레리 탈리만은 선주민 미디어 및 사회 정의 문제에 대한 수요가 높은 독립 컨설턴트입니다. 그녀는 "세자녀언론Three Sisters Media"의 사장이자 "인도법자문센터Indian Law Resource Center"의 전 통신 국장입니다. 그녀는 거의 20년 동안 환경 정의 문제에 초점을 맞춰 온 전 발행인, 편집자, 그리고 라디오 프로듀서입니다. 그녀는 선도적인 선주민 소유 신문인 "인도 나라신문Indian Country Today"의 칼럼니스트입니다. 그녀는 국제앰네스티 선주민 태스크포스의 공동 의장을 역임했으며, Native Peoples/Native Homelands 기후 변화 컨퍼런스와 몬태나의 2006년 인종 컨퍼런스 조직 위원회에서 활동했습니다. 그녀는 또한 몬타나 거류민 자원봉사^{Montana Conservation Voters}와 몬타나여성기금^{Montana Women's Foundation}의 이사회에서 봉사했습니다. 수년 동안, 탈리만 씨는 서부와 북부 평원의 부족들과 함께 신성한 장소와 인권을 보호하기 위해 일해왔습니다. valerietaliman@gmail.com으로 그녀에게 연락하세요.

이 이야기를 읽을 때그리고 우리가 말했듯이, 이와 같은 이야기는 무수히 많습니다, 우리는 그러한 깊은 갈등을 다루고 더 균형 잡히고, 존중하며, 정의로운 결과에 도달하기 위해 서클 방식을 어떻게 사용할 수 있을지 생각하도록 도전받습니다. 확실히 서클 방식은 더 포용적인 접근 방식을 취하고 힘의 불균형을 최소화할 방법을 제공합니다. 토지 이용에 대한 갈등은 일반적으로 강렬합니다. 이러한 갈등이 해소되지 않은 오랜 역사의 해악, 인종적 적대감, 그리고 불의로 복합될 때, 갈등을 해결하기 위한 더 나은 방법을 찾는 도전은 가장 중요해집니다. 그렇지 않으면, 이 경우현재까지, 기존의 방법들은 정의에 훨씬 못 미치는 기존의 패턴을 영속시킵니다.

15장

정의를 행하다:
지구적 변혁의 시대에 기획하기

공공 기획은 정의라는 추상적인 개념이 현실이 되는 곳입니다. 기획자들은 매일 사람들에게 밀접하게 영향을 미치는 결정을 내립니다. 우리의 기획 작업은 삶과 죽음의 결과를 초래할 수 있습니다. 또한 공동체가 경험하는 정의 또는 불의에 영향을 미칩니다. 다음은 공동체 기획자들이 일상적으로 직면하는 몇 가지 이슈들입니다.

- 사적 이익과 공적 이익의 균형을 어떻게 맞출까?

- 교통 흐름을 이런 식으로 설계하면, 사람들이 더 안전해질까, 아니면 덜 안전해질까? 사망 사고의 가능성을 증가시킬까, 아니면 감소시킬까?

- 우리 지역사회를 위한 에너지를 얻는 가장 좋은 방법은 무엇일까?

- 산업 공장이 오염을 일으킬까? 만약 그렇다면, 어떤 지역사회들이 영향을 받을까? 이러한 커뮤니티들의 성격이 우리가 무엇을 할지에 대한 우리의 결정에 어떻게 영향을 미칠까?

- 에너지를 얻기 위해 석탄 화력 발전소를 지을까? 만약 그렇다면, 어디에 지을까?

- 새로운 대중교통 전차 노선을 어디에 지을까? 정류장은 어디에 위치시킬까?

- 이웃 지역사회들의 격렬한 반대에도 불구하고 양돈장이나 유전 시설, 또는 바이커 바를 짓는 것을 허용할까?

- 부족 대 부족 조약을 위반하는 기획 결정을 내려야 할까?

- 홍수 후에 어떤 학교와 동네가 가장 먼저 청소되고 다시 열릴까?

- 누가 "공동선the common good"을 위해 그들의 집에서 강제로 쫓겨나 먼 곳으로 보내질까?

- 우리의 쓰레기를 누구의 동네로 보낼까?

- 우리의 재활용 분류 공장을 어디에 지을까?

- 전직 범죄자들을 위한 전환 주택을 어디에 둘까?

- 지역 사회 정원을 어떻게 장려할 수 있을까?

- 새로운 쇼핑몰을 짓다가 그 부지가 조상들의 묘지라는 것을 발견하면 어떻게 할까?

- 한 지역사회가 원래의 사람들Original People로부터 부당하게 빼앗은 땅을 돌려주기로 결정할까? 만약 그렇다면, 어떤 상태로 땅이 반환될까?

- 선주민들과 선주민들이 그들의 보호된 고향의 일부로 포함될 땅을 구매할 때, 그 지역의 기획 위원회는 그들의 토지 회복 및 통합 이니셔티브에 대해 어떤 반응을 보일까?

- 가장 저렴한 땅이 주요 전력선 역이나 유독 폐기물 부지 근처에 있다면, 우리는 여기에 학교를 지을까, 특히 더 가난한 공동체의 아이들을 위한 학교를?

- 한 지역사회 전체의 토양에서 비소arsenic가 발견된다면, 우리는 정화 작업을 어떻게 기획할까? 누구의 재산을 가장 먼저 해독할까?

- 지하수에서 종을 넘어선 기형을 유발하는 높은 수준의 독소가 발견되면,

우리는 무엇을 할까? 다시 말해, 우리의 행동 또는 무대응 선택이 어떤 지역사회들이 가장 영향을 받는지와 연결되어 있는가?

- 개발 프로젝트가 일부 자연 서식지를 파괴할 경우, 우리의 대응은 무엇일까? 자연 공간과 비인간 종들이 공동체에 대한 중요성을 어떻게 결정할까?
- 자연계의 존재들, 즉 공기, 물, 바위, 물고기, 새, 식물, 나무, 그리고 동물들을 위해 누가 이야기할까? 그들의 안녕이 우리의 집단적인 관심사일까? 그들은 발언권이 있는가?
- 한 지역사회로서 우리는 지구에 대한 우리의 발자취footprint를 어떻게 줄일 수 있을까?
- 지구 온난화와 기후 변화를 야기하는 우리의 역할을 어떻게 줄일 수 있을까?

분명히, 기획 이슈들은 지역적인 것에서 지구적인 것까지, 역사적인 것에서 현재와 미래적인 것까지, 건강에서 레크리에이션까지, 평범한 것에서 윤리적, 문화적, 철학적, 그리고 영적인 것까지 모든 범위를 아우릅니다. 게다가, 기획자들은 종종 공공의 이익에 관한 논의에서 갈등을 느낍니다. 이 상황에서 다수의 의지는 어느 정도의 비중을 가져야 할까? 소수의 권리는 어떨까? 유해 폐기물 부지와 같이 반대할 만한 것에 대해 우리는 어떻게 결정을 내릴까? 북미 전역의 많은 농촌 공동체에서는 종종 강렬한 지역 반대에도 불구하고 풍력 터빈이 건설되고 있습니다. 이러한 성격의 정책은 부당한가, 아니면 단순히 사회의 더 넓은 필요를 반영하는 것인가? 이러한 논쟁들은 복잡합니다. 농촌 인구는 그들의 감소하는 숫자 때문에 제한적인 정치적 영향력을 가지는 반면, 더 큰 사회는 주로 도시적입니다.

이러한 성격의 논쟁은 항상 있을 것입니다. 기획자로서 우리는 이러한 논쟁에서 그리고 그것들을 해결할 최선의 방법을 선택하는 데 역할을 합니다. 우리의 도전 과제는 다음과 같습니다. 우리가 가진 역할을 어떻게 가장 효과적으로 활용할 수 있을까? 우리의 최선의 가치와 사회의 최선의 이익에 반대하기보다는 함께하는 방식으로 우리의 업무에 어떻게 참여할 수 있을까?

다행히도, 우리는 변하고 있기 때문에 사회 정책들이 변하고 있습니다. 전 세계의 지역사회들은 그들의 삶에서 대체로 빠져 있었던 정의를 원하고 있고, 우리는 또한 정의가 자연 세계와의 관계를 형성하기를 원합니다. 기획자로서 우리는 발생하고 있는 행성 전체의 변화들에서 중요한 역할을 합니다. 우리의 도전 과제 중 하나는 과거의 해악을 바로잡는 것과 미래로 나아가면서 정의를 행하는 것 모두에서 우리가 어떻게 정의를 행하는 것의 연결점에 있을 수 있을지 알아내는 것입니다. 우리의 기획 작업이 개인, 지역사회, 그룹 및 민족, 그리고 자연 세계를 위한 정의의 경험을 어떻게 증가시킬 수 있을까?

서클은 이것을 할 수 있는 강력한 수단을 제공하며, 이는 서클의 바로 그 본질에서 비롯되는 모든 이유들 때문입니다. 우리는 네 가지를 명명할 것입니다.

가치에 동의함으로써 정의를 행하기

기획 질문에 대한 우리의 대응은 우리의 가치에 달려 있습니다. 누군가의 사업 계획이나 주택 프로젝트가 우리를 서클에 함께 모으게 할 수 있지만, 우리는 우리가 내리는 모든 결정의 핵심에 가치가 놓여 있다는 것을 곧 깨닫습니다. 사업, 이익, 그리고 힘이 결정을 내리는가? 아니면 정의, 존중, 공정성, 또는 생명에 대한 경외와 같은 질문들도 과정에서 한 자리를 차지하는가?

예를 들어, 한 지역사회의 토양이 비소로 인해 유독하다면, 우리는 어떤 지역을 가장 먼저 정화할지 결정해야 합니다. 한 가치 시스템은 권력, 부, 그리고 정치적 연결을 중심으로 우선순위를 설정합니다. 이러한 방식으로 특권을 가진 사람들의 토지 소유지가 먼저 정화될 것입니다. 이와 대조적으로, 또 다른 가치 시스템은 가장 취약하고 우리의 미래인 사람들을 보호하는 것에 우선순위를 둡니다. 아기들, 아이들, 임신부들, 어머니들, 그리고 가족들입니다. 이 가지 시스템은 가장 많은 수의 아이들이 사는 학교, 보육원, 병원, 놀이터, 그리고 동네를 정화하는 것에 우선순위를 둘 것입니다.

이 두 가지 선택은 우리의 가치와 우선순위에 대해 다른 메시지를 보냅니다. 모든 결정이 그러합니다. 우리는 우리의 선택을 하기 위해 우리의 가치로 가고, 우리가 결정하는 모든 것은 우리의 가치를 드러냅니다.

서클 프로세스는 가치에 기반을 두고 있으며, 다른 어떤 것을 다루기 전에 가치에 대해 논의하는 것으로 시작합니다. 구체적인 내용으로 들어가지 않고도, 서클은 우리를 사물의 핵심, 즉 무엇이 위태로운지에 대한 핵심으로 곧바로 이끕니다. 일단 우리가 우리의 가치에 대한 이해에 도달하면, 행동 방침에 동의하는 것이 훨씬 더 쉽습니다. 서클 프로세스에서, 이슈는 더 이상 예를 들어, 정의를 행할지 말지가 아닙니다. 특히 우리 각자가 정의에 대해 다르게 생각할 수 있기 때문입니다. 대신, 만약 한 그룹이 정의를 공유된 가치로 포함하는 것에 동의한다면, 그들은 또한 각 사람이 그것으로 무엇을 의미하는지 이해하게 됩니다. 그러면 질문은 다음과 같습니다. 정의에 대한 이러한 이해가 이 상황에서 우리를 어떻게 이끌 수 있을까? 당연히, 그것은 단 한 가지 방식이 아니라 여러 가지 방식으로 우리를 해결책으로 이끌 수 있습니다.

모든 목소리를 포함함으로써 정의를 행하기

서클 세계관에 따르면, 창조물의 모든 측면은 동등한 가치와 중요성을 가집니다. 모든 사람은 제공할 독특한 재능을 가집니다. 서클 뒤에 있는 가정은 우리의 집단 지혜가 방대하며, 우리가 안전하고 존중받는다고 느낄 때 그것에 가장 효과적으로 접근할 수 있다는 것입니다. 모든 목소리는 우리가 들어야 할 전체에 대해 무언가를 우리에게 말합니다. 왜냐하면 우리 모두는 생존하기 위해 전체에 의존하기 때문입니다. 이것이 서클이 모든 목소리가 진정으로 들릴 때까지 경청하는 것에 그렇게 헌신하는 이유입니다. 우리 모두를 위해서, 우리는 듣지 않을 여유가 없습니다.

그러나 우리가 말했듯이, 그렇게 포용적인 것은 대부분은 아니더라도 많은 유럽 기반 기관들에 반합니다. 우리의 수많은 습관들은 포용이 아닌 배제에 의해 형성되었습니다. 현대 사회에서 사람들이 서클 프로세스를 처음 사용할 때 종종 어색함을 느끼는 것은 당연합니다. 그러나 동시에, 서클의 가치들은 우리 안에 깊이 뿌리내려 있습니다. 왜냐하면 그것들은 우리가 좋은 관계를 갖기 위해 가져야 할 가치들이기 때문입니다. 그들의 지혜는 공명합니다. 우리의 경험에서, 우리는 많은 사람들이 그들이 일하고 있는 구조에도 불구하고 직관적으로 서클 가치를 사용한다는 것을 발견합니다. 결과적으로, 많은 사람들은 서클 프로세스에 빠르고 긍정적으로 반응합니다.

더욱이, 세계의 상태를 고려할 때, 사람들을 의사결정에서 배제하는 것이 성공적이지 못했다는 주장이 제기될 수 있습니다. 좁은 틀에서, 그것은 소수의 사람들에게 부와 권력을 주었습니다. 그러나 역사적이고 지구적인 틀에서, 그것은 평화, 정의, 또는 지속 가능한 삶의 방식을 창출하지 못했습니다. 그것은 착취, 억압, 그리고 많은 불균형을 허용했습니다. 개인들에게, 전체 민족들에게, 다른 종들에게, 그리고 행성에 대한 비용을 고려한다면, 의사결정을 소수에게 제한하는 것은 재앙이었습니다.

기후 변화가 좋은 예입니다. 지난 세기 동안 기후 변화로 이어진 사업 결정들은 전 세계 정부 지도자들의 지지와 함께 기업의 최고 경영진에 의해 내려졌습니다. 전 세계 대중은 이러한 결정에 포함되지 않았습니다. 오늘날, 기후 변화를 연구하는 많은 사람들은 환경 붕괴를 막기 위해서는 우리의 국가적 및 지구적 사회의 근본적인 재구조화만이 가능하다고 말합니다. 만약 실제로 그것이 아직 예방 가능하다면 말입니다.

우리가 만들어야 하는 변화의 범위 때문에, 일부 기후 변화 사상가들은 급진적인 민주주의를 요구하고 있습니다. 이 위기에서, 우리 모두는 동의해야 합니다. 이해관계는 이보다 더 높을 수 없으며, 과제는 압도적으로 보입니다. 우리는 가능한 한 빨리 그리고 효과적으로 조치를 취하는 데 서로를 지지해야 합니다. 그리고 우리는 무엇을 어떻게 해야 할지 알아내기 위해 우리의 에너지, 지식, 그리고 창의성을 모아야 합니다. 이것은 배타적일 때가 아닙니다. 만약 우리 모두가 변하지 않으면, 우리 모두의 삶이 위협받을 것입니다. 과학자들은 대중이 모르는 것을 알지만, 모든 시민은 국가적, 행성적 규모로 변화를 일으키기 위해 다르게 행동해야 합니다. 도전 과제는 우리가 우리의 전체 삶의 방식을 바꿀 때 모든 우리의 목소리를 대화에 참여시키는 것입니다.

어떤 과정도 공동체 수준에서 이 도전에 대응하는 데 서클보다 더 적합하지 않습니다. 우리는 이 지구적 위기를 다루기 위해 전 세계적으로 서클을 개최하는 운동을 예상할 수 있습니다. 가족, 학교, 지역사회, 그리고 동네에서부터 사업체, 조직, 교도소, 그리고 종교 단체에 이르기까지: 기후 변화 서클은 우리의 에너지를 동원하기 위해 우리를 함께 모을 수 있습니다. 그리고 우리는 놀라게 될 수도 있습니다. 우리는 우리 행성과 우리의 후손들을 위해 두려워하기 때문에 서클에 함께 모일 수 있지만, 그 과정에서 의식의 심오한 변혁을 경험할 수도 있습니다. 우리는 표현을 위한 장이 없었던 우리 존재의 차원들을 발견할 수

발전소를 어디에 지을 것인지, 대형 송전선을 어디로 지날 것인지와 같은 문제는 기획자들이 마주하는 도전이자 논쟁거리이며, 새로운 사고와 새로운 접근을 요구하는 사안이다. 기획자들은 종종 그 한가운데에 놓이게 된다. 이러한 기피 시설에 관한 결정은 그 지역 공동체의 사회경제적 구성과 상대적 정치적 영향력에 의해 어떻게 영향을 받는가?

있고, 우리가 함께 어떤 사람이 될 수 있는지에 대한 신뢰가 성장하는 것을 발견할 수 있습니다.

공통점을 찾음으로써 정의를 행하기

우리가 함께 모여 우리의 진실을 말할 때, 그 다음은 무엇일까? 우리의 개인적인 경험은 매우 다르며, 우리의 역사도 다릅니다. 우리는 많은 것에 대해 동의하지 않고, 우리의 차이점에 대해 꽤 열정적일 수 있습니다. 여기서 다시, 가치는 우리가 어떻게 대응하는지에 중심적입니다. 대립적이고, 승패를 가르는 대응은 배제라는 가치에 기반합니다. 경쟁은 어떤 차이점들을 배제할지에 관한 것입니다.

포용이라는 가치는 어떤 종류의 대응을 제공하는가? 서클은 포용에 뿌리를

우리는 우리의 폐기물을 어떻게 처리해야 하는가? 이것은 끊임없는 과제이다. 중산층 주거지역 근처에 위치한 이 재활용 공장은 소각장 대신 선호되어 지지되었다. 그렇다면 이제 어느 지역이 그 소각장을 떠안게 될 것인가?

두고 있으므로, 이 책 전체가 이것에 관한 것입니다. 우리가 여기서 논의하고 싶은 것은 이 대응이 어떻게 먼저 공통점을 찾음으로써 모든 측면에 정의를 행하는가입니다. 대립적인 대응은 이것을 하지 않습니다. 왜냐하면 그것은 공통점이 단순히 존재하지 않는다고 가정하기 때문입니다. 그러나 이렇게 가정함으로써, 대립적인 대응은 다른 사람의 인간성을 부정하는 것과 매우 가까워집니다. 우리의 인간성은 우리가 분명히 공통적으로 가지고 있는 것이기 때문입니다.

서클 철학은 항상 찾을 공통점이 있다고 가정합니다. 인간들 사이에서, 우리의 가치는 우리의 인간성에 기반하여 우리가 공통적으로 가진 것을 찾도록 우리를 도울 수 있습니다. 예를 들어, 우리 중 아무도 혼자서는 오래 버틸 수 없습니다. 우리는 다른 사람들이 필요합니다. 그리고 우리가 누구든 상관없이, 우리가 좋은 관계를 원한다면, 우리는 존중, 상호성, 정직, 연민, 그리고 인내와 같은 특정 가치들을 표현해야 합니다. 인간으로서, 우리는 이러한 현실들을 공통적으로 가지고 있습니다.

우리가 설 공통점을 더 많이 찾을수록, 우리는 서로의 차이점들을 더 많이 받아들일 수 있습니다. 공통점을 찾는 것은 사실, 우리 사이에 공통적이지 않은 것을 받아들일 수 있는 데 중요합니다. 그룹에 속하지 못한다는 두려움은 차이점들을 위협적으로 보이게 합니다. 우리는 우리 주변 사람들과 너무 많이 벗어나면 우리가 속하지 못할까 봐 두려워합니다. 서클은 공유된 가치에서 공통점을 찾음으로써 이러한 두려움을 처음부터 다룹니다. 우리가 공유하는 것에서 더 많이 일할수록, 우리의 차이점들을 가치 있게 여기는 것이 더 쉬워집니다. 차이점에 대한 깊이 뿌리내린 두려움이 완화되면서, 그룹에 대한 우리의 충성을 증명하기 위해 다른 사람들을 거부하려는 충동도 줄어듭니다.

우리가 누구이든, 우리가 무엇을 생각하든 상관없이 우리가 속해 있다는 안심을 받으면서, 우리는 우리가 어떻게 다른지 탐색하기에 충분히 안전하다고 느낍니다. 공통점을 찾는 것은 우리가 차이점이 없는 척하거나, 그것들을 "은폐하거나," 또는 거부하는 것에 관한 것이 아닙니다. 오히려 정반대입니다. 그것은 상호 이익을 위해 우리의 차이점들을 활용하는 것에 관한 것입니다. 공통점은 우리에게 차이점들과 함께하는 방법들, 심지어 그것들 때문에 더 강해지는 방법들을 줍니다.

물론, 차이점들은 받아들이기 어려울 수 있습니다. 일반적으로 어려운 경우를 고려해 볼 때, 해악을 저지른 사람들의 관점을 어떻게 포용할 수 있을까? 우리 대부분은 그들을 보지 않는 것을 선호하며, 그들의 이야기를 듣는 것은 말할 것도 없습니다. 우리는 가해자들을 교도소에 넣거나, 일부 국가에서는 그들을 사형시킵니다. 기념비에는 우리가 개별 희생자들의 이름을 올리지만, 개별 가해자들의 이름은 올리지 않습니다. 그러나 가해자들에게는 할 이야기가 있습니다. 즉, 우리 모두가 살고 있는 사회와 문화에 대해 무언가를 드러내는 이야기들입니다. 만약 우리가 정의를 향해 나아가고 싶다면, 우리는 모든 이야기들을 들어야 합니다. 그래야 우리가 함께 누구인지에 대한 우리의 견해가 균형 잡히고 완전해질 수 있기 때문입니다. 만약 무언가가 우리 중 일부를 다른 사람들에게 해악을 저지르도록 이끌고 있다면, 우리 모두는 이러한 역학들을 이해할 필요가 있습니다. 왜냐하면 우리 모두는 동일한 사회 시스템에 연결되어 있기 때문입니다. 그것들은 우리에게도 영향을 미칩니다.

그렇다면, 공통점이 존재한다는 가정하에, 우리는 그것을 찾기 시작할 수 있습니다. 그 자체로, 이 과정은 좋습니다. 왜냐하면 그것은 우리 각자가 가진

자연 세계는 인간 활동의 대가를 가장 크게 치른 존재이다. 인간의 활동은 산림 파괴, 종 멸종, 오염을 초래했으며, 이제는 기후 변화에까지 이르게 했다.

기본적인 필요를 충족시키는 것에 관한 것이기 때문입니다. 공통점은 우리 모두가 동일해야 하거나 같은 방식으로 생각해야 한다는 것을 의미하지 않습니다. 공통점을 찾는 것은 과정에서 어떤 개인이나 그룹도 희생하지 않고 집단에 도움이 되는 우리가 공유하는 기반을 찾는 것에 관한 것입니다. 그렇지 않으면, 일부가 다른 사람들의 이익을 위해 희생하도록 강요된다면, 집단은 봉사받지 못합니다. 잘 기능하고 지속 가능하기 위해, 집단은 모든 방향에서 균형을 이루어야 합니다. 그것이 더 균형을 이룰수록, 관련된 사람들은 그것을 더 정의롭게 경험할 것입니다.

불행히도, 공동선common good에 대한 호소는 개인뿐만 아니라 전체 그룹의 권리와 이익을 침해하는 과정들을 정당화하는 데 사용되었습니다. 때때로 이것은 경제적인 이슈입니다. 더 부유한 공동체들은 시청에서 더 강한 목소리를 가지는 경향이 있습니다. 때때로 이것은 인종적인 이슈입니다. 백인과 유색인종 사이의 관계가 이 이야기를 말해주며, 이전 장의 베어 뷰트 사례는 단지 한 예시일 뿐입니다. 우리의 집단적인 역사에 스며든 인종차별을 고려할 때, 유색인종들은 백인들이 공동선에 호소할 때 종종 불안해합니다. 그들은 누구의 선이 봉사받았고 누구의 선이 희생되었는지 압니다.

그러나 이 개념의 오용은 우리가 옹호하는 것이 아닙니다. 유색인종을 희생시키고 백인에게 오는 선은 공동선이 아닙니다. 그것은 그 반대입니다. 즉, 한쪽 편향적이고, 부분적이며, 배타적인 "선"입니다. 사실, 그것은 전혀 선이 아니라 해롭습니다. 그것은 사회를 부당하게 만들고, 그것은 어떤 누구에게도 건강하지 않습니다.

분명히, 대립적인 과정은 공통점과 공동선에 대한 우리의 인식을 약화시켰습니다. 또한 그것들은 우리가 공통적으로 가진 것이 우리 모두에게 이익이 되는 방식으로 우리의 삶을 조직하도록 도울 수 있다는 우리의 신뢰를 약화시켰습니다. 공동선은 항상 윈-윈이며, 그럼에도 불구하고 우리는 종종 이것이 달성 가능하다고 의심합니다.

이러한 이슈들은 왜 서클이 그렇게 중요한 패러다임 전환을 제기하는지에 대한 또 다른 관점을 우리에게 줍니다. 서클은 우리가 이 모든 개념들을 재고하도록 도전하게 합니다. 우리가 공유하는 기반이 있는가? 어떻게 그것을 찾을 수 있을까? 신뢰가 그렇게 깊이 깨졌을 때 우리가 공유하는 것에 대한 신뢰를 어떻게 구축할 수 있을까? 우리가 공통적으로 가진 것에 의지하여 우리 모두에게 진정으로 좋은 삶을 함께 만들 수 있을까?

우리가 서클에서 이러한 질문들을 탐구할 때, 서클은 우리가 두 가지 방향의 움직임을 염두에 두도록 돕습니다. 개인과 그룹이 집단에 어떻게 영향을 미치는지, 그리고 집단이 개인과 그룹에 어떻게 영향을 미치는지 말입니다. 포용하라는 요구는 개인의 측면에서 옵니다. 공통점을 찾으려는 요구는 집단의 측면에서 옵니다. 핵심적으로, 그것들은 동일합니다. 그것들은 둘 다 정의에 관한 것입니다.

모든 관계들과 좋은 방식으로 함께함으로써 정의를 행하기

마지막으로, 서클은 깊은 마음의 수준에서 모든 인간이 다른 사람들과 좋은 관계를 맺기를 바란다는 믿음에 기반합니다. 이러한 갈망 때문에, 우리는 좋은 관계가 의존하는 핵심 가치들을 공유합니다. 예를 들어, 우리 모두는 존중이 관계를 구축하고 무례함이 그것을 해친다는 것을 압니다. 우리는 주고받기의 균형, 즉 정의가 관계를 건강하게 유지하는 데 필요하다는 것을 압니다. "정의 없이는 평화도 없다."

이러한 동일한 가치들은 우리가 민족들 사이에서 그리고 자연 세계와 좋은 관계를 맺는 방식에도 적용됩니다. 서클의 전체 철학은 우주에서의 심오한 상호 연결성을 가정합니다. 다시 말해, 이것은 고대와 선주민 가르침의 핵심 진실입니다. 그리고 이것이 어떤 누구도 의사결정 과정이나 그 결과에서 배제하는 것이 좋지 않은 이유입니다. 우리는 모두 서로의 현실의 일부입니다. 우리의 안녕은 우주의 다른 모든 부분의 안녕과 연결되어 있습니다. 우리가 이것을 더 많이 인식할수록, 우리는 다른 사람들과 그리고 자연 세계와 균형과 조화를 이루며 행동하려고 더 많이 노력할 것입니다.

아인슈타인 이래의 현대 과학은 우주의 본질에 대해 이러한 동일한 결론들 중 다수에 도달했습니다. 오늘날, 생물학과 물리학은 모든 것이 상호 연결되어 있다고 주장합니다. 우리과학자와 시민들는 우리가 전체에 영향을 미치지 않고 사물을 분리하여 독립적으로 작업할 수 없다는 것을 힘든 방식으로 배웠습니다. 우리의 운명은 심오하게 얽혀 있습니다. 서클이 각 사람이 과정에 가져오는 독특한 재능을 가치 있게 여기듯이, 현대 생물학도 다양성이 모든 생명의 안녕에 필수적이라고 주장합니다. 차이점들은 우리에게 창의성과 풍요로움을 줍니다. 그들은 또한 힘과 회복력의 원천입니다. 현대 지식은 고대 지혜와 만납니다.

그러나 대부분의 서구 기관들은 이러한 가정들에 따라 운영되지 않습니다. 그들은 단순히 상호 연결성의 현실에 보조를 맞추지 못하고 있습니다. 그들은 한 세기 전에 시대에 뒤떨어진 유럽 기반의 세계관에서 기능합니다. 상호 연결성이라는 아이디어는 우리 종이 알아왔던 가장 오래되고 보편적인 진실들 중 하나입니다. 비록 우리가 한동안 그것을 잃어버린 것처럼 보이지만, 서클은 우리가 기억하도록 도울 수 있습니다. 그것들은 우리가 모든 관계들과 좋은 방식으로 함께하는 방법을 다시 배우도록 도울 수 있습니다.

정의를 행하는 이러한 방식들을 기획에 집중하면서, 서클을 사용하는 것은 지역사회에서 관계성에 대한 긍정적인 인식을 구축할 수 있습니다. 서클은 기획 과정 후에 공동체를 이전보다 더 강하게 만듭니다. 기획은 단순히 계획을 만드는 것 이상이 됩니다. 그것은 지역사회가 함께 모여, 서로의 이야기를 듣고, 서로를 보살피는 방법이 됩니다. 서클과 함께하는 기획은 공동체 내의 패러다임 전환을 지원합니다. 즉, 우리가 서로를 경험하는 방식의 깊은 변화입니다. 협력, 상호 지지, 우리의 상호 의존성을 이해하고, 우리가 함께 우리의 삶을 기획하는 방식에서 우리의 관계성을 실천하는 것: 이것들이 서클이 제공하는 잠재력입니다.

두려움, 위기, 그리고 도전으로 가득 찬 이 시대에, 서클의 방식은 변화와 희망 둘 다의 방식입니다.

주석 Endnotes

서론(Introduction)

1. 오렌 라이언스(Oren Lyons), "자유의 땅, 용감한 자들의 고향(Land of the Free, Home of the Brave),"『인디언이 미국 민주주의에 기여한 뿌리(Indian Roots of American Democracy)』, 호세 바레이로(José Barreiro) 편집(이타카, 뉴욕: Akwe:kon Press, 코넬 대학교, 1992), 32–33쪽. 또한 다음을 참고: 브루스 E. 요한센(Bruce E. Johansen),『잊혀진 설립자들: 아메리카 선주민이 민주주의 형성에 어떻게 도움을 주었나(Forgotten Founders: How the American Indian Helped Shape Democracy)』(하버드 및 보스턴, 매사추세츠: The Harvard Common Press, 1982), 브루스 E. 요한센,『민주주의 논쟁: 자유의 아메리카 선주민 유산(Debating Democracy: Native American Legacy of Freedom)』(산타페, 뉴멕시코: Clear Light Publishers, 1998).

제2장: 왜 지역사회를 참여시켜야 하는가?

1. 리처드 뉴스태트(Richard Neustadt) 및 어니스트 메이(Ernest May), "시간을 두고 생각하기: 의사결정자를 위한 역사의 활용(*Thinking in Time: The Uses of History for Decision-Makers*)" (뉴욕: Free Press, 1986), 274, 106쪽;『숙고하는 실천가: 참여적 기획 과정을 장려하며(*The Deliberative Practitioner: Encouraging Participatory Planning Processes*)』, 존 F. 포레스터(John F. Forester) 저(캠브리지, 매사추세츠: MIT Press, 1999), 19쪽에서 인용.

2. 어니스트 J. 알렉산더(Ernest J. Alexander),『기획에 대한 접근: 현재의 기획 이론, 개념 및 이슈 소개(*Approaches to Planning: Introducing Current Planning Theories, Concepts, and Issues*)』, 2판(뉴어크, 뉴저지: Gordon and Breach Publishers, 1992), 73쪽.

3. 셰리 R. 아른스타인(Sherry R. Arnstein), "시민 참여의 사다리(*A Ladder of Citizen Participation*),"『미국 기획자 협회 저널(*Journal of the American Institute of Planners*, JAIP)』35권, 4호(1969년 7월): 216쪽.

4. 다음을 참고: 수잔 S. 파인스타인(Susan S. Fainstein) 및 스콧 캠벨(Scott Campbell), 2003; 존 포레스터(John Forester), 1989; 포레스터, 1999; 주디스 E. 이네스(Judith E. Innes), 1995.

5. 앨스터(Elster) in 테우드르–존스(Tewdwr–Jones) & 올멘딩거(Allmendinger), 2003: 210.

6. 파인스타인 및 캠벨, 2003: 175.

제5장: 다양한 용도의 다양한 서클

1. 존 브레이스웨이트(John Braithwaite), "청소년 성장 서클(Youth Development Circles)," 『옥스포드 교육 리뷰(*Oxford Review of Education*)』 27권(2001): 239–52쪽.

제7장: 시작하기: 기획 과정에서 이야기 서클을 사용하는 방법

1. 이 장은 케이 프라니스(Kay Pranis)의 『서클 프로세스 (*The Little Book of Circle Processes: A New/Old Approach to Peacemaking*)』(인터코스, 펜실베이니아: Good Books, 2005)(대장간 역간)의 제8장에서 각색되었습니다.

제10장: 치유의 집 기획

1. 캐나다에서 선주민(First Nations)이라는 용어는 캐나다의 선주민들을 지칭합니다.

2. 캐나다 엘리자베스 프라이 소사이어티 협회(CAEFS)는 그들의 웹사이트에 다음과 같은 사명 선언문을 게시했습니다: "CAEFS는 사법 시스템 내의 여성과 소녀, 특히 범죄화되었거나 범죄화될 수 있는 사람들을 위해 그리고 그들과 함께 일하는, 자치적인 지 기반 엘리자베스 프라이 소사이어티들의 협회입니다. 엘리자베스 프라이 소사이어티들은 함께 CAEFS를 이끄는 신념, 원칙 및 입장을 개발하고 옹호합니다. 협회는 공공 교육, 연구, 입법 및 행정 개혁을 통해 지역적, 국가적 및 국제적으로 서비스와 프로그램의

제공 및 개발에서 실질적인 평등을 보장하기 위해 존재합니다.” http://
www.elizabethfry.ca/

제11장: 서클이 훌륭한 아이디어인 이유: 기획에서 서클을 사용하는 이점과 잠재력

1. 후아니타 브라운(Juanita Brown) 및 셰린 베넷(Sherrin Bennett), “사고의 전환: 돌파구를 위한 전략적 대화(Mindshift: Strategic Dialogue for Breakthrough Thinking),” 『학습 조직: 내일의 직장을 위한 문화 개발하기(*Learning Organizations: Developing Cultures for Tomorrow's Workplace*)』, S. 차울라(S. Chawla) 및 J. 르네쉬(J. Renesch) 편집(포틀랜드, 오리건: Productivity Press, 1995). 이 글은 World Café 웹사이트에서 온라인으로 전문을 읽을 수 있습니다: http://www.theworldcafe.com/articles/Mindshift.pdf.

제12장: 순조롭지 않은 항해: 도전과 주의사항

1. 마거릿 J. 위틀리(Margaret J. Wheatley), “현실 세계를 위한 리더십 교훈(Leadership Lessons for the Real World),” *Leader to Leader Magazine*, 2006년 여름호. 이 글은 온라인에서 전문을 읽을 수 있습니다: http://www.margaretwheatley.com/articles/leadershiplessons.html.

2. 토마스 홉스(Thomas Hobbes)의 정치 철학에 대한 더 많은 정보는 다음을 참고: 토마스 홉스, 『리바이어던(*The Leviathan*)』. 오리건 주립대학교는 이 고전 정치 철학 텍스트를 그들의 웹사이트에 올렸습니다. 다음에서 복사하여 붙여넣을 수 있습니다: http://oregonstate.edu/instruct/phl302/texts/hobbes/leviathan-a.html#INTRODUCTION, 2009년 8월 28일 접속. 또한 다음에서 복사하여 붙여넣을 수 있습니다: http://www.constitution.org/th/leviatha.txt, 2009년 8월28일 접속.

3. 한비자의 정치 철학에 대한 더 많은 정보는 다음을 참고: 버튼 왓슨(Burton Watson) 번역, 『한비자: 기본 저작(*Han Fei Tzu: Basic Writings*)』(뉴욕:

Columbia University Press, 1996).

4. *E*: *The Environmental Magazine* XX권, 1호(2009년 1/2월): 23–24쪽.

제13장: 공동체 강화: 서클이 공동체 건강을 증진하는 방법

1. 다음을 참고: 케이 프라니스(Kay Pranis), 배리 스튜어트(Barry Stuart), 및 마크 웨지(Mark Wedge), 『평화 형성 서클: 범죄에서 공동체로(Peacemaking Circles: From Crime to Community)』(세인트 폴, 미네소타: Living Justice Press, 2003), 145쪽.(대장간 역간).

2. 케이 프라니스, "민주주의, 보살핌, 그리고 상호 책임의 기초 위에 변혁적 정의 구축하기(Building Transformative Justice on a Foundation of Democracy, Caring and Mutual Responsibility)" in 『정의 성찰: 기독교적 아이디어와 정의 문제를 연결하는 전 세계 논문집(*Justice Reflections*: *Worldwide Papers Linking Christian Ideas with Matters of Justice*)』, 제11호, 2006.

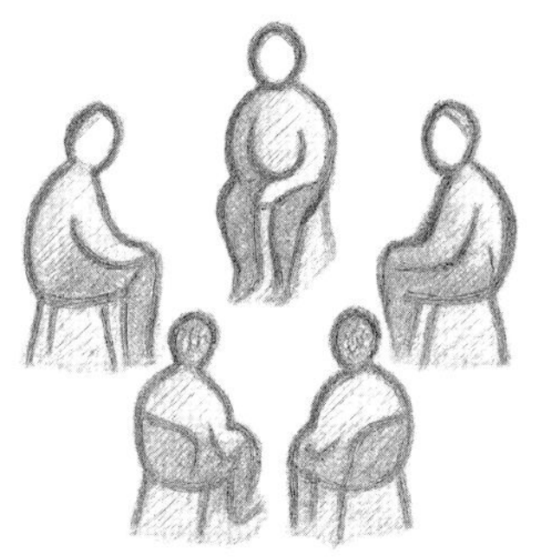

부 록

부록 1

이야기 서클을 위한 서클 준비 시트

다음 요약은 로카(Roca, Inc.)(매사추세츠주 첼시, 2004)가 배포한 "서클 진행자 매뉴얼" 초안에서 수정되었습니다.

확인 사항

- 공동 진행자
- 서클의 목적
- 누가 초대될 것인가
- 초대를 어떻게 전달할 것인가

서클의 세부 사항 계획하기

진행자들은 다음 질문에 답함으로써 서클에 대한 계획을 세웁니다.

- 시간은?
- 장소는 어디인가?
- 말하기 소품으로 무엇을 사용할 것인가?
- 중심물을 둘 것인가? 만약 그렇다면, 중심에 무엇을 둘 것인가?
- 시작 의식으로 무엇을 할 것인가?
- 서클을 위한 가치와 지침을 생성하기 위해 어떤 질문이나 과정을 사용할 것인가?

- 소개 또는 안부 확인 라운드를 위해 어떤 질문을 사용할 것인가?

- 이슈에 들어가기 전에 추가적인 관계 구축이 필요한가? 만약 그렇다면, 어떻게 할 것인가?

- 핵심 주제에 대한 대화를 시작하기 위해 어떤 질문들을 사용할 것인가?

- 만약 그룹이 이슈에 충분히 깊이 들어가지 못할 경우, 어떤 추가 질문이 유용할 수 있는가?

- 어떤 마무리 의식을 사용할 수 있는가?

필요한 재료와 품목 목록 만들기

이 목록에는 예를 들어, 중심물, 말하기 소품, 가치를 위한 종이 접시와 마커, 그리고 낭독물 등이 포함될 수 있습니다.

진행자들이 어떻게 책임을 공유할지 결정하기

서클 개요는 엄격한 지도가 아니라 안내서임을 기억하세요. 이 과정은 유연하며 그룹에서 나오는 것에 반응합니다.

서클이 시작되기 전에 당신 자신을 집중시키고 마음을 다스리기 위한 개인적인 전략을 식별하세요.

부록2

서클 관련 교육 및 추가 정보

서클 교육 개최를 고려하고 있는 기획자분들은 아래 저자들에게 연락해 주십시오.

Jennifer Ball: 전화: 519 496-8366

　　　　　　　이메일: jball01@hotmail.com

Wayne Caldwell: 전화: 519 824-4120, 내선 56420

　　　　　　　이메일: waynecaldwell@hurontel.on.ca

Kay Pranis: 전화: 651 698-9181

　　　　　　　이메일: kaypranis@msn.com

서클 작업에 대한 추가 정보는 Living Justice Press 웹사이트에서 확인할 수 있습니다.

www.livingjusticepress.org

Living Justice Press 웹사이트에는 서클 진행자Circle keepers, 교육자, 지역사회 구성원, 그리고 다양한 분야의 전문가 목록이 포함되어 있습니다. 판사, 교장, 교사, 법 집행관, 교수, 학부모, 기획자, 행정가, 사업가, 교도소 직원, 그리고 관심 있는 시민 등 이들은 서클 과정 및 그 광범위한 활용에 경험이 있는 서클 관련 인사들 중 일부입니다. 이들은 서클 작업에 대한 자원resource이 되어 주기로 동의했으며, 서클을 처음 접하는 사람들과 서클을 진행하면서 질문이나 도움이 필요한 사람들을 위해 봉사하고 있습니다. 서클에 관해 이야기하고 귀하의 지역에서 서클을 진행하고 있는 사람을 찾아보려면 이들에게 자유롭게 전화해 보십시오. 목록은 주state와 지역별로 정리되어 있습니다. Living Justice Press 홈페이지에서 "Who Can I Talk With About Circles?"서클에 관해 누구와 이야기할수 있나요?를 클릭하십시오.

부록 3

저작물과 웹 사이트

〈저작들〉

Alexander, Ernest J. 1992. *Approaches to Planning: Introducing Current Planning Theories, Concepts, and Issues*. 2nd ed. Newark, NJ: Gordon and Breach Publishers.

Allmendinger, P., and Mark Tewdwr-Jones, editors. 2002. *Planning Futures: New Directions for Planning Theory*. London: Routledge.

Arnstein, Sherry R. 1969. "A Ladder of Citizen Participation." *Journal of the American Institute of Planners* (JAIP), 35 (4): 216-24.

Baldwin, Christina. 1994, 1998. *Calling the Circle: The First and Future Culture*. New York: Bantam Books.

Ball, J., W. J. Caldwell, and K. Pranis. 2007. "Using Circles to Build Communication in Planning." *Plan Canada*, 47 (1): 47-49.

Boyes-Watson, Carolyn. 2008. *Peacemaking Circles and Urban Youth: Bringing Justice Home*. Saint Paul, MN: Living Justice Press.

Fainstein, Susan S. and Scott Campbell. 2003. *Readings in Planning Theory* (Studies in Urban and Social Change). 2nd ed. New York: Wiley-Blackwell.

Fisher, Roger and William Ury. 1981. *Getting to Yes: Negotiating Agreement without Giving In*. New York: Penguin.

Fitzgerald, Maureen. 2006. *Corporate Circles: Transforming Conflict and Building Trusting Teams*. Vancouver, BC: Quinn Publishing.

—————. 2006. One Circle: Tapping the Power of Those Who Know You Best. Vancouver, BC: Quinn Publishing.

Forester, John F. 1999. *The Deliberative Practitioner: Encouraging Participatory Planning Processes*. Cambridge, MA: MIT Press.

—————. *Planning in the Face of Power*. 1989. Berkeley: University of California Press.

Harris, Thomas A. 1969. *I'm Okay, You're Okay*. San Francisco and New York: Harper & Row.

Innes, Judith E. 1995. "Planning Theory's Emerging Paradigm: Communicative Action and Interactive Practice." *Journal of Planning Education and Research*, 14(3): 183–89.

Isaacs, William. 1999. *Dialogue and the Art of Thinking Together: A Pioneering Approach to Communicating in Business and in Life*. New York: Double-day Currency.

Neustadt, Richard and Ernest May. 1986. *Thinking in Time: The Uses of History for Decision-Makers*. New York: Free Press.

Pranis, Kay. 2005. *The Little Book of Circle Processes: A New/Old Approach to Peacemaking*. *Intercourse*, PA: Good Books.(『서클프로세스』 대장간 역간)

ㅡㅡㅡㅡㅡ. 2006. "Building Transformative Justice on a Foundation of Democracy, Caring and Mutual Responsibility" in *Justice Reflections: Worldwide Papers Linking Christian Ideas with Matters of Justice*, Issue 11.

ㅡㅡㅡㅡㅡ. 2006. "Healing and Accountability in the Criminal Justice System: Applying Restorative Justice Processes in the Workplace." This speech given at the 2006 Symposium of the Cardozo Journal of Conflict Resolution titled: "Restorative Justice: Choosing Restoration Over Retribution." The text can be found in Cardozo Journal of Conflict Resolution, 8(2): 659−676 (available electronically on LexisNexis or Westlaw, url: http://www.cojcr.org/vol8n02/659−676.pdf; or in hardcopy form at your local law library.

Pranis, Kay, Barry Stuart, and Mark Wedge. 2003. *Peacemaking Circles: From Crime to Community*. Saint Paul, MN: Living Justice Press.(『평화형성서클』 대장간 역간)

Rosenberg, Marshall B. 1999. *Nonviolent Communication: A Language of Compassion*. Del Mar, CA: PuddleDancer Press.

Ross, Rupert. 1996, 2006. *Returning to the Teachings: Exploring Aboriginal Justice*. Toronto: Penguin Books Canada, Reprint.

Simpson, Brenda J., & Associates. 1999. *Building Stronger Communities Learn− ing Circle Feedback Guide. For more information, contact Brenda Simp− son & Associates*, Web site: http://bsimpson.ca/, accessed 28 August 2009.

Stone, Douglas, Bruce Patton, and Sheila Heen. 1999. *Difficult Conversa-

tions: *How to Discuss What Matters Most*. New York: Viking Penguin.

Thalhuber, Patricia and Susan Thompson. 2007. *Building a Home for the Heart*: *Using Metaphors in Value-Centered Circles*. Saint Paul, MN: Living Justice Press.

Wharf, Brian, and Brad McKenzie. 1998. *Connecting Policy to Practice in the Human Services*. Oxford and New York: Oxford University Press.

Wheatley, Margaret J. 2009. *Turning to One Another*: *Simple Conversations to Restore Hope to the Future*. 2nd ed. San Francisco: Berrett-Koehler Publishers.

Zehr, Howard. 1990, 1995. *Changing Lenses*: *A New Focus for Crime and Justice*. Scottdale, PA: Herald Press.(『우리시대의 회복적 정의』 대장간 역간)

-----. 2002. *The Little Book of Restorative Justice*. Intercourse, PA: Good Books.(『회복적 정의/사법 리틀북』 대장간 역간)

관심있는 웹사이트

다음은 서클 과정의 다양한 유형과 활용에 대한 흥미로운 정보를 제공하므로 저희가 선택한 웹사이트 목록입니다.

Boys to Men Circle at St. Louis Park Public Scool, St.Louis Park, Minnesota

http://www.slpschools.org/afam.html 보이즈 투 멘 서클Boys to Men Circle은 세인트 루이스 파크 시니어 고등학교St. Louis Park Senior High의 9~12학년 아프리카계 미국인 남학생을 위한 모임입니다. 이는 학생들이 모여 학업 성공, 장벽,

필요 사항 등에 대해 이야기하는 주간 지원 및 옹호 그룹입니다. 존중하는 의사소통과 적극적인 경청을 가르치는 회복적 사법 서클 방식restorative justice circle practice으로 운영됩니다. 이 그룹의 목표는 학업 성취도와 사회적 기술을 향상시키고 개인적인 문제를 가진 학생들을 지원하는 것입니다.

Circle Dialogue Process Training, Delaware County, Pennsylvania

http://www.circledialogue.com/ 회복적 사법 지역사회 서클Restorative Justice Community Circles은 필라델피아와 델라웨어 카운티 지역에서 서클 교육뿐만 아니라 다양한 프로그램과 서클의 적용 방식을 제공합니다. 이 사이트에는 서클에 대한 설명과 경험, 그리고 관련 링크가 포함되어 있습니다.

The International Association of Public Participation (IAP2)

www.iap2.org/IAP2 IAP2는 개인, 지역사회, 정부, 기업 및 기관과 관련된 공공 참여의 실천을 촉진하고 개선하고자 하는 글로벌 회원 협회입니다.

Living Justice Press, Saint Paul, Minnesota

www.livingjusticepress.org/ 리빙 저스티스 프레스Living Justice Press는 서클 과정에 대한 정보를 제공하는 웹사이트를 운영하고 있습니다. LJP 사이트에는 서클 경험이 있고 자원봉사자로서 활동할 수 있는 사람들의 지역별 목록이 포함되어 있습니다. "Who Can I Talk With About Circles?"를 클릭하십시오. 이 "서클 사람들Circle people"은 조언부터 진행'지킴keeping'에 이르기까지, 그리고 서클 교육 제공에 이르기까지 다양한 역량으로 도움을 줄 수 있습니다.

Circles of Peace, Nogales, Arizona

www.circlesofpeace.us 서클스 오브 피스Circles of Peace는 가정 내 폭력적 행동을 줄이기 위해 회복적 사법 서클 접근 방식을 사용하는 가정 폭력 치료 및 예방 프로그램입니다.

Partners in Restorative Initiatives, Rochester, New York

www.pirirochester.org 뉴욕 서부에 위치한 '파트너스 인 레스토러티브 이니셔티브Partners in Restorative Initiatives'는 학교, 법원 및 지역사회와 협력하여 교육, 옹호, 훈련 및 진행facilitation을 통해 회복적 실천restorative practices을 심어줍니다. 그들의 회복적 작업 대부분은 서클 방식으로 진행되며, 서클 교육도 제공합니다.

PeerSpirit Inc., Langley, Washington

http://www.peerspirit.com/circle-training.html 이 사이트는 수년 동안 서클 사용을 옹호해 온 크리스티나 볼드윈Christina Baldwin의 사이트입니다.

Restorative Justice and Circles, Blog by Kris Miner

http://circlespace.wordpress.com/T세인트 크루아 밸리 회복적 사법 프로그램Saint Croix Valley Restorative Justice Program의 전무이사인 크리스 마이너Kris Miner의 이 블로그에는 회복적 사법과 서클 사용에 관한 거의 50개의 기사가 포함되어 있습니다. 크리스 마이너가 서클 사용에 대한 다양한 경험을 공유하면서 이 사이트는 정기적으로 업데이트됩니다.

The Restorative Way, Minneapolis, Minnesota

http://www.therestorativeway.org/ 고故 척 로버트슨Chuck Robertson이 만들고 오스카 리드Oscar Reed와 제이미 윌리엄스Jamie Williams가 관리하는 이 웹사이트는 토착적인 관점에서 서클 과정과 서클의 의미에 대한 심층적인 정보를 제공합니다. 또한 학교에서의 서클 사용에 대한 정보도 포함하고 있습니다.

Rudi Askim Writing

http://www.magma.ca/~raksim/learning_circle.htm URL에서 알 수 있듯이, 이 작업은 학습 서클learning Circles에 중점을 두며, 서클 과정 자체보다는 학습 서클이 더 큰 기획 프로그램에 어떻게 통합될 수 있는지에 중점을 둡니다.

Saint Croix Valley Restorative Justice Program, River Falls, Wisconsin

http://www.scvrjp.org 이 회복적 사법 프로그램은 서클 교육을 제공하며, 특히 학교와 청소년, 특히 안전한 청소년 운전을 장려하기 위한 서클 사용에 중점을 둡니다.

색인

저자 소개

제니퍼 볼(Jennifer Ball), Ph.D., RPP, MCIP

제니퍼 볼은 캐나다 온타리오에 위치한 구엘프 대학교University of Guelph에서 지속가능한 농촌 공동체Sustainable Rural Communities를 주제로 한 농촌학 박사 학위Ph.D. in Rural Studies를 취득했습니다.

그녀는 전문 기획 분야에서 문화 간 소통, 갈등 관리, 스토리텔링, 농촌 토지 이용 계획과 관련된 연구를 수행해왔습니다. 최근 연구는 여성과 평화 구축women and peacebuilding에 초점을 두며, 특히 동아프리카 우간다를 중심으로 진행되고 있습니다. 또한 내러티브 연구 방법론 분야의 전문가이기도 합니다. 제니퍼는 캐나다 온타리오에 있는 워털루 대학교 산하 콘라드 그레벨 대학Conrad Grebel University College에서 국제개발학 과목을 가르쳤으며, 케냐에서 평화 구축 워크숍을 진행한 바 있습니다. 그녀는 인증된 토지 이용 및 지역사회 개발 기획자accredited land use and community development planner로서, 오랜 기간 캐나다 온타리오 지역에서 농촌 기획자로 일했습니다. 현재는 구엘프 대학교의 여러 연구 프로젝트에서 컨설턴트로 활동하고 있습니다.

제니퍼는 잠비아에서 태어나, 잠비아, 보츠와나, 케냐, 우간다, 탄자니아

등 동부 및 남부 아프리카 지역에서 13년 이상 생활하며, 바사르와Basarwa 선주민 공동체와 함께 지역사회 개발, 소기업 개발, 시장 조사, 평화 구축 활동을 수행했습니다.

- 이메일: jball01@hotmail.com

웨인 J. 콜드웰(Wayne J. Caldwell), Ph.D., RPP, MCIP

웨인 콜드웰은 캐나다 온타리오의 구엘프 대학교 농촌 기획학 교수Professor in Rural Planning입니다. 그는 또한 오랜 기간 휴런 카운티Huron County 기획·개발국과 긴밀한 협력 관계를 유지해왔습니다.

웨인은 농촌 공동체의 미래와 관련하여 북미 전역에서 강연을 해왔습니다. 그의 연구 관심사는 다음과 같습니다.

- 농촌 및 농업 공동체의 변화와 기획

- 농지 보전farmland preservation

- 농촌 갈등 해결

- 시민 참여와 퍼실리테이션

- 영양 관리와 지역 거버넌스

- 지역 기반의 경제·환경적 접근

그는 *Farmland Preservation: Land for Future Generations*를 포함하여 네

권의 저서를 출간했습니다.

웨인은 온타리오 농촌 위원회Ontario Rural Council의 창립 멤버이자 전 회장이며, 휴런 생태 보전 협의회Huron Stewardship Council와 휴런 호수 해안 보전 센터Lake Huron Centre for Coastal Conservation의 창립 멤버입니다. 또한 온타리오 주정부의 영양관리 자문위원회Nutrient Management Advisory Committee 위원장, 온타리오 전문기획자협회OPPI 회장을 역임했습니다.

• 이메일: waynecaldwell@hurontel.on.ca

케이 프라니스(Kay Pranis)

케이 프라니스Kay Pranis는 회복적 사법 분야의 미국 내 선두 주자로, 특히 평화 만들기 서클peacemaking Circles을 전문으로 합니다.

그녀는 1994년부터 2003년까지 미네소타주 교정국에서 회복적 사법 기획관Restorative Justice Planner으로 근무했습니다. 그 이전에는 시민 범죄 및 사법 위원회Citizen's Council on Crime and Justice에서 연구 서비스 책임자로 6년간 일했습니다. 1998년부터 케이는 미네소타의 시골 농장 마을부터 시카고 남부에 이르기까지, 학교, 교도소, 직장, 교회 등 다양한 공동체에서 서클 교육을 진행해 왔습니다.

케이는 회복적 사법과 평화 만들기 서클 과정에 대해 폭넓게 저술했습니다. 그녀는 배리 스튜어트Barry Stuart, 마크 웨지Mark Wedge와 함께 서클에 관한 기본

서인 *Peacemaking Circles*: *From Crime to Community*^{『평화형성서클』 대장간 역간}를 공동 집필했으며, 이 책은 곧 4쇄를 앞두고 있습니다. 이 책은 우크라이나어로 출판되었고, 곧 러시아어로도 출간될 예정입니다. 또한, 그녀는 *The Little Book of Circle Processes*: *A New/Old Approach to Peacemaking*^{Intercourse, PA: Good Books, 2005 『서클프로세스』 대장간 역간}을 저술했으며, 이 책 역시 서클 교육에서 광범위하게 사용됩니다.

케이는 미국, 캐나다, 호주, 일본에서 평화 만들기 서클과 회복적 사법에 관한 많은 논문을 발표했습니다. 그녀가 저술한 회복적 사법 및 서클 관련 기사 40편 이상이 전 세계 뉴스레터, 잡지, 전문 학술지에 게재되었습니다.

한국어로는 『서클 프로세스』, 『서클로 여는 희망』, 『서클로 나아가기』, 『평화 형성 서클』이 번역되었습니다.

• 이메일: kaypranis@msn.com

Living Justice Press 소개

회복적 사법을 다루는 501c3 면세 비영리 출판사

리빙 저스티스 프레스Living Justice Press, LJP는 사회 정의와 공동체 치유에 관한 서적을 출판합니다. 저희는 특히 회복적 사법restorative justice과 평화 만들기peacemaking 분야에 초점을 맞추고 있으며, 이 영역 내에서 세 가지 핵심 분야에 집중하여 작업하고 있습니다.

첫째, 저희는 평화 만들기 서클peacemaking Circles에 대한 이해와 활용을 심화하는 서적을 출판합니다. 서클은 사람들이 갈등과 피해를 정의를 증진하고 삶의 방식으로 "좋은 방식being in a good way"으로 나아갈 수 있도록 돕는 방식으로 다룰 수 있게 합니다.

둘째, 회복적 사법은 토착적인 철학과 관행에서 직접적인 영향을 받기 때문에, 저희는 토착적인 정의에 대한 이해 방식에 대해 출판합니다. 이러한 방식은 서로 간뿐만 아니라 자연 세계의 존재들과도 "좋은 관계가 되는 법"을 배우는 것과 관련이 있습니다.

셋째, 저희는 정의를 위해 "고군분투하는in struggle" 사람들의 목소리를 출판합니다. 저희의 책들은 사람들 사이의 피해를 치유하는 것에 대해 배운 바를, 사람들과 사람들 간의 피해를 다루는 더 크고 체계적인 도전에 적용하고자 합니다. 출판 활동을 통해, 저희는 교육, 피해를 바로잡는 방법 모색, 그리고 함께 존재하는 방식의 변화라는 길을 통해 사람들 사이의 정의를 향한 노력에 동참합니다. 회복적 사법에 따르면, 이 여정은 이야기를 듣는 것에서 시작되며,

특히 목소리를 듣지 못했던 사람들의 이야기와 피해를 입은 사람들로부터 "일을 바로잡기 위해put things right" 무엇이 필요한지 알아내는 것에서 시작됩니다.

저희는 책을 구매하고, 수업 교재로 사용하며, 재정적으로 기부해 주시고, 자원봉사를 통해 시간을 할애해 주시는 등 리빙 저스티스 프레스를 지원해 주시는 모든 분께 감사드립니다. 특히 캐시 브로버그Cathy Broberg, 데이브 스폰Dave Spohn, 웬디 홀드먼Wendy Holdman께 감사의 말씀을 전합니다. 그들의 숙련되고 아낌없는 노력 덕분에 저희는 일관되게 내외적으로 높은 품질의 책을 제작할 수 있었습니다. 또한, 훌륭한 서비스와 인쇄 품질을 제공하는 미시간주 앤아버의 셰리던 북스Sheridan Books 직원들에게도 감사드립니다. 저희는 리빙 저스티스 프레스 공동체 모두의 지원을 통해 계속해서 존재하고 있습니다. 저희는 깊이 감사드립니다. 감사합니다!

Living Justice Press 도서 목록

서클 과정 및 그 활용에 관하여

*Peacemaking Circles: From Crime to Community*평화형성서클: 범죄에서 공동체로 저자: Kay Pranis, Barry Stuart, and Mark Wedge, ISBN 0-9721886-0-6, 페이퍼백, 271쪽, 색인 포함.

*Building a Home for the Heart: Using Metaphors in Value-Centered Circles*마음을 위한 집 짓기: 가치 중심 서클에서 은유 사용하기 저자: Pat Thalhuber, B.V.M., and Susan Thompson, Kay Pranis 서문, Loretta Draths 삽화, ISBN 978-0-9721886-3-0, 페이퍼백, 224쪽, 색인 포함.

*Peacemaking Circles and Urban Youth: Bringing Justice Home*평화 만들기 서클과 도시 청소년: 정의를 집으로 가져오기 저자: Carolyn Boyes-Watson, ISBN 978-0-9721886-4-7, 페이퍼백, 296쪽, 색인 포함.

*Doing Democracy with Circles: Engaging Communities in Public Planning*서클로 여는 민주주의 저자: Jennifer Ball, Wayne Caldwell, and Kay Pranis, ISBN 978-0-9721886-6-1, 페이퍼백, 200쪽, 색인 포함.

토착적 정의에 관하여

*Justice As Healing: Indigenous Ways*치유로서의 정의: 토착적인 방식 편집: Wanda D. McCaslin, ISBN 0-9721886-1-4, 페이퍼백, 459쪽, 색인 포함.

사람과 사람 간의 피해 다루기에 관하여

In the Footsteps of Our Ancestors: *The Dakota Commemorative Marches of the 21st Century* 우리 조상의 발자취를 따라서: 21세기 다코타 추모 행진 편집: Waziyatawin Angela Wilson, ISBN 0-9721886-2-2, 대형 페이퍼백, 316쪽, 100장 이상의 사진, 컬러 사진 삽입, 색인 포함.

What Does Justice Look Like? *The Struggle for Liberation in Dakota Homeland* 정의는 어떤 모습일까? 다코타 고향에서의 해방 투쟁 저자: Waziyatawin, ISBN 0-9721886-5-7, 페이퍼백, 약 150쪽, 색인 포함.

10권 이상 주문 시 20% 할인을 제공합니다. 저희에게 직접 또는 웹사이트를 통해 주문해 주시면 감사하겠습니다. 저희 책은 amazon.com에서도 구매 가능하며, 대부분의 서점에서 특별 주문할 수 있습니다. 새로운 LJP 도서 안내는 저희 웹사이트를 확인해 주십시오.

저희는 다른 출판사의 일부 도서도 취급하기 위해 확장하고 있습니다. 이 책들은 저희의 회복적 사법 여정에서 중요한 역할을 했기 때문에 선정되었습니다. 이 책들이 잘 알려져 있지 않거나 찾기 어려울 수 있습니다. 저희 웹사이트에서 확인해 보시기 바랍니다.

전화, 팩스, 우편 또는 온라인으로 주문하세요:

2093 Juliet Avenue, St. Paul, MN 55105

- 전화: 651 695-1008 팩스: 651 695-8564
- 이메일: ljpress@aol.com
- 웹사이트: www.livingjusticepress.org

관련도서

정의와 평화 실천 시리즈 / 도서출판 대장간

학교 현장을 위한 회복적 학생생활교육– R. 수투츠만 암스투츠 외

서클 프로세스 – 케이 프라니스

갈등 전환 – 존 폴 레더락

트라우마의 이해와 치유개정판 – 캐롤린 요더

피해자 가해자 대화모임 – 로레인 수투츠만 암스투츠

회복적 정의/사법 리틀북개정판 – 하워드 제어

전략적 평화 세우기 – 리사 셔크

공동체를 세우는 대화기술 – 리사 셔크, 데이비드 캠트

건강한 조직 만들기 – 데이비드 브루베이커, 루스 후버 지머먼

성서는 정의로운가 – 리사 셔크

가족 집단 컨퍼런스가족 간 대화모임 – 앨런 맥래, 하워드 제어

대학에서의 회복적 정의 – 데이비드 R. 카프

교도소에서의 회복적 사법 – 바바라 테이브스

회복적 교육개정판 – 캐서린 에반스, 도로시 반더링

성학대와 회복적 정의 – 주다 오드숀 외

노인을 위한 회복적 정의 – 줄리 프리센, 웬디 멕

회복적 정의를 어떻게 배울 것인가? – 린지 포인터 외

첨예한 주제를 다루는 그룹 대화법 – 론 크레이빌, 에블린 라이트

청소년과 함께하는 회복적 정의 – 에블린 아퀴노 외

경청– 샤론 브로우닝 외

회복적 정의 프로그램 디자인 – 엘리사 델 투포 외

소년사건과 회복적 정의– 마이카 존슨, 제프리 와이즈버그

기타 서클 관련 서적

평화형성서클 – 케이 프라니스, 배리 스튜어트, 마크 웨지

인터비전 – 모니크 벨러슨, 이네크 콜만 공저, 도서출판 비공

통찰과 행동 – 토바 그린, 피터 우드로, 프린 피비

회복적 서클 플러스– 박성용

회복적 서클 가이드북 –박성용

회복적 서클 현장이야기–비폭력평화물결 외

관계공간 : 갈등을 전환하는 대화 –베티 프리스

회복적 정의의 정치학 – 앤드류 올포드, 아만다 네룬드

우리 시대의 회복적 정의 – 하워드 제어

서클로 여는 희망 – 캐롤린 보이스-왓슨, 케이 프라니

서클로 나아가기 – 캐롤린 보이스-왓슨, 케이 프라니